Musikalische Edition

im Wandel des historischen Bewußtseins

Musikalische Edition im Wandel des historischen Bewußtseins

Im Auftrag der Gesellschaft für Musikforschung
herausgegeben von Thrasybulos G. Georgiades

Bärenreiter Kassel · Basel · Tours · London
1971

Musikwissenschaftliche Arbeiten
Herausgegeben von der
Gesellschaft für Musikforschung
Nr. 23

Inhalt

Vorwort 7

Frieder Zaminer, Griechische Musikaufzeichnungen 9

Reinhold Schlötterer, Edition byzantinischer Musik 28

P. Maurus Pfaff, Die liturgische Einstimmigkeit in ihren Editionen nach 1600 . . . 50

Burkhard Kippenberg, Die Melodien des Minnesangs 62

Hans Heinrich Eggebrecht, Organum purum 93

Theodor Göllner, Frühe Mehrstimmigkeit in Choralnotation 113

Marie Louise Martinez-Göllner, Musik des Trecento 134

Rudolf Bockholdt, Französische und niederländische Musik des 14.
und 15. Jahrhunderts 149

Carl Dahlhaus, Die Mensurzeichen als Problem der Editionstechnik 174

Kurt Dorfmüller, Die Edition der Lautentabulaturen 189

Siegfried Hermelink, Bemerkungen zur Schütz-Edition 203

Register 216

Vorwort

Die vorliegende Veröffentlichung ist das Arbeitsergebnis einer Fachgruppe der Gesellschaft für Musikforschung.

Im September 1964 schlug mir Karl Gustav Fellerer als Präsident der Gesellschaft vor, eine Fachgruppe in Form eines Arbeitskreises zu bilden, wobei er an ein Thema aus dem älteren Bereich dachte. Ich unterbreitete ihm folgendes Projekt, das von der Mitgliederversammlung der Gesellschaft in Halle, Oktober 1964, gebilligt wurde: „Auf welche Weise wurden Musikaufzeichnungen weiter zurückliegender Epochen (Antike, Byzanz, lateinisches Mittelalter, und aus der späteren Zeit bis Schütz inbegriffen) in der Neuzeit verstanden, bewertet und ediert? In einem ersten Arbeitsgang könnte man die verschiedenen Ausgaben einzelner Gebiete seit den Anfängen der Editionstätigkeit ins Auge fassen und ihr Verfahren sowie die ihnen zugrundeliegenden musikalischen, soziologischen und sonstigen Voraussetzungen untersuchen." In einem Rundschreiben Anfang April 1965 an die aufgeforderten Mitarbeiter — nicht alle konnten zusagen — wurde als Thema der Titel der vorliegenden Veröffentlichung mitgeteilt. In der Arbeitssitzung während der Tagung der Gesellschaft in Coburg 1965 wurden die Vorentwürfe zu den geplanten Beiträgen vorgetragen und besprochen. Seit etwa Ende des Jahres 1968 befanden sich die inzwischen zu einem vorläufigen Abschluß gebrachten Beiträge unter den Mitarbeitern in Umlauf zur Lektüre. Die daraus hervorgegangenen, Anregungen und Kritik enthaltenden Stellungnahmen lagen bei der letzten Arbeitsetappe den einzelnen Autoren zur Berücksichtigung vor. In der Fachgruppensitzung während der Tagung der Gesellschaft in Augsburg, Oktober 1969, wurden noch offene Fragen erörtert.

Den Inhalt des vorliegenden Bandes auf die Zeit bis Schütz zu beschränken, schien zweckmäßig, weil die Editionsfragen innnerhalb dieses Bereiches eher noch Gemeinsamkeiten aufweisen, wogegen für die spätere Zeit anders geartete Fragen in den Vordergrund treten. Trotz dieser Beschränkung konnten nur ausgewählte Gebiete berücksichtigt werden[1].

Ziel war nicht, über die historische Darstellung hinaus etwa Leitbilder für heute anzuwendende Editionsverfahren aufzustellen. Daß aber hinter den einzelnen Beiträgen leitende Vorstellungen stehen und daß diese mehr oder weniger durchschimmern, liegt in der Natur der Sache. Zutagetretende Divergenzen mögen dazu beitragen, die Diskussion in Gang zu halten.

---

[1] So wurden beispielsweise aus der Instrumentalmusik nur die Lautentabulaturen einbezogen. — Auf Monteverdi wurde verzichtet, weil kurz zuvor eine Studie über Editionsfragen, die seine Musik aufwirft, erschienen war: W. Osthoff, Per la notazione originale nelle pubblicazioni di musiche antiche e specialmente nella nuova edizione Monteverdi, in: Acta musicologica XXXIV, 1962.

Ein Wort zum Begriff der musikalischen Edition. Der von der Philologie übernommene Ausdruck „Edition" erhält — auch die vorliegenden Beiträge veranschaulichen dies — zwangsläufig durch seine Anwendung auf den musikalischen Bereich einen veränderten Sinn. Die musikalische Schrift unterliegt nicht, wie die Sprachschrift, allein paläographischen Änderungen, vielmehr verändert sie sich im Zusammenhang mit dem Wandel des musikalischen Sinngehalts in ihrer Funktion. Die jeweilige Notenschrift, d. h. die optische Darstellung von Musik, das Graphisch-Symbolische, das „Bild", wird, anders als die Sprachschrift, wesentlich durch die Beschaffenheit der jeweils gegebenen Musik mitgeprägt. „Edition" von Musik aus älteren Zeiten deckt sich daher nicht mit dem im philologischen Sinn verstandenen Edieren, sondern bedarf der Einbeziehung des Interpretationsfaktors. Von der an Faksimile-Wiedergabe erinnernden Transkription bis zur ausschließlichen Verwendung der durch die Musik des 18./19. Jahrhunderts zur Norm gewordenen Notenschrift oder der Einführung eigens konzipierter Schriftsymbole gibt es unzählige, zum Teil in Ausgaben belegte Möglichkeiten. Sie alle bedürfen eines auf den jeweiligen Zusammenhang von Musik und Notenschrift eingehenden Kommentars. Fehlt dieser, so erhält das vom Herausgeber verwendete Notenbild für sich insofern auch eigenständig interpretatorische Funktion, als es eine bestimmte musikalische Vorstellungsrichtung suggeriert.

Mein Dank gilt den Autoren, Frau Dr. Irmgard Bengen (Redaktion) und dem Bärenreiter-Verlag.

München, Oktober 1970   Thr. G. Georgiades

Frieder Zaminer

Griechische Musikaufzeichnungen

1. Einleitende Bemerkungen

Im Abendland ging die Zeit unbestrittener Wertschätzung der griechischen Musikaufzeichnungen mit dem Erwachen des historischen Bewußtseins zu Ende. Vom 19. Jahrhundert an stellte sich das Verhältnis der Neuzeit zum Altertum, besonders aber das Verhältnis des neuzeitlichen Musikbegriffs zu dem des Altertums in wachsendem Maße problematisch dar. Um so weniger läßt es das historische Bewußtsein[1] heute zu, die Frage der musikalischen Edition unter dem Gesichtswinkel einer spezialisierten Musikforschung des Altertums zu erörtern. Nicht erst die Edition und nicht nur antike Musik, sondern die Eigenart geschichtlicher Musik überhaupt steht hier in Frage.

Im Rahmen der vorliegenden Beiträge ist es jedoch nicht möglich, auf die weitreichende Problematik näher einzugehen. Vieles von dem, was unabdingbar zum Thema gehört, kann kaum gestreift, einzelnes in Exkursen nur angedeutet oder summarisch erläutert werden. Daher bleibt die Darstellung ungleich und fragmentarisch. Es sei indessen nicht ganz übersehen, daß solche Mängel nicht allein oder primär zu Lasten des vorliegenden Versuchs gehen, sondern ihre Ursache in der unzureichenden Aufarbeitung anstehender Fragen haben, wie sie sich dem historischen Bewußtsein seit geraumer Zeit aufdrängen — auch und gerade im Bereich der älteren und ältesten Musikgeschichte.

Die seit dem 19. Jahrhundert vordergründig behandelte Aufschlüsselung antiker Tonzeichen und rhythmischer Werte ist bei weitem nicht die einzige Frage, und sie war schon für die neue Bewußtseinslage zu einer gelehrten Randfrage geworden, deren gesonderte Erörterung viel zur Verwirrung und wenig zur Klärung der Verhältnisse beitrug. Wurden doch die Musikaufzeichnungen, indem man sie einseitig auf ihre Entzifferbarkeit und Übertragbarkeit prüfte, von vornherein unter einem verengten Gesichtswinkel gesehen, der die Eigenart geschichtlicher Musik weitgehend außer acht ließ. Die dergestalt erreichte Nähe konnte nicht anders als imaginär, das Bild von antiker Musik nur noch fiktiv sein. Weder die Tatsache des zeitlichen Abstands, noch die des bloß „materiellen" Überdauerns der Aufzeichnungen, noch die ihrer Zugehörigkeit zu einer untergegangenen Musikkultur ist durch Versuche der Entzifferung, der Übertragung und musikalischen Rekonstruktion zu überspielen oder zu bagatellisieren. Es kennzeichnet die Einstellung

---

[1] Als historisches Bewußtsein kann nicht die spezielle Bewußtseinslage einer einzelnen Disziplin, viel weniger die eines einzelnen Forschungszweiges angesprochen werden. Wenn dieser Begriff in seiner Bedeutung und Tragweite nicht entwertet werden soll, umfaßt er Erkenntnisse, Einsichten, Fragen, Zweifel, die die gesamte Bewußtseinslage einer Zeit in Relation zum Phänomen Geschichte kennzeichnen.

der mit solchen Versuchen befaßten Gelehrten, daß sie die antiken Musikaufzeichnungen fraglos als „Musikdenkmäler" oder „Tondenkmäler" hinnahmen. Dadurch konnte schließlich — zumal nach den Grabungsfunden gegen Ende des vorigen Jahrhunderts — die Vorstellung aufkommen, als wäre die dem lebendigen Gedächtnis entschwundene Musik in „Vergessenheit" geraten gewesen[1a].

Nun liegt etwas von einem gedankenlosen Vorwurf gegen die als gedankenlos hingestellten Nachgeborenen in dem Ausdruck, daß Musik oder Musikaufzeichnungen früherer Epochen „vergessen" worden seien — als ob man sie im Gedächtnis hätte behalten sollen oder müssen. Jahrhunderte- und jahrtausendelange Ausgeschiedenheit aus dem lebendigen Bewußtsein als Vergessenheit auffassen, bedeutet den Aufzeichnungen und der zugehörigen Musik einen Anspruch auf Denkwürdigkeit unterstellen, den sie nie erhoben haben und erheben konnten. In solcher Auffassung verrät sich nicht allein mangelnde Einsicht in die (mit Literatur und bildender Kunst unvergleichbaren) besonderen Bedingungen, unter denen Musik einst stand und geschichtlich wirksam wurde, sondern zugleich auch ein seltsam irreales Verhältnis der einseitig philologisch orientierten Forschung zur fernen musikalischen Vergangenheit. Die angebliche Vergessenheit bildet in der Tat nur die Folie zu einem sich selbst nicht durchsichtigen geschichtlichen Erinnerungsbedürfnis, das jedenfalls ein musikalisches nicht heißen kann. Die fragwürdige Art der Hinwendung zu jener Vergangenheit findet weithin ihren symptomatischen Ausdruck in einem falschen Pathos, mit dem diese Forschungsrichtung über geschichtliche Gegebenheiten hinwegzugehen und sich selbst ins Licht zu setzen beliebt. Da wird nach „Musikdenkmälern" geschürft, von „Wiederentdeckungen" gesprochen, mit Ausdrücken wie „lebendige Vergegenwärtigung" und „Wiederbelebung" herumgeworfen, da feiert die neuerstarkte Erinnerungskraft in Editionen, Übertragungen und Wiederaufführungen vor sich selbst heimliche Triumphe über vermeintlich gedächtnisschwächere Zwischenzeiten, denen die Denkwürdigkeit der älteren und ältesten Musik entfallen und der Sinn zum Bewahren und Pflegen des Erbes abhandengekommen zu sein schien. In Wahrheit sind die aufgezeichneten Musikstücke keine Denkmäler gewesen und konnten deshalb auch nicht in Vergessenheit geraten. Am wenigsten aber bedürfen sie im Zeitalter des historischen Bewußtseins einer sich ihnen aufdrängenden oder sie usurpierenden „Erinnerung" und „Verlebendigung". Ist es doch nicht eine in den alten Stücken latent enthaltene Kraft des Überdauerns oder gar eine bislang unterdrückt gewesene selbständige geschichtliche Wirk-

---

[1a] So spricht z. B. H. Abert von einer *„fast zweitausendjährigen Vergessenheit"* der neugefundenen Musikaufzeichnungen (*Die Lehre vom Ethos in der griechischen Musik*, Leipzig 1899, Vorwort). Andere waren der Meinung, daß die griechische Musik *„im Mittelalter schier vergessen"* worden sei (W. Dettmer, *Streifzüge durch das Gebiet alter und neuer Tonkunst*, Hamburg 1900, S. 1). Ähnlich wie hier, hatte sich die Vorstellung der „Vergessenheit" auch schon früher bei der „Wiederentdeckung" von Musik vergangener Epochen eingestellt. *„Es ist die höchste Zeit für uns, endlich einmal mit einer gründlichen Untersuchung der Vergangenheitsmusik den Anfang zu machen, um zu sehen, wie unendlich viel vergessen worden ist, welche Schätze der Schutt der Jahrhunderte birgt"*, schreibt O. Kade 1881 im Vorwort zum 5. Band (= *Beispielsammlung zum dritten Bande*) der Musikgeschichte von A. W. Ambros, Leipzig 1882, S. XIII.

samkeit, die mit der „Wiederentdeckung" hätte zum Vorschein kommen können. Vielmehr bekräftigen die Umstände, unter denen die Aufzeichnungen zutage traten, sowie die Fremdartigkeit der Aufzeichnungsmethode, der Aufwand an Gelehrsamkeit für die Entzifferung und die kläglichen Ergebnisse der Übertragungs- und Aufführungsversuche von Fund zu Fund aufs neue, was wohl schon byzantinische Abschreiber der Mesomedes-Hymnen veranlaßt hatte, auf die Wiedergabe der Tonzeichen zu verzichten (s. S. 14), und was dem historischen Bewußtsein seit Anfang des 19. Jahrhunderts zur Gewißheit geworden war: daß diese Musik nicht allein einer fernen Vergangenheit angehört, sondern auch selbst unwiederbringlich vergangen ist.

Die Verschleierung der tatsächlichen Verhältnisse beginnt mit der Hinnahme der musikalischen Aufzeichnungen als „Notentexte" und mit der permanenten Vermengung von Edition und Übertragung. Indessen ist die Frage nach dem Sinn antiker Musikaufzeichnung eine andere als die nach ihrer neuzeitlichen Entzifferbarkeit und Übertragbarkeit. Mit den Übertragungen einsetzende Mißverständnisse, Fehleinschätzungen, musikalische Umdeutungen und Entgleisungen bilden ein Thema für sich.

2. Zur Frage nach dem Sinn antiker Musikaufzeichnung

Als ungewöhnliche Dokumente einer längst vergangenen frühen Musikkultur sind die wiedergefundenen griechischen Musikaufzeichnungen von einer Undurchsichtigkeit, die es schwer macht, in ihnen überhaupt einen Sinn zu entdecken. Wiedergefundene liturgische Handschriften des frühen Mittelalters mit schwer lesbaren Neumeneintragungen gehören immerhin einem im ganzen noch bekannten Sinnzusammenhang an. Selbst wenn man die Neumenschrift nicht lesen kann, besteht über den größeren Rahmen kein Zweifel; möglicherweise läßt sich aber auch der engere Rahmen ermitteln und sogar eine entzifferbare Parallelfassung in einer anderen Handschrift nachweisen. Im Falle der antiken Musikaufzeichnungen hingegen ist — mit einer Ausnahme, über die später zu sprechen sein wird — nicht einmal der allgemeine Rahmen bekannt, der den Grund für das Aufzeichnen plausibel erscheinen ließe. Die Neumeneintragungen des frühen Mittelalters haben es mit der Überlieferung kanonisierter Melodien zu tun. Daß die Antike eine vergleichbare Kanonisierung und Überlieferung gekannt oder auch nur versucht hätte, ist reine Spekulation. Schon die im Verhältnis zur Breite der schriftlichen Textüberlieferung verschwindend geringe Zahl der Musikaufzeichnungen und die Isoliertheit jedes Dokuments entziehen der These von einer angeblichen Schriftlichkeit der griechischen Musikkultur[2] den festen Boden, ja man muß bezweifeln, daß diese vereinzelte Art des Tonzeichengebrauchs berechtigt, von musikalischer „Schrift" zu sprechen[3]. Soweit erkennbar, unternahmen die Griechen nichts vorsätzlich, um bestimmte Weisen oder Musikstücke

---

[2] Zu dieser These von E. Pöhlmann (*Griechische Musikfragmente*, Nürnberg 1960, S. 10 ff.) habe ich in einer Rezension seines Buchs (*Gymnasium* 70, 1963, S. 183 ff.) Stellung genommen.
[3] Thr. Georgiades, *Musik und Rhythmus bei den Griechen*, Hamburg 1958, S. 19 f. — Für den vorliegenden Versuch sind die durch Georgiades angeregten Fragen von Musik und Schrift sowie schriftlicher Musikdarstellung ein entscheidender Ansatzpunkt.

über ihren angestammten Geltungsbereich hinaus zu verbreiten oder für die Zukunft zu
konservieren. Daß berühmt gewordene musikalische Stücke allerdings lange weiterleben
konnten, scheint ein bei Pausanias (4, 27, 7) bezeugter Fall zu lehren, demzufolge Weisen
von Sakadas (6. Jh. v. Chr.) noch im Jahre 369 v. Chr. auf dem Aulos gespielt wurden.
Doch nicht nur aus allgemeinen Erwägungen erscheint der Gedanke an schriftliche Verbreitung oder Überlieferung wenig plausibel, sondern auch wegen spezieller Bedenken.
Die griechischen Tonzeichen sind nicht als Zeichen einer genuin musikalischen Schrift zu
verstehen, etwa so wie die mittelalterlichen Neumen. Sie wurden offenbar nicht aus
Bedürfnissen der musikalischen Praxis für die Praxis geschaffen. Vielmehr gehen sie auf
eine nicht näher bekannte Stufe der spekulativen Musiktheorie zurück, die das Zeichen-
system des griechischen Alphabets mit dessen fester Ordnung übernahm und umdeutete,
um so die auf der Basis empirischer Beobachtungen ermittelten Tonstufen durch einfache
Stellenwertzeichen kenntlich zu machen (die Buchstaben des Alphabets dienten zugleich
auch als Zahlzeichen). Wann die Erweiterungen und wann die aus buchstabenähnlichen
Zeichen bestehende zweite Tonzeichenreihe hinzukamen, ist umstritten und braucht hier
nicht erörtert zu werden. So wahrscheinlich die ausgebildete griechische Musiktheorie
undenkbar ist ohne Orientierung anhand von Tonzeichen, so unwahrscheinlich ist, daß
diese Zeichen für einen unmittelbaren Gebrauch in der musikalischen Praxis geeignet
waren. Um den Abstand ermessen zu können, der die Tonzeichen von einer praktikablen
musikalischen Schrift trennt, vergegenwärtige man sich einen Augenblick den weiten Weg
von den (an die antiken anknüpfenden) frühmittelalterlichen Tonordnungslehren mit
ihren Zeichensystemen einerseits und den zunächst völlig unabhängig davon entwickelten
Neumenschriften andrerseits bis hin zu der epochalen Synthese der beiden Ansätze in
Guidos Notierungsprinzip[4]. Eine entscheidende Vorstufe der Synthese war der Übergang
von überkommenen Tonstufen- und Tonzeichensystemen zu anschaulichen Liniensystemen.
Den griechischen Musikaufzeichnungen dagegen fehlte jede Anschaulichkeit. Allerdings
dürfte dieser Mangel im Altertum schwerlich als solcher empfunden worden sein, gibt es
doch keine Anzeichen dafür, daß an schriftlicher Fixierung von Musik ein unmittelbares
Interesse bestanden hätte. Gegen praktischen Gebrauch der Tonzeichen spricht weiterhin,
daß die Belastung des Gedächtnisses durch die vielen Zeichen samt deren Stellenwert in
der Theorie in keinem Verhältnis steht zu dem fragwürdigen Gewinn, „auswendig"
notieren und „vom Blatt" entziffern zu können[5].

---

[4] Über die prinzipielle Bedeutung dieser Synthese sowohl für die Konsolidierung der Choralpraxis
und Choraltradition als auch für die Entstehung der Mehrstimmigkeit (vgl. hierzu auch meine
Studie *Der Vatikanische Organum-Traktat*, Tutzing 1959, S. 140 ff.) besteht seit langem Einigkeit
in der Forschung.
[5] Bereits im 18. Jahrhundert war dieser kritische Punkt wiederholt aufgefallen: „*Die Tonkünstler
dieser Zeit müssen die geplagtesten Geschöpfe von der Welt gewesen seyn, indem die Vielheit
dieser Zeichen ... die Ausübung der Musik langweilig und beschwerlich machte*" (F. W. Marpurg,
Kritische Einleitung in die Geschichte und Lehrsätze der alten und neuen Musik, Berlin 1759, S.
193). Besonders skeptisch äußerte sich Ch. Burney (*A General History of Music*, Bd. I, London
1776, S. 36).

Anders als bei der Niederschrift eines Textes, welche die Kenntnis der den Lauten zu-
geordneten Schriftzeichen und allenfalls noch des herkömmlichen Schreibusus voraus-
setzte, war der Gebrauch von Tonzeichen ohne Vertrautheit mit der Musiktheorie von
vornherein ausgeschlossen. In diesem Sinne scheinen die Musikaufzeichnungen in erster
Linie Zeugnisse der in hellenistischer Zeit hochangesehenen wissenschaftlichen und
speziell musiktheoretischen Bildung zu sein. Wer die Tonzeichen zu gebrauchen verstand,
wies sich als besonderer Kenner des Bildungsfachs Musiktheorie aus — vergleichsweise weit
mehr als jemand, der mit den Zeichen der Mathematik umgehen konnte. Und so wenig
die antike Mathematik auf unmittelbare Anwendung im täglichen Leben zugeschnitten
war, so wenig wird man von der Musiktheorie voraussetzen dürfen, daß mit ihr ein
praktischer Zweck verbunden gewesen wäre.
In welchem Sinne es bei den Musikaufzeichnungen um schriftliches „Erfassen" von Musik
ging, ist eine Frage, die von neuzeitlichen Erfahrungen her kaum richtig gestellt, geschweige
zuverlässig beantwortet werden kann. Soviel scheint jedoch sicher, daß der praktische
Aspekt des Umsetzens von notierter in erklingende Musik, den man im Abendland mit
Notentexten so selbstverständlich verbindet, jener Zeit noch durchaus ferngelegen hat.
Die antiken Aufzeichnungen brauchen deshalb aber nicht als müßige Spielereien angesehen oder abgetan zu werden. Sie mögen im Rahmen der Erwartungen, die man damals
mit ihnen verband, die musikalischen Vorgänge „richtig", d. h. in verifizierbarer Weise
angedeutet haben, ohne daß man deshalb schon auf den Gedanken hätte verfallen müssen,
nun auch umgekehrt zu verfahren und anhand der Zeichen diese Vorgänge zu rekonstruieren und von neuem zu realisieren. Es würde dem antiken Musikbewußtsein nicht widersprechen, sondern es eher neu beleuchten, wenn man annimmt, daß das Aufzeichnen von
Musik lediglich darauf abzielte, bestimmte Weisen aus theoretischem Interesse umrißhaft
anzudeuten, nicht aber im Medium der Schriftlichkeit für die Mitwelt oder gar Nachwelt zu
konservieren.
Daß solches Andeuten nur einen kleinen Ausschnitt des komplexen musikalischen Vor-
gangs trifft, liegt in den Voraussetzungen begründet. Was dabei aus diesem Vorgang
„herausgehört" werden sollte, war durch die Kategorien der Musiktheorie vorbestimmt.
Notiert werden konnte grundsätzlich nur das, wofür Zeichen zur Verfügung standen, und
auch dann nur so, wie es die vorgegebenen Ordnungsbegriffe gestatteten. Vom heutigen
Standpunkt erscheint dies als starke Restriktion. Gesetzt den Fall, wir wären in der Lage,
denselben musikalischen Vorgang mit den Mitteln heutiger Notenschrift darzustellen,
würde sich auf Grund der andersartigen Implikationen unserer Schrift, die zugleich Ausdruck eines historisch stark gewandelten musikalischen Bewußtseins ist, vermutlich ein
abweichendes Bild ergeben. Über das Ausmaß des Differierens zwischen dem, was im
Altertum aufgezeichnet wurde und dem, was wir von unsern Voraussetzungen her aus
demselben musikalischen Vorgang heraus- oder in ihn hineinhören würden, können wir
uns freilich kein Urteil bilden[6] — einmal abgesehen davon, daß die heutige Notenschrift
im Gegensatz zum antiken Tonzeichengebrauch den durch ihre Herkunft bedingten
selbstverständlichen Anspruch in sich schließt, den in die Ebene der Schriftlichkeit auf-

---

[6] Vgl. hierzu jedoch die in die gleiche Richtung weisenden Zitate unten S. 22 ff.

genommenen musikalischen Vorgang auch wieder reproduzierbar zu machen[7]. Die griechische Musiktheorie hingegen hat der rudimentären Art des Aufzeichnens von Musik, welche sie ermöglichte, hinsichtlich der Anwendbarkeit engste Grenzen gesetzt.

Aus welchen Gründen es im Einzelfall zur Aufzeichnung kam, läßt sich meist nicht mehr feststellen. Eine Ausnahme bilden zunächst die beiden wohl auf 138/37 und 128/27 v. Chr. zu datierenden Delphischen Hymnen, die, auf der Südmauer-Außenseite des Schatzhauses der Athener in Delphi eingemeißelt, vor allen anderen erhaltenen Musikaufzeichnungen unzweifelhaft öffentliche Dokumente sind. Sie bezeugen „gesungene", „musikalische" Apollonhymnen, d. h. eine im 2. Jahrhundert v. Chr. nicht mehr selbstverständliche Vortragsart von Hymnentexten. Die Tonzeichen unterstreichen das Musikalische offenbar aus einem bestimmten Grund: Anläßlich der Wiederaufnahme eines alten, seit dem 4. Jahrhundert v. Chr. aufgegebenen Brauchs, nämlich des Pilgerzugs einer staatlichen Abordnung von Athen nach Delphi (Pythais), wurde auch die unterbrochene Tradition der musikalisch vorgetragenen Apollonhymnen wieder aufgegriffen und nunmehr unter nachweislicher Mitwirkung zahlreicher Berufsmusiker restauriert[8]. Strenggenommen dokumentieren die Tonzeichen diese restaurierte Vortragsweise — unabhängig davon, ob sie jemand entziffern konnte. Denkwürdig war nicht etwa die Melodie oder das Musikalische, sondern die Wiederaufnahme des alten Brauchs und der alten Hymnentradition. Vor der Öffentlichkeit fand dies Ereignis seinen repräsentativen Niederschlag in den „musikalischen" Hymneninschriften. — Ganz anders scheint der Fall der Mesomedes-Hymnen zu liegen, die durch mehrere byzantinische Handschriften überliefert sind. Wie ein Vermerk in der Vatikanischen Handschrift Ottob. gr. 59, f.31v (παρεξεβλήθησαν ἀπὸ τῆς μουσικῆς, ausgewählt und zusammengestellt aus der Musiktheorie) anzeigt, stammen sowohl die drei musikalischen als auch die erst 1903 in dem genannten Codex entdeckten weiteren acht Mesomedes-Hymnen—hier jedoch alle ohne Tonzeichen— aus einer alten musiktheoretischen Quelle (vgl. K. Horna, *Die Hymnen des Mesomedes*, Wien—Leipzig 1928, S. 5). Damit würde sich der sonst unverständliche singuläre Fall handschriftlicher Überlieferung immerhin erklären lassen. — Die übrigen Musikaufzeichnungen sind wohl privaten Charakters, ohne daß die Motivation ihrer Aufzeichnung hinreichend kenntlich würde. Wenn unter unzähligen Grabinschriften eine einzige musikalische vorkommt (Seikilos-Stele), so kann diese Ausnahme doch wohl nur als private Spielart des allgemeinen Typus verstanden werden, gleichviel welcher Grund hier vorgelegen haben mag. — Eine genaue Untersuchung der vor kurzem gefundenen, ins 3. Jahrhundert v. Chr. datierten Musikaufzeichnungen auf drei Marmortafeln vom Eingang des

---

[7] Diesen Anspruch erhebt die abendländische Notenschrift zwar von Anfang an, doch in unterschiedlichen Graden; auf der Stufe der adiastematischen Neumenschrift zunächst nur sehr bedingt, ausdrücklich bereits seit Guido und in noch höherem Grade seit der Einführung der Mensuralnotation. Lediglich in der modernen Anwendung auf nicht-abendländische Musik ist der Anspruch vielfach preisgegeben (vgl. auch S. 23).

[8] Quellenbelege in *Fouilles de Delphes* III, 2, 1909—13, S. 47; hierzu H. I. Marrou, *Geschichte der Erziehung im klassischen Altertum*, Freiburg—München 1957, S. 201, und E. Pöhlmann, *Griechische Musikfragmente*, Nürnberg 1960, S. 59 ff.

Theaters in Dionysopolis (heute Balčik in Bulgarien) steht noch aus (vgl. vorläufig A. Andrejew, *Neue Erkenntnisse über den Ursprung und die Anfänge des Operntheaters*, in: *Musica antiqua. Colloquium Brno 1967*, hg. v. R. Pečman, Brno 1968, S. 153 f. und 194).

3. Neuzeitliche Vorurteile

Wenn es etwas heute Selbstverständliches im Altertum mit Bestimmtheit nicht gegeben hat, so musikalische Werke oder gar Denkmäler. Die „Musikdenkmäler" sind als Bezeichnung und als Begriff eine Erfindung der Neuzeit[9]: Symptom eines grundlegenden Mißverständnisses der antiken Musik und der älteren Musikgeschichte überhaupt. Wenn frühe Dokumente von einer nach Denkmälern suchenden Zeit wiedergefunden und entsprechend umgedeutet werden, so wirft dies jedenfalls Licht auf die Zeit, die solche Umdeutungen vornimmt. Unter den zahlreichen Vorurteilen, die dazu beitrugen, daß sich Fehleinschätzungen dieser Art bis heute behaupten konnten, seien — über die bereits oben genannten hinaus — vor allem vier hervorgehoben: 1. die humanistische und mehr noch klassizistische Überzeugung von der Klassizität des ganzen griechisch-römischen Altertums, mithin auch von der Monumentalität aller seiner Schöpfungen; 2. das Axiom der philosophischen Ästhetik von der Autonomie der Künste; 3. das Postulat der sich selbst nicht reflektierenden positivistischen Geschichtswissenschaft, daß sich die historische Forschung streng

---

[9] Mit Bezug auf die antiken Musikaufzeichnungen spricht bereits J. B. de Laborde von „*quelques monumens de Musique Greque*" (*Essai sur la musique ancienne et moderne*, Paris 1780, Bd. II, S. III), doch könnte diese spezielle Anwendung älter sein und auf humanistisch-antiquarischen Sprachgebrauch zurückgehen. — Eine ganz andere Breite erhielt der Denkmalsbegriff gegen 1800. J. N. Forkels Plan, mit J. Sonnleithner eine *Geschichte der Musik in Denkmälern* herauszugeben, wurde zwar 1805 mit dem Einschmelzen der ersten Bleiplatten durch Franzosen aufgegeben, aber die Tendenz zum Denkmalhaften kündigt sich hier unverkennbar an. „*Jeder wahrhaft große … Künstler*", schreibt der Stettiner Prediger Triest in der *Allgemeinen musikalischen Zeitung* III, 1801, Sp. 285 f., „*sucht der Nachwelt ein oder ein paar Werke zu überliefern … Begeistert durch die süße Ahndung, daß diese Werke die Wurzel seines Ruhms seyn werden, welche nicht loszureissen ist, wenn auch die übrigen Zweige verdorren …*". N. Simrock kündigt mit Datum vom Dezember 1800 (AmZ III, Intelligenz-Blatt V) seine Ausgabe des Wohltemperierten Klaviers als die eines deutschen Meisterwerks der Kunst an, „*über dessen bleibenden Werth alle Nationen längst einstimmig entschieden haben*". H. G. Nägeli schreibt im Februar 1801 anläßlich der Ankündigung seiner Bachausgabe (AmZ III, Intelligenz-Blatt VI): „*Man kann und muß die Werke jedes großen Mannes abtheilen in die höheren und reineren — die für alle Zeit bestehen und an denen die Mode, wie bald verwehende Lüfte an ewigen Kolossen, vorüber streift, ohne sie zu erschüttern, vielweniger umzustürzen; und in die niederen, welche überall den Stempel ihrer Zeit tragen, und durch welche der Künstler sich gleichsam mit dem allgemeinen Loos der Menschheit, schwach zu seyn, abfindet*". — 1806 erschien in der AmZ IX, Sp. 193 ff. ein unsignierter Artikel *Die ältesten Denkmale deutschen Gesangs*, der zu Adelungs *Aeltester Geschichte der Deutschen, ihrer Sprache und Literatur* Stellung nimmt. — Auf die Vorgeschichte des musikalischen Denkmalsbegriffs einzugehen, ist hier nicht der Ort. Daß dieser Begriff mit dem des Monumentalstils nicht verwechselt werden darf, sei beiläufig angemerkt (zum letzteren vgl. A. Schering, *Über den Begriff des Monumentalen in der Musik*, JbP 41, 1934, S. 9 ff.).

auf das „Gegebene" zu beschränken habe — eine Forderung, deren rigorose Einseitigkeit die Eigenart des historischen Gegenstands, seine Fremdheit und seine Entfernung übersehen ließ; 4. die Meinung, dem lebendigen Bewußtsein längst entschwundene ältere Musik sei dadurch wiederzugewinnen, daß ihre Stücke als „Denkmäler" aufgefaßt, benannt und ediert werden. Um den Hintergrund des zuletzt genannten Vorurteils sichtbar machen zu können, ist es nötig, weiter auszuholen.

Wenn Werke antiker Dichtung seit ihrer Entstehungszeit immer wieder gelesen, kommentiert und abgeschrieben wurden, wenn sie die Jahrhunderte und Jahrtausende letztlich nur dadurch überdauerten, daß die Nachwelt auf sie wieder und wieder zurückgriff, sich an ihnen bildete und orientierte oder sich kritisch mit ihnen auseinandersetzte, so ist das etwas ganz anderes, als wenn verklungene Musik in seither ungelesenen, unkommentierten und nicht mehr abgeschriebenen originalen Aufzeichnungen „wiederentdeckt" wird. Dem Dauerhaften und Denkmalhaften jener Dichtung entspricht eine Hoffnung und Erwartung antiker Dichter, daß ihre Werke nicht nur zu ihren Lebzeiten, sondern auch in Zukunft Anerkennung finden mögen. Besonders in Werken, die „göttliche" Menschen rühmen, werden solche Erwartungen ausgesprochen. Wie z. B. Theognis (6. Jh. v. Chr.) verheißt, gibt der Dichter dem Gepriesenen Flügel, daß er über Meer und Land fliegt; bei den Festgelagen ist sein Name in aller Mund; auch im Tod verliert er den Ruhm nicht, sein Name bleibt unter den Leuten, wandert übers griechische Land und die Inseln; . . . so wird er auch von den Künftigen gesungen, solang Erde und Sonne stehen[10]. Eine für die Gegenwart geschaffene Musik mit Zukunftserwartung kannte die Antike nicht und blieb auch — sieht man vom Sonderfall des kanonisierten gesungenen Textvortrags in den Kirchen ab — der Folgezeit wohl bis gegen 1800 fremd. Mit den schöpferischen Leistungen der jüngeren Generation traten die der älteren allmählich in den Hintergrund und entschwanden schließlich dem Bewußtsein. Die wenigen Ausnahmen der Neuzeit (Palestrina-Pflege, Händel-Pflege) waren eng begrenzt und widersprechen eher den Erwartungen der betreffenden Komponisten. Es lag in der Natur jener älteren Musik begründet, daß sie in der notenschriftlich festgelegten Komposition nur zum einen Teil und zum anderen Teil in der erklingenden Musik der folgenden Generation(en) „aufgehoben" war. Wenn sich eine Gewißheit in den neuen Schöpfungen bekundete, war es die, dem Wesen der Musik — wie immer man es deuten mag — eine neue Seite hinzugewonnen zu haben, und wenn sich eine Erwartung mit der Errungenschaft verband, so die, daß sie als solche von der Mitwelt erkannt und von der Nachwelt nicht mehr preisgegeben werde. Daß sich die Erwartung nicht immer erfüllte, ist eine andere Sache. Entscheidend bleibt, daß es sich nicht um eine Angelegenheit einzelner Kompositionen, sondern um die ganzer Gattungen, wenn nicht der Musik überhaupt handelte. In diesem Sinne bezeugen, „dokumentieren" viele oder gar alle Kompositionen eines Meisters dieselbe Intention. Und solange die Musik auf einer mehr dokumentarischen Stufe stand, traten die Kompositionen der älteren Generationen in dem Maße in den Hintergrund, als deren Errungenschaften in den neuen Kompositionen weiterlebten.

---

[10] Zusammenfassung der Verse 237—252 (hierzu R. Harder, *Kleine Schriften*, hg. v. W. Marg, München 1960, S. 77).

Musik mit dem Anspruch überzeitlicher Geltung, mit Denkmalcharakter, mit einer Zukunftserwartung wurde typisch erst für die Bewußtseinslage seit dem 19. Jahrhundert. Großes Künstlertum erschien nun als Heldentum, große Werke als unvergängliche Heldentaten. Als Inbegriff solchen Heldentums galt Beethoven, dessen Neunte Symphonie Wagner als *„das menschliche Evangelium der Kunst der Zukunft"* (Ges. Schr. III, 96) bezeichnete und dessen Werke in der Tat das Musikleben bis zur Gegenwart beherrschten. Was Beethovens Musik in den bedeutenden Schöpfungen über die dokumentarische Stufe hinaushebt, ist nicht nur ihre unverwechselbare Individualität, sondern ein besonderer Anspruch: Das einzelne Werk bezeugt gleichsam seine eigene Wahrheit und steht nicht mehr ohne weiteres für die der anderen Werke ein. Monumentalität bekundet sich hier dadurch, daß die Errungenschaft der einzelnen Komposition etwas Einmaliges, Unüberholbares darstellt. Ähnlich wie große Dichtung kann solche Musik altern und schwerer verständlich werden, ihr Wahrheitsanspruch aber bleibt bestehen. Der Zug zum Denkmalhaften machte sich übrigens schon in der Musik vor und neben Beethoven geltend, namentlich im Werk Bachs, Haydns und Mozarts — eine Tatsache, die bestätigt, daß sich der Wandel von der älteren, mehr dokumentarischen zur monumentalen Stufe nicht plötzlich vollzog (vgl. auch Anm. 9). Allerdings trat dieser Zug erst bei der Rezeption der betreffenden Musik allmählich hervor.

Die durch monumentale Musik geweckte Bereitschaft zu allgemeiner (und sei es äußerer oder äußerlicher) Monumentalisierung der Kunstmusik — im 19. Jahrhundert weithin als Signum des Genialen hingenommen, wobei allerdings die Grenzen zum Banalen und zum Kitsch verschwammen — griff allmählich auf wiedergefundene ältere Kompositionen über. Wenn schon nicht durch entsprechende Bearbeitungen im Konzertsaal dargeboten, sollten sie wenigstens dadurch rehabilitiert werden, daß ihnen die Würde von Denkmälern zugesprochen, mit der Aufnahme in Denkmälerausgaben ein angemessener Platz im neuerstandenen musikalischen Museum gesichert und so eine frische Zukunftserwartung mit auf den Weg gegeben wurde[11]. Dabei versäumte man nicht, mittels Modernisierung des Notenbilds den unbekannten und vielfach schwer entzifferbaren Stücken mit dem Akt des Lesbarmachens zugleich etwas von der Aktualität „monumentaler" Musik zu oktroyieren. Das modernisierte Notenbild scheint zunächst lediglich einem Bedürfnis nach Lesbarkeit

---

[11] Vgl. O. Kade im Vorwort zu der in Anm. 1a genannten Beispielsammlung, S. XIII: „*Wir sorgen für die Auferstehung alter Gemälde und Kunstwerke in Museen und Galerien. Haben wir nicht die gleiche Pflicht mit den alten Tonwerken zu erfüllen . . . ?*". An kritischen Stimmen gegenüber den in ähnlicher Absicht unternommenen musikalischen Gesamtausgaben hat es im 19. Jahrhundert nicht gefehlt. „*Die Pietät geht aber zu weit, wenn auch alles Unbedeutende, dessen Händel eine große Masse geliefert hat, soll monumental festgehalten werden*" (M. Hauptmann an Hauser vom 1. Pfingsttag 1860). Und Brahms schrieb im Mai 1884 an Hanslick: „*Das Drucken ist jetzt so sehr Mode geworden, namentlich das Drucken von Sachen, die dies gar nicht beanspruchen. Du kennst meinen alten Lieblingswunsch, man möchte die sogenannten sämtlichen Werke unserer Meister — der ersten sogar, gewiß aber der zweiten — nicht gar zu sämtlich drucken, aber, und nun wirklich vollständig, in guten Kopien den größeren Bibliotheken einverleiben . . .*" (E. Hanslick, Am Ende des Jahrhunderts, Berlin 1899, S. 381 f.).

2

entgegenzukommen, ist aber oft mehr noch Ausdruck eines „Lesenkönnens", eines angeblichen Verstandenhabens und Verfügens, das freilich parasitär von genuin monumentaler Musik lebt. Während aber das falsche Pathos der Konzertbearbeitungen langsam offenkundig wurde, behielten die rehabilitierten „Musikdenkmäler" weiterhin die falschen Ansprüche auf Denkmalhaftigkeit und zukunftsträchtige Aktualität bei.

Wohl in wenigen Fällen hat die Bereitschaft, verklungener Musik ein neues, „würdiges" Ansehen zu geben, zu so grotesken Mißgriffen geführt wie bei den antiken Musikaufzeichnungen. Sie, die musikalisch längst nichts mehr hergeben konnten, wurden dennoch zu Monumenten „gemacht".

4. Neuzeitliche Editionen und Übertragungen

Aneignen der geistigen Überlieferung aus dem Altertum, um sich mit ihr zu identifizieren und mit ihr zu wetteifern, dies gehört zu den hervortretenden Zügen der Renaissance und des Humanismus. Die Musik stand dabei zunächst abseits und erlebte erst im Gefolge des fruchtbaren Wirkens der neuen Idee auf anderen Gebieten ihre späte Sternstunde in der Wiederbelebung des antiken Dramas. Im Kreise der Florentiner Camerata zumal, dem die Entstehung der Oper entscheidende Impulse verdankte, waren die musikalischen Hymnen, die später Mesomedes zugeschrieben wurden, nicht unbekannt, aber sie lagen ganz am Rande. Vincenzo Galilei, der sie nach einer Abschrift seines Freundes Girolamo Mei (aus einem Römischen Codex) in seinem *Dialogo* 1581 erstmalig veröffentlichte[12], hatte nicht einmal erkannt, daß es sich um drei Hymnen handelt, wohingegen er, der äußeren Anordnung seiner Vorlage wegen, der Meinung war, es seien vier. Nicht als ob man sie damals nicht schon einigermaßen hätte entziffern können[13], aber man wußte mit ihnen offensichtlich wenig anzufangen. Galilei beschränkte sich auf die beiläufige Bemerkung, daß der Text auf verschiedene Töne gesungen wurde, *„non altramente di quello, che ancor' hoggi ne' canti fermi Ecclesiastici si costuma"*. Hercole Bottrigaris Erstübertragung[14] war kaum mehr als ein tastender Entzifferungsversuch (mit Fehlern und ohne Bezeichnung des Rhythmus), der als solcher wohl kaum Beachtung fand. Wenn die gefälschte Pindar-Melodie, welche Athanasius Kircher 1650 edierte und rhythmisch frei übertrug[15], noch von Interesse ist, so allenfalls als Zeitdokument, weil sie dreierlei verrät: den Stand der Kenntnis griechischer Musiktheorie, die Bereitschaft, sich auf eine Diskussion über antike Musikaufzeichnungen einzulassen, und die Unbefangenheit, mit der eine

---

[12] *Dialogo di Vincentio Galilei nobile Fiorentino della Musica antica, et della moderna.* In Florenza 1581, S. 97.
[13] Über die frühen Aufschlüsselungsversuche der hierfür grundlegenden Tonzeichen-Tabellen von Alypius s. Rud. Wagner, *Zum Wiederaufleben der antiken Musikschriftsteller seit dem 16. Jahrhundert*, in: *Philologus* 91, 1936, S. 161 ff.
[14] *Il Melone. Discorso armonico del M. ill. Sig. Cavaliere Hercole Bottrigari . . .*, In Ferrara 1602, S. 10 f.
[15] *Mursurgia universalis*, Rom 1650, Bd. I, S. 541 f.

Fälschung als echt hingenommen oder ausgegeben wurde. An versteckter Stelle, im Anhang zu einer Oxforder Aratus-Ausgabe von 1672[16], erschien dann ein weiterer Entzifferungsversuch der drei Hymnen.

*

Mit dem 18. Jahrhundert geriet das Interesse an den antiken Musikaufzeichnungen in das erste Stadium einer heraufkommenden Krise. Aus anfänglichem Tasten wurde methodisches Suchen und Fragen, aus notenschriftlicher Übertragung entstand der Wunsch nach Aneignung und Besitz.

Wegbereiter der neuen Wertschätzung war der als Autorität allgemein anerkannte französische Gelehrte P. J. Burette (1665—1747). Seine zahlreichen Abhandlungen zur antiken Musik stehen bereits an der Schwelle zwischen humanistisch-antiquarischer und vom Geist der Aufklärung beflügelter historisch-kritischer Forschung. Es war die erste kritische Auseinandersetzung mit der antiken Musik. Burette bestritt nachdrücklicher als andere, daß es im Altertum Kontrapunkt und mehrstimmige Harmonik gegeben hat. Seine auf eine Pariser Handschrift gestützte Ausgabe der drei Hymnen, die er auf Grund einer korrupten Namensnotiz (Mesodmes) nunmehr Mesomedes zuschrieb, bietet erstmals eine rhythmische und gegenüber der Oxforder Ausgabe revidierte Übertragung[17]. An den metrischen Quantitäten der Silben konnte Burette in der Übertragung um so leichter festhalten und Taktwechsel vorzeichnen, als ihm das französische Opernrezitativ mit seinen Taktwechseln ein Recht zu dieser Auslegung zu geben schien. Die griechischen Hymnen wurden denn auch im 18. Jahrhundert wie eine Art griechische Version des französischen Opernrezitativs aufgenommen[18]. Die Tatsache, daß Burettes Ausgabe in zahlreichen gelehrten Werken bis ins 19. Jahrhundert hinein, z. T. mit geringfügigen Änderungen, nachgedruckt wurde (u. a. von P. Martini[19], F. W. Marpurg[20], M. de Blainville[21], Ch.

---

[16] Ἀράτου Σολέως φαινόμενα καὶ διασήμεια . . . Διονυσίου ὕμνοι. *Accesserunt annotationes in Eratosthenem et hymnos Dionysii.* Oxonii 1672.

[17] *Dissertation sur la mélopée de l'ancienne musique,* in: *Mémoires de l'Académie des Inscriptions 1718—1725,* S. 188.

[18] Vgl. F. W. Marpurg: „Die Vermischung der geraden und ungeraden Tactart, die in allen vier Liedern herrschet, ist zu sichtbar, als daß sie nicht so fort die Aufmerksamkeit erregen sollte. Wer die Lieder zu singen versuchen will, muß dahin sehen, daß die weißen und Viertheilsnoten . . . durchaus ihr unverändertes Zeitmaaß behalten, so wie solches in den französischen Recitativen geschieht, worinnen annoch, nach Art der Griechen, der Rhythmus ausgeübt, und der gerade und ungerade Tact untereinander vermenget zu werden pflegt". Und er fährt mit folgender kritischen Bemerkung fort: „Wenn aber selbige [Vermischung] nicht allein, nicht den Ausdruck mehr befördert . . ., sondern noch zugleich wider alle Regeln der Symmetrie anstößt: so ist es ohne Zweifel wohl ungereimt, einen solchen verjahrten Geschmack der guten symmetrischen Rhythmik der heutigen Musik vorziehen zu wollen" (Kritische Einleitung, S. 208).

[19] *Storia della musica,* Bd. I, Bologna 1757, S. 207 f.

[20] *Kritische Einleitung,* S. 195.

[21] *Histoire générale critique et philologique de la musique,* Paris 1766, Tafel XI ff.

Burney[22] und dessen Übersetzer J. J. Eschenburg[23], J. B. de Laborde[24], J. N. Forkel[25], später u. a. von E. J. Fétis[26]), darf jedoch nicht darüber hinwegtäuschen, daß sich darin nicht mehr als eine allgemeine Anteilnahme gebildeter Kreise bekundet. Man schenkte den musikalischen Hymnen, wie so manchem Merkwürdigen der Überlieferung, zwar Aufmerksamkeit, aber nur beiläufig. Benedetto Marcello hatte ein paar Töne des Musenhymnus einer eigenen Komposition angepaßt[27], andere sangen die übertragenen Stücke mit Klavierbegleitung[28] oder spielten sie auf dem Klavier[29], und vereinzelt wurden gar neue „antike" Melodien komponiert[30].

[22] *A General History of Music*, Bd. I, London 1776, S. 88, wo Burney zunächst eine „*copy of the original manuscript*" bringt — indessen gab es mehrere Handschriften — und dann hinzufügt: „*I shall insert the same music in the equivalent modern notes*", also in der Meinung, es handle sich bei identischer Musik um einen bloßen Ersatz der alten durch neue Zeichen.
[23] *Dr. Karl Burneys Abhandlung über die Musik der Alten*, übers. von J. J. Eschenburg, Leipzig 1781, S. 100 f.
[24] *Essai sur la musique ancienne et moderne*, [Paris] 1780, Bd. II, S. XIV (in Gegenüberstellung französische Übersetzung und griechischer Text), S. XV (Übertragung mit zwei Versionen griechischer Tonzeichen).
[25] *Allgemeine Geschichte der Musik*, Leipzig 1788, Bd. I, S. 421 f.
[26] *Histoire générale de la musique*, Paris 1872, Bd. III, S. 215 f., doch zitiert Fétis die Edition von Burette lediglich im Zusammenhang mit einer ausführlichen Darstellung der Geschichte der Forschung über die antiken Musikaufzeichnungen. Dies ist zugleich die letzte umfassende Übersicht auf diesem Spezialgebiet.
[27] In seiner Vertonung des 16. Psalms verwendet Marcello die Melodietöne der beiden ersten Verszeilen des Helioshymnus (der Oxforder Aratus-Ausgabe von 1672 folgend) in rhythmisch völlig freier Weise nach Art eines cantus firmus („*Exaudi, Domine, justitiam meam & c./ Parte di Canto greco del Modo Lidio sopra un Inno di Dionisio al Sole*", erschienen in *Estro poetico-armonico ... III*, Venezia 1724). — Ph. Chr. Kayser machte Goethe in Rom auf diese Vertonung aufmerksam (*Italienische Reise III*, Brief vom 1. März 1788).
[28] Vom berühmten Philologen und Homerforscher Fr. A. Wolf (1759—1824) ist mehrfach bezeugt, daß er antike Melodien mit Klavierbegleitung sang, so u. a. auch in Goethes Gegenwart: „*Nun war den Mittag über Tische schon viel von antiker und moderner Musik die Rede gewesen, wobei Wolf, wie vorauszusehen, die Partei der Alten nahm ... Nun setzte er sich auch aus Klavier und spielte und sang antike Musik, wie er sagte, mußte aber, da ein neuer Streit entstand, darin nachgeben, daß er im Takt noch modernisiere*" (Riemer, Mitteilungen [Juni 1814 in Berka]; Biedermann Nr. 1564). Die Kritik an der Modernisierung scheint durch G. Hermann angeregt zu sein (s. Anm. 40).
[29] J. Fr. Christmann hatte die Pindar-Melodie gar in seine Klavierschule aufgenommen (*Elementarbuch der Tonkunst zum Unterricht beym Clavier für Lehrende und Lernende*, Speyer 1782, 1. Beispielband S. 61 f.).
[30] J. N. Forkel (*Allgemeine Geschichte der Musik*, I, S. 434) berichtet von einer „*Melodie über die vierzehnte olympische Ode von Pindar ..., welche Mingarelli seinen Conjecturis de Pindari Odis (Bononiae, 1772, 4) S. 63 beygefügt hat. Diese Melodie ist zwar in einer neueren Durtonart ... und nimmt noch außerdem ganz wider die Regeln der Griechen mancherley Arten von kurzen und langen Sylben, folglich auch von Noten an; demohngeachtet ist sie, wenn sie ... nach den angeführten ächten griechischen Melodien gesungen wird, beynahe ein Muster von Schönheit, eine wahre Wohltat für unser Ohr ...*". Daß eine neukomponierte Melodie den echten vorgezogen

Einen Begriff von der heraufziehenden Krise vermittelt in exemplarischer Weise die ausführliche Darstellung von Burney, die mit ihrer Zwiespältigkeit gegenüber den Mesomedes-Melodien den ganzen Aufwand an Gelehrsamkeit fragwürdig erscheinen läßt: „ . . . *and yet, with all the advantages of modern notes and modern measure, if I had been told that they came from the Cherokees, or the Hottentots, I should not have been surprised at their excellence. There is music which all mankind, in civilized countries, would allow to be good; but these fragments are certainly not of that sort: for, with all the light that can be thrown upon them, they have still but a rude and inelegant appearance, and seem wholly unworthy of so ingenious, refined, and sentimental a people as the Greeks"* [31]. Burneys Zwiespalt hatte denn auch Forkels Kritik herausgefordert (*Musikalisch-kritische Bibliothek* III, 1779, S. 117—191), was diesen allerdings nicht hinderte, die von Burney mit einem Baß versehene, rhythmisch geglättete und so in die Nähe zeitgenössischer Kirchenlieder gerückte (vermeintliche) Pindar-Melodie [32] ohne kritische Stellungnahme abzudrucken (ebenda S. 154 ff.). Noch richtete sich der Zweifel nur gegen die Mesomedes-Melodien, die zu dem hohen Begriff der antiken Musik nicht passen wollten. Ihren Höhepunkt erreichte die Krise eine Generation später mit radikalen Zweifeln an der Zugänglichkeit antiker Musik von den erhaltenen Aufzeichnungen her.

*

Wie im 19. Jahrhundert auf allen Gebieten, schieden sich auch auf dem peripheren Gebiet der griechischen Musikaufzeichnungen die Geister. Der Consensus zwischen Gelehrten und Gebildeten brach auseinander. Von einer offiziellen Meinung kann keine Rede mehr sein. Gelehrte und Gebildete hielten sich, soweit sie überhaupt noch von dem peripheren Gebiet Kenntnis nahmen, aus dem Meinungsstreit unter den wenigen Wortführern differierender Auffassungen heraus. Was war geschehen? Die Kluft zwischen Altertum und Gegenwart, die allenthalben spürbar wurde — und durch Wilhelm von Humboldts Idee eines zweiten Humanismus sowie durch die Konzeption einer Enzyklopädie der Altertumswissenschaften überbrückt werden sollte —, diese Kluft machte sich auf musikalischem Gebiet sogleich einschneidend bemerkbar — ohne leitende Idee einer Überbrückung oder gar Versöhnung. Die gesamte, in erster Linie von Philologen getragene Spezialforschung seit etwa 1800 ist wie ein einziges vergebliches Ankämpfen gegen den unheilbar gewordenen Riß zwischen der antiken und der gegenwärtigen Musik. Und was an Einsichten im Laufe der Zeit hinzugewonnen wurde, stellte sich nicht wegen, sondern trotz der fortgesetzten Überbrückungsversuche ein.

---

wird, weist auf die künftige Krise voraus (vgl. auch Anm. 32). — Etwas anders liegt der Fall bei freien Vertonungen griechischer Texte. So hatte z. B. J.-B. Niel gegen 1730 in seinem Ballet *Les Romans* eine griechische Ode in Musik gesetzt (vgl. J. Mattheson, *Der Vollkommene Capellmeister*, Hamburg 1739, S. 197. §§ 16 und 17).

[31] *A General History of Music*, Section VII, *Of the Practice of Melopoeia*, Bd. I, S. 99.

[32] Ebenda, Bd. I, S. 108: „*This melody however is so simple and natural, that by reducing it to regular time, either triple or common, and setting a base to it, which it is very capable of receiving, it will have the appearance and effect of a religious hymn of the present century*".

Angesichts dieser Lage kann von musikalischer Edition im Wandel des historischen Bewußtseins kaum noch gesprochen werden. Die unzähligen Editionen und Übertragungen bezeugen nicht einzeln, sondern in ihrer Gesamtheit einen Wandel dieses Bewußtseins, nicht durch die vermeintlichen Fortschritte der Forschung, sondern durch ihr gegenseitiges Neutralisieren und Paralysieren. Und was im Einzelfall wie ein Wandel erscheint, ist in Wahrheit eine bloße Spiegelung von Einsichten, die auf anderen Gebieten erarbeitet wurden. Ob einer Übertragung nun zwei, vier oder sechs Vorzeichen vorangestellt, ob die Taktanordnung gleichbleibend durchgeführt wird oder wechselt, oder Taktstriche ganz weggelassen sind — immer erweckt dieses äußere Modifizieren den Eindruck einer Schein-aktualisierung. „Musikdenkmäler", die so wenig Denkmalhaftes an sich haben, daß die Aktualität nicht aus ihnen selbst spricht, sondern durch eine jeweils moderne Drapierung erborgt und mithin vorgetäuscht werden mußte, sind und waren nie Monumente. Friedrich Schlegel hatte wohl als einer der ersten geahnt und 1797 ausgesprochen, daß zwischen der altgriechischen und der neuzeitlichen Musik absolute Verschiedenheit besteht[33]. Eindeutig äußerte sich etwa zwei Jahrzehnte später Gottfried Weber: „*Indess plastische Werke der Alten noch jetzt leibhaftig vor unseren Augen stehen, klingt von ihren Tonwerken kein Ton in unsere Ohren herüber. Einige dürftige Bruchstücke geschriebener griechischer Tonstücke, — also nur todte Tonzeichen — sind Alles, was auf uns gekommen. Und selbst dieser dürftigen Bruchstücke sind nicht nur äußerst wenige, sondern, was das Traurigste ist, sie sind für uns eigentlich unlesbar, indem wir nicht mit Zuverlässigkeit wissen, wie sie geklungen . . .*"[34]. Und im gleichen Zusammenhang: „*. . . wenn heute ein alter Grieche wieder auferstünde, er sich vielleicht ungemein darüber entsetzen würde, zu hören, was diese Herren als Probe von Musik seines . . . Zeitalters ausbieten . . . So aber, wo wir nie . . . mit eigenen Sinnen vernommen, wie ein griechisches Musikstück geklungen — so, sag ich, ist unser Reden und Schreiben über diesen Gegenstand nicht viel besser, als Abhandlungen Taubgeborener über Töne, oder Blindgeborener über den Reiz der Farben*"[35]. Eine derartige Entschiedenheit hatte es vorher schwerlich gegeben. Der zwiespältigen Einstellung — hier Zweifel beteuern und dort dann doch wieder edieren, übertragen und aufführen — setzte Weber ein Ende und wies damit auf die Notwendigkeit hin, das Problem der griechischen Musikaufzeichnungen fortan von Grund auf neu zu überdenken — eine Forderung, der die Forschung bis heute allerdings nie wirklich nachgekommen ist. Daß überdies die Kluft zwischen abendländischer Notenschrift und nicht-abendländischer Musik eine seit langem bekannte Tatsache ist, mag das folgende Zitat belegen, das es übrigens nicht mit beliebiger außereuropäischer, sondern mit neugriechischer Musik zu

---

[33] *Über das Studium der griechischen Poesie.* In der Neuausgabe von P. Hankamer, Godesberg 1947, S. 175: „*Die musikalischen Prinzipien des antiken Rhythmus scheinen überhaupt von denen des modernen so absolut verschieden, wie der Charakter der Griechischen Musik . . . von der unsrigen*".

[34] *Versuch einer geordneten Tonsetzkunst zum Selbstunterricht,* Mainz ²/1824, Bd. IV, S. 141.

[35] Ebenda, S. 142. Der unmittelbare Hintergrund, auf dem diese entschiedene Kritik gesehen sein will, ist wohl ein von Gld. gezeichneter Aufsatz in der AmZ XIX, 1817, *Ehrenrettung der griechischen Musik* (Sp. 385—93 und 401—406) mit einer *Beylage,* die drei vierstimmig harmonisierte Beispiele griechischer Melodien bietet (nach Sp. 416).

tun hat. Werner von Haxthausen, der mit seinen Forschungen Anfang des 19. Jahrhunderts in der gelehrten Welt — auch bei Goethe — größtes Interesse fand, schrieb u. a.: *„Den neugriechischen Liedern werde ich ein Paar Melodien beifügen; aber wer kann sie verständlich aufschreiben? Das Eigenthümliche geht unter dem Zwange unsers dürftigen Notensystems verlohren. Wer möchte auf Tyroler Weise jodeln lernen, wenn er es nicht gehört? oder wer es unternehmen, dem Andern durch Noten unsere Art sich verständlich zu machen? unsere jetzigen Noten vermögen die Töne und Übergänge nicht zu bezeichnen; ebensowenig die sonderbar klingenden Weisen der Neugriechen; und dennoch sind alle Volkslieder mehr oder weniger unverständlich und zerrissen ohne den lebendigen Gesang . . . ; und dieses rasche Leben, was nicht erstarrt ist in Worten und Bildern und sich nicht binden läßt zu dem ruhigen vernünftigen Spaziergange der gebildeten Welt, dieses concentrirte, scheinbar embryonische Leben giebt eben den Volksliedern jenen eigenthümlichen Reiz . . . So deutet auch der Inhalt auf die classischen Vorfahren . . . , auf christliche Ueberlieferung und den Zusammenhang mit dem Orient."* [36]
Begründete Zweifel kamen in Fachkreisen des 19. Jahrhunderts allenthalben auf, aber sie waren weniger prinzipieller Art, sondern setzten bei „textkritischen" Details und dann vor allem bei den Übertragungen ein. Man nahm die originalen Aufzeichnungen wie einen verschlüsselten Notentext, den es auf Grund eines geeigneten Schlüssels wieder in Klartext zurückzuverwandeln galt. Das wissenschaftliche Problem bestand hauptsächlich in der Auffindung des richtigen Kode. F. Bellermann [37] und C. Fortlage [38] hatten 1847 die Frage der Tonstufenordnung auf eine neue Basis gestellt — eine Frage. die allerdings bis heute nicht endgültig geklärt ist [39]. Hinzu kam als zweites wissenschaftliches Problem das des Rhythmus — und hier herrschte grenzenlose Verwirrung [40]. Obwohl jedes System der Rhythmik die endgültige Lösung versprach und sich immer wieder von neuem mit

---

[36] Neugriechische Volkslieder, hg. v. K. Schulte Kemminghausen und G. Soyter, Münster 1935, S. 31. Vgl. auch die Besprechung des Buches von J. L. S. Bartholdy, Bruchstücke zur näheren Kenntnis des heutigen Griechenland, Berlin 1803 f., in der AmZ VIII, 1806, wo zu einem mit Albertischen Bässen versehenen neugriechischen Tanz (ebenda abgedruckt Sp. 279—282) bemerkt wird: *„Wir haben diese Musik einem jungen Griechen aus Smyrna . . . vorgespielt. Er erkannte sie nach einer Weile . . . Nur mit dem Bass, wie er hier angegeben worden, war er nicht zufrieden, und rief uns . . . zu, wir sollten da nur drein schlagen. . . Ganz befriedigt wurde er indess nicht. Es ist so, meynte er, und ist nicht so!"* — In einem Artikel über die Musik der Türken in der AmZ IV, 1801, Sp. 20, heißt es: *„Zur Bezeichnung der Töne bedienen sie sich, wie die Alten, der Zahlen. Ihre bekanntesten Volkslieder sind auf diese Weise in Noten gesetzt"* (vgl. hierzu auch MGG I, Sp. 593, und XIII, Sp. 962). Und Sp. 21 *„Sehr bemerkenswerth . . . ist es, daß sie . . . mit unsern halben Tönen nicht ausreichen, sondern zwischen ihnen noch feinere Nüanzen, und von den Geschicktern sogar bezeichnete Vietelstöne haben und diese recht genau hervorzubringen und anzuwenden wissen."*
[37] Die Tonleitern und Musiknoten der Griechen, Berlin 1847.
[38] Das musikalische System der Griechen in seiner Urgestalt, Leipzig 1847.
[39] Vgl. etwa R. P. Winnington-Ingram, Mode in Ancient Greek Music, Cambridge 1936, und O. J. Gombosi, Tonarten und Stimmungen der antiken Musik, Kopenhagen 1939.
[40] Gottfried Hermann, Begründer der wissenschaftlichen Metrik, hatte 1809 (Ueber Hrn. D. Apels Abhandlung über Rhythmus und Metrum, AmZ XI, Sp. 289 ff.) mit aller Entschiedenheit gegen die modernisierende Auslegung antiker Versmaße Stellung genommen. *„Meynt aber der Verfasser, daß*

einem Riesenaufwand an Gelehrsamkeit zu empfehlen suchte, stürzten die rhythmischen
Theorien der Reihe nach wie Kartenhäuser ein. Speziell für die Zeit des Hellenismus und
der Spätantike ist das Problem des Rhythmus bis heute ungelöst geblieben. — Daß jede
Deutung eine weitläufige Theorie impliziert und die Theorien ihrerseits sich im Hypothetischen und Spekulativen verlieren, hat nicht nur Mißtrauen geweckt, sondern die ganze
Spezialforschung weithin in Mißkredit gebracht.
Zu der Art der Fragen und Schwierigkeiten, wie sie sich vom Standpunkt der Spezialforschung aus darstellen, hat sich diese selbst mit hinlänglicher Deutlichkeit und Breite
geäußert. Eine bloße Wiederholung wäre überflüssig. Der folgende Hinweis auf den
Anfang des Musenhymnus in verschiedenen Übertragungen [41] beschränkt sich deshalb auf
die Feststellung von Unstimmigkeiten.
F. A. Gevaert [42] hält am $^6/_8$-Takt fest und verstößt dabei gegen die Quantitätsverhält-
nisse (Anfang und Ende des zweiten und Anfang des dritten Verses). — C. von Jan [43]
setzt die Verse gegeneinander ab, auch in der Übertragung, kommt aber durch den
$^6/_8$-Takt in ähnliche Schwierigkeiten wie Gevaert. Die Länge am Anfang des zweiten
Verses sprengt die vorgezeichnete Taktordnung, und die musikalisch „kurz" wieder-
gegebene Länge am Anfang des dritten Verses fügt sich zwar dem Takt, verstößt aber
gegen die Metrik. — H. Riemanns Deutung [44] folgt seiner Theorie der Viertaktigkeit;
dabei schreckt er vor der Einführung von Synkopen nicht zurück (hier am Anfang des
dritten Verses). — W. Vetter [45] verzichtet auf Taktstriche und Taktvorzeichnung und
erweckt so den Eindruck quantitierender Messung. Dem widerspricht allerdings der
Gebrauch von dreizeitigen Überlängen.

unsere Musik nur das anschaulicher darstelle, was schon in der alten Musik vorhanden war, so fehlt
seiner Behauptung aller Beweis. Denn da die Möglichkeit, einige alte Versmaße auf unsern Takt
zurückzuführen, noch kein Beweis ist, daß unser Takt überhaupt die Regel der alten Versmaße sey,
zumal da mehrere derselben nur mit großem Zwange und durch willkührliche, den alten Auctoritäten
geradezu widerstreitende Hypothesen mit unserm Takt in Einstimmung gebracht werden können:
so müßte nothwendig ein historischer Beweis geführt werden . . . Vielmehr leiten sowol die histo-
rischen Data, als eine unbefangene Ansicht der alten Metrik geradezu auf die Behauptung, daß die
alten Versmaße mit unserm Takte nichts zu tun haben." Die Ausführungen Hermanns und später
vor allem die Nietzsches (*Philologica* II, 283 ff. und 335 ff.) gehören auch heute noch zum Besten,
was zur Klärung des Verhältnisses von antiker zu neuzeitlicher Rhythmik gesagt wurde.
[41] Bemerkenswert ist, daß bei den Übertragungen stets in einer einzigen Ebene vereint erscheint,
was im Altertum zwei durchaus verschiedenen Bewußtseinsebenen angehörte: Tonstufen (Tonzeichen)
und Tondauer (meist unbezeichnet, jedoch durch den Versrhythmus vorgezeichnet). Eine Ausnahme
bildet die vorsichtige Art der Verdeutlichung von I. Henderson (*New Oxford History of Music*, I,
London 1957, S. 364 ff.). Speziell die Übertragungen des Musenhymnus von Bottrigari bis zu Jan
hat Th. Reinach zusammenfassend besprochen (*L'hymne à la Muse*, Revue des études Grecques IX,
1896, S. 1 ff.).
[42] *Historie et théorie de la musique de l'antiquité*, Bd. I, Gent 1875, Appendice, S. 445.
[43] *Musici scriptores Graeci*, Leipzig 1895 (Anhang), S. 44 f.
[44] *Handbuch der Musikgeschichte*, Bd. I, 1, Leipzig 1904, S. 253.
[45] Am Anfang der von ihm besorgten Neuauflage von Scherings Musikgeschichte in Beispielen,
Leipzig 1954, S. XI.

Von der unbekümmerten Art musikalischer Bearbeitungen, wie sie für das 19. Jahrhundert typisch sind, zeugen mehrere Veröffentlichungen, unter ihnen solche von namhaften Gelehrten wie F. Bellermann[46] und R. Westphal[47]. Die Kombination von exakter Philologie und musikalischer Entgleisung ins Pseudo-Volksliedhafte zeigt das folgende Beispiel von Westphal[48]:

Kitharodischer Hymnus an die Muse von Dionysius von Halikarnaß dem jüngeren.

"12-zeitiger Rhythmus".

---

[46] *Die Hymnen des Dionysius und Mesomedes*, Berlin 1840.
[47] *Die Musik des griechischen Altertums*, Leipzig 1883.
[48] Ebenda, S. 327.

Den Gipfel der Geschmacklosigkeit aber erreicht das Bearbeitungswesen in bombastischen Darbietungen, über die mehrere Berichte vorliegen. *„So wurde bei der Grundsteinlegung des Reichs-Limes-Museums auf der Saalburg in Gegenwart unseres Kaisers ein delphischer Hymnos in griechischer Sprache gesungen. Er war von Kapellmeister Jos. Schlar-Wiesbaden für Chor und Orchester bearbeitet worden und soll einen großen Eindruck gemacht haben."* [49] Derselbe Schulmann schreibt weiter: *„Diese Musikreste aus dem Altertum haben zunächst schon das allgemeine Interesse für musikalisch-rhythmische Fragen selbst in weiten Kreisen der Gebildeten wachgerufen. Während die trockenen grammatischen Metriker des Altertums und die vielbändigen Werke der Neueren selbst philologisch Gebildete abstießen, haben mehrere öffentliche Aufführungen bewiesen, daß auch das größere Publikum von diesen neueren Errungenschaften der Musikgeschichte Kenntnis zu nehmen bestrebt war. Ich erwähne besonders die Aufführung, die bei Gelegenheit der Bremer Philologenversammlung 1899 stattfand, und das Konzert, welches im März vorigen Jahres im Neuen Königlichen Operntheater in Berlin gegeben wurde."* [50] Wenn musikalische Entgleisungen solchen Ausmaßes die Frucht und zugleich die öffentliche Rechtfertigung der wissenschaftlichen Beschäftigung mit den antiken Musikaufzeichnungen, ihren Editionen und Übertragungen sind — und nach den angeführten Zitaten besteht kein Grund, daran zu zweifeln —, so hat sich diese Spezialforschung damit selbst gerichtet. Ein größerer Abstand zum Altertum, aber auch zur Kunstmusik der Neuzeit ist kaum denkbar. Hätte es noch eines Beweises bedurft, daß die Editionen und Übertragungen pure Fiktionen und die auf ihnen basierenden musikalischen Aufführungen Surrogate sind, dann fänden sich hier die Beweisstücke zusammen. Die von der Idee des Bildungs-Humanismus und von der Konzeption einer enzyklopädischen Altertumswissenschaft ausgegangenen Überbrückungsversuche zwischen Altertum und Gegenwart haben auf musikalischem Gebiet vollständig versagt. Von Dichtern und Denkern der deutschen Klassik und Romantik führt eine Brücke zum Altertum, von Beethovens oder Wagners Musik aber keine zu den antiken Musikaufzeichnungen. Selbst wenn man von den indiskutablen Aufführungen absieht, bleibt der wissenschaftliche Ertrag der philologischen Beschäftigung mit den Aufzeichnungen überaus dürftig und deshalb ohne Ausstrahlung auf Philologie und Musikhistorie.
Vorsichtiger als Philologen waren einzelne Musikgelehrte. Was z. B. Fétis im Anschluß an die Mesomedes-Hymnen schreibt, eröffnet neue Perspektiven, macht aber die Übertragungen, die er so eingehend diskutiert, von Grund auf fragwürdig: *„Originaires de l'Orient,*

---

[49] K. Brandt, *Metrische Zeit- und Streitfragen*, Naumburg a. S. 1902, S. 4. — Von gedruckten Bearbeitungen liegen u. a. vor: A. Thierfelder, *Altgriechische Musik. Sammlung von Gesängen aus dem klassischen Alterthume vom 5. bis 1. Jh. v. Chr. nach den überlieferten Melodien mit griech. u. dt. Texten nebst einleitenden Vorbemerkungen hg. und für den Koncertvortrag eingerichtet*, Leipzig 1896/99; R. von Kralik, *Altgriechische Musik. Theorie, Geschichte und sämmtliche Denkmäler*, Stuttgart—Wien o. J. (um 1900); O. Fleischer, *Die Reste der altgriechischen Tonkunst. Bearbeitet [für Gesang und Klavier.]* Leipzig 1899.
[50] Ebenda, S. 4. Zur Berliner Aufführung s. ZIMG I, 1899, S. 99 und zu deren Wiederholung ebenda II, 1900, S. 177, sowie den Beitrag von O. Fleischer, *Sind die Reste der altgriechischen Musik noch heute künstlerisch wirksam?* ZIMG I, S. 49 ff.

les Grecs ont dû conserver dans leurs chants des traditions d'ornements dans les mélodies dont l'usage est général chez les peuples orientaux. Il y a d'autant moins de doute sur l'emploi de ces ornements chez les Grecs ... Lorsque l'on considère la multiplicité des ornements de tout genre dans les chants de l'Église grecque, on comprend qu'on n'a pu passer tout à coup de l'habitude de chants simples et presque syllabiques à ce luxe de fioritures, qui n'est pas moins général dans les chants populaires des Grecs de l'Asie Mineure que dans les mélodies liturgiques." [51]

Die Editionen und Übertragungen griechischer Musikaufzeichnungen sind nicht der einzige, aber gewiß ein extremer Fall illusionistischer Musikforschung. Dennoch hätte es zum gegenwärtigen Zeitpunkt einer Erinnerung an die weitreichende Problematik kaum bedurft, gäbe es nicht Anzeichen dafür, daß sie der Bewußtseinslage der Spezialforschung entschwunden und daß der Denkmälerwahn des vergangenen Jahrhunderts auch heute noch nicht überwunden ist.

---

[51] *Histoire générale de la musique*, Bd. III, Paris 1872, S. 231.

Reinhold Schlötterer

Edition byzantinischer Musik

Um Editionen byzantinischen Kirchengesangs beschreiben und vergleichen zu können, ist es erforderlich, sie an dem Objekt der Edition, dem Edierten zu messen[1]. Byzantinischer Kirchengesang ist uns jedoch nicht unmittelbar, anschaulich gegeben, sondern muß von den erhaltenen Denkmälern aus rekonstruiert werden. Greifbar ist für uns eine schriftliche, mit dem 10. Jh. einsetzende Überlieferung von liturgischen Büchern mit Gesangszeichen und eine mündliche Tradition, wie sie heute im neugriechischen Kirchengesang geübt wird. Mißlicherweise klaffen aber beide Zweige der Überlieferung so weit auseinander, daß es schwer hält, Rudimente der früheren Übereinstimmung aufzuspüren[2].
Die mündliche Tradition wird zumeist wegen einer, wohl zu undifferenziert angenommenen, Überwucherung des ursprünglich Byzantinischen durch türkisch-orientalische Elemente von der Forschung als Gegenstand und auch als Hilfsmittel einer Ausgabe übergangen. Andererseits werden die Probleme einer Edition ausschließlich auf der Grundlage der schriftlichen Überlieferung im allgemeinen unterschätzt. Eine Beschreibung von Editionen setzt deshalb am besten bei den Fragen der byzantinischen Gesangsschrift und der mündlichen Überlieferung, gesehen im Verhältnis zu unserer modernen Notenschrift, an.
Schriftliches Festlegen von Musik ist uns zunächst bekannt als Mittel und Resultat von Komposition: Der musikalische Zusammenhang konstituiert sich mit Hilfe der Schrift; die Schrift geht dem Ertönen der Musik voraus, sie ruft die Musik als Erklingendes erst hervor. Daneben besteht aber die Möglichkeit, daß die Schrift dazu dient, eine unmittelbar, als Praxis existierende Musik festzulegen; die Schrift folgt dann der erklingenden Musik nach. Beide Schriften unterscheiden sich auch durch ihren Inhalt: Schrift als Kompositionsschrift fixiert ein Werk, das erst, im Rahmen bestimmter Ausführungsweisen, in Klang zu verwandeln ist. Schrift als eine Praxis festlegende Schrift fixiert einen empirisch gegebenen Zustand von Musik, in dem Struktur- und Ausführungselemente noch ungeschieden enthalten sind[3].
Die byzantinische Gesangsschrift ist, nach Maßgabe von Schriftgeschichte und Überlieferungslage, als eine, ein älteres Corpus von Gesängen festlegende Schrift zu verstehen.

[1] Die Frage, an wen sich eine Edition richtet, — zumeist unter der Alternative von wissenschaftlicher und praktischer Edition gestellt —, darf hier wohl ausgeklammert bleiben, da eine praktische Ausgabe m. E. nicht zur Diskussion stehen kann.
[2] Vgl. dazu den Versuch von Markos Ph. Dragoumis, *The survival of byzantine chant in the monophonic music of the modern greek church*, in: *Studies in Eastern Chant* 1 (1966) 9—36.
[3] Man vergegenwärtige sich die verschiedenen Aufgaben der Musikwissenschaft: Als Schrift vorhandenes Werk in Erklingen zu verwandeln oder als Erklingen vorhandene Musik durch Schrift zu erfassen.

Mit Hilfe dieser Schrift konnte ein liturgisch verbindliches Repertoire von Gesängen auch in seiner musikalischen Ausführung kodifiziert werden. In dem, was sie bezeichnet, unterscheidet sich die byzantinische Gesangsschrift wesenhaft von der uns geläufigen Notationsweise des Fünfliniensystems: Im Gegensatz zu den im Fünfliniensystem anschaulichen Koordinaten von Klangraum und Zeit, die es erlauben, eine feste melodische Gestalt, gleichsam denkmalhaft, zu erfassen, formuliert die byzantinische Gesangsschrift den Vorgang des Singens selbst als eine Kette, den Gesang hervorbringender Artikulationsbewegungen[4]. Welche Probleme die Edition einer in dieser Weise notierten Musik aufwirft, soll im folgenden am Gang der Editionsgeschichte erörtert werden.

Zuvor ist jedoch noch der Zusammenhang von Übertragung und Edition zu berühren. Mir scheint, daß beide Möglichkeiten für das Fixieren von Musik im Falle des byzantinischen Kirchengesangs nicht miteinander vermengt werden sollen[5]. Die Übertragung kann zwar ohne weiteres jedes vorgefundene Zeichen der ursprünglichen Notation durch ein oder mehrere Zeichen unserer Notation philologisch exakt ersetzen. Wird aber nicht trotzdem der Bedeutungsgehalt der übertragenen Schrift verändert? Haben z. B. Einzeltöne in beiden Schriften wirklich das gleiche Gewicht? Eine Übertragung nach Gehör wird naturalistisch alles Wahrgenommene wiederzugeben versuchen. Entspricht das dabei entstehende komplizierte Notenbild aber wirklich dem Sinn des Gehörten? Eine Edition byzantinischen Kirchengesangs hat zwar Übertragungen nach paläographisch-philologischer Methode oder nach dem Gehörseindruck zur Voraussetzung, doch kann sie sich damit nicht zufrieden geben. Eine Edition muß m. E. versuchen, über das Zwischenstadium einer einzelnen Übertragung hinaus, das in der ursprünglichen Notation oder in einer Ausführung Gemeinte zu rekonstruieren[6]. Dieser weitergehende Anspruch einer Edition kann bei einer Betrachtung der Editionsgeschichte nicht außer acht gelassen werden.

*

Im Mittelalter wurden byzantinische Kirchengesänge in die lateinische Liturgie übernommen und in Neumen festgehalten; man kann darin eine erste Art von Edition sehen. So berichtet Notker, Karl der Große habe byzantinische Gesänge, die ihm anläßlich des Besuchs einer byzantinischen Gesandtschaft zu Gehör gekommen waren, unter genauer Beachtung der Melodiebewegung ins Lateinische übertragen lassen[7]. Die erhaltenen Handschriften byzantinischer und lateinischer Tradition gehören allerdings einer viel späteren Überlieferungsstufe an, so daß ein Vergleich nur wenig über die Art und Weise der

---

[4] Ein Vergleich mit den Verhältnissen bei Sprache und Sprachschrift kann den Unterschied von Kompositionsschrift und festlegender Schrift verdeutlichen. Der byzantinische Kirchengesang gliche dabei einer zunächst schriftlosen Sprache, die später in einer phonetischen Schrift aufgenommen wird. Daß in einer solchen Schrift empirische Momente besonders zur Geltung kommen, liegt auf der Hand.

[5] H. Albrecht schreibt dagegen in seinem Artikel Editionstechnik, MGG 3, Sp. 1113, daß die byzantinische Notation *„keine eigentlich editionstechnischen Fragen aufwirft"*.

[6] In diesem Sinne argumentiert auch E. Jammers, *Musik in Byzanz, im päpstlichen Rom und im Frankenreich*, Heidelberg 1962, S. 55 f.

[7] Vgl. dazu J. Handschin, *Sur quelques tropaires grecs traduits en latin*, Ann. mus. 2 (1954) 27—60.

Umsetzung besagen kann. Wichtig erscheint aber der Vorgang: Übernahme nach Gehör, Festhalten durch Neumen, Eingehen in die lateinische Tradition und damit Assimilieren des Byzantinischen. Um ähnliche Übernahmen nach Gehör geht es wahrscheinlich bei den mit phonetischer Textumschrift des Griechischen teilweise neumiert erhaltenen Gesängen beneventanisch-ravennatischer Tradition[8].

*

Von einem Versuch, byzantinischen Kirchengesang in Fünfliniennotation zu edieren, erfahren wir zum erstenmal[9] bei G. B. D o n i (1594—1647)[10]. Sein an den Kardinal Barberini gerichteter Vorschlag „*Del conservare la Salmodia de' Greci recandola nella nostra Intavolatura*" zielt darauf ab, in Zusammenarbeit von griechischen Sängern und italienischen Musikern die byzantinischen Gesangszeichen in ihrer richtigen Ausführung („*molti portamenti di voce, grazie a noi insolite*") durch das Mittel der modernen Notation wiederzugeben. Diesem mehr übertragungstechnischen Teil sollten einige Beispiele von vollständigen Gesängen angefügt werden. Daß der Vorschlag Donis in die Tat umgesetzt wurde, ist zu bezweifeln, irgendwelche Editionen sind nicht bekannt geworden. Von Interesse ist in unserem Zusammenhang aber das Doni vorschwebende Verfahren. Er will nicht einen philologischen Schlüssel zum Übertragen von Schrift liefern, er will nicht Übertragungen von Schrift edieren, sondern den Übergang von der ursprünglichen zur neuen Notation vermittelst der lebendigen Ausführung in verbindlicher Tradition vollziehen. Nicht am grünen Tisch, nur durch „*la viva voce di questi cantori greci*" könnten uns die Bücher griechischen Kirchengesangs, die sich in verschiedenen Bibliotheken vorfinden, erschlossen werden.

*

Die ersten greifbaren Editionen byzantinischer Musik von F. J. S u l z e r und G. A. V i l - l o t e a u sind gänzlich anderen Absichten zu verdanken[11]. Sie gehen auf expeditionsartige Unternehmungen zurück und sollen als Belege einer für den Betrachter ungewöhnlichen, gleichsam exotischen Musik dienen. Sie beabsichtigen mithin nicht, den byzantinischen Gesang als einen historischen Gegenstand zu nehmen, vielmehr den gegenwärtig geübten Zustand wiederzugeben. Beide Verfasser kennen aus eigener Erfahrung die lebendige Praxis und ihre schriftliche Grundlage, beide haben Kontakt mit Gewährsleuten, die ihnen Schrift und Musik erklären. Beiden ist aber auch die Diskrepanz zwischen dem, was die Schrift anzeigt, und dem, was als Musik erklingt, bewußt. Dies kommt bei Villo-

---

[8] Vgl. E. Wellesz, *Eastern Elements in Western Chant*, Boston 1947 (Mon. Mus. Byz. Subsidia vol. II).

[9] E. F. Schmid nennt Hieronymus Wolf (* 1516), Bibliothekar Joh. Jakob Fuggers, als Herausgeber byzantinischer Musikhandschriften (MGG 4 Sp. 1120). Worauf diese Notiz gründet, konnte ich nicht ausfindig machen. Wolf fungierte zwar als Herausgeber eines *Corpus historiae byzantinae*, das aber keine Musik enthält. Vgl. Fr. Husner, *Die editio princeps des Corpus etc.*, Fschr. Karl Schwalber, Basel 1949, S. 143—162.

[10] G. B. Doni, *Tratt. di musica*, t. II, Firenze 1763, S. 161 f.

[11] F. J. Sulzer, *Geschichte des transalpinen Daciens*, Wien 1781—83, vol. II, pp. 430—547. G. A. Villoteau, *De l'état actuel de l'art musical en Egypte*, Paris 1826.

teau besonders klar zum Vorschein dadurch, daß er von einem kurzen Beispiel zwei
Versionen bringt: eine mit der wirklichen Ausführung des Gesangs, die andere mit den
unkolorierten Einzeltönen der Gesangszeichen. Sulzer bringt nur die Ebene der Ausführung.
Im übrigen sind beide Editionen recht ähnlich: Es werden zusammen mit der Übertragung
auch die byzantinischen Zeichen abgedruckt, Einteilung in Taktschema, nur diatonische
Stufen, Unterscheidung mehrerer rhythmischer Werte, Abheben einer Kolorierungsfläche [12].
Wenn wir auch diese Editionen nicht in allen Einzelheiten beim Wort nehmen können —
zweifellos wurde vieles nach europäischem Musikdenken zurechtgelegt —, so beeindruckt
doch die gesunde Basis, indem die Edition in gleicher Weise der schriftlichen Aufzeichnung wie der traditionellen Praxis des byzantinischen Kirchengesangs gerecht zu werden
versucht.

*

Treibendes Moment für die Herstellung einer Edition war bei Doni, Sulzer und Villoteau
das Interesse an der byzantinischen Gesangstradition; die schriftliche Überlieferung wurde
zwar beachtet, aber nicht als hinreichende Basis einer Edition gewertet. Aus gänzlich verschiedenem Sichtwinkel stellen sich die Probleme für einen Gelehrten, der in Bibliotheken
auf Handschriften mit byzantinischen Musikzeichen stößt, oder der durch Bücher von
solchen Zeichen erfährt. Er fühlt sich aufgefordert, nach dem Vorbild der philologisch-
historischen Disziplinen die rätselhaften Zeichen gleich den Zeichen einer unbekannten
Sprachschrift zu entziffern, lesbar zu machen, und den durch die Zeichen mitgeteilten Text
zu edieren.
Leider ist von den ersten beiden Gelehrten, die angeben, zusammenhängende Übertragungen zum Zwecke der Edition hergestellt zu haben, und zwar ausschließlich auf der Grundlage der schriftlichen Überlieferung, ein Ergebnis ihres Bemühens nicht erhalten. Fürstabt
M a r t i n   G e r b e r t   schreibt [13], er habe Übertragungen der im Facsimile mitgeteilten
byzantinischen Kirchengesänge angefertigt, seine Unterlagen seien aber bei dem Kloster-
brand des Jahres 1768 zerstört worden, und er habe keine Zeit mehr gefunden, die Arbeit
zu wiederholen.
K. E. v o n   S c h a f h a e u t l   (1803—1890), der die byzantinischen Gesangszeichen an
Hand einer Papadike entschlüsselt, spricht von vollständiger Übertragung der bei Gerbert
veröffentlichten Facsimiletafeln und darüber hinaus einer großen Zahl weiterer Hymnen
auf Grund von Handschriften des 11.—13. Jh. [14]. Leider sind auch seine Übertragungen nie
erschienen. So ist zwar in Anbetracht seiner Auslassungen über die byzantinische Gesangsschrift nicht zu bezweifeln, daß er Editionen hätte veröffentlichen können, welche Konzeption er dabei aber verfolgt hätte, bleibt unbekannt.

*

[12] Beispiel 1 (Sulzer) und 2 (Villoteau, S. 28 ff.). Das von Villoteau gebotene Beispiel ist ein Lehr-
gesang zum Einüben der Gesangszeichen. Die Frage nach der philologischen Richtigkeit der Übertragungen berücksichtige ich hier, wie auch sonst in diesem Beitrag nicht.
[13] M. Gerbert, *De cantu et musica sacra*, tom. II, St. Blasien 1774, S. 57.
[14] K. E. v. Schafhaeutl, *Über die Musik der griechischen Kirche*, MfM 3 (1871) 157—178.

Mit greifbaren Editionen, zunächst als Beispiele innerhalb von Abhandlungen, haben wir es erst um die Wende des 19./20. Jh. zu tun. Zielsetzung, Methode und Durchführung sind freilich je nach Herkunft, Arbeitsfeld und Ideenkreis des einzelnen Forschers sehr verschieden. So haben beispielsweise J. B. T h i b a u t (Assumptionist, Arbeit in Konstantinopel, Jerusalem, Rußland usw.) und H. G a i s s e r (Benediktiner, Leiter des Collegio greco in Rom, Reisen auf den Athos und nach Sizilien) Erfahrungen mit der Praxis des neugriechischen Kirchengesangs. Ihre Arbeiten sind als Pendant zur Gregorianikforschung etwa der Schule von Solesmes zu verstehen. O. F l e i s c h e r hingegen vertritt die paläographisch-philologisch-historisch orientierte „reine" Forschung, seine Arbeit über die spät-griechische Tonschrift gehört in den Zusammenhang einer generellen Behandlung mittelalterlicher Gesangs-Tonschriften.

Seit den Dreißigerjahren unseres Jahrhunderts verlagert sich das Schwergewicht der byzantinischen Musikforschung mehr und mehr auf feste Institutionen. L. T a r d o repräsentiert in seinen Veröffentlichungen die Schule von Grottaferrata und ihre Gesangspraxis[15]. Besonders aber das Unternehmen der *Monumenta Musicae Byzantinae*, gegründet von C. H ö e g , H. J. W. T i l l y a r d und E. W e l l e s z tritt mit einer breitangelegten Reihe von Veröffentlichungen auf den Plan. Neben Facsimile-Wiedergaben vollständiger Handschriften und neben Abhandlungen werden seit 1936 umfangreiche Editionen vorgelegt; in ihnen ist die von Tillyard und Wellesz ausgearbeitete Übertragungsweise zur editorischen Norm erhoben[16].

Die Unterschiede der einzelnen Editionen lassen sich am besten durch Vergleichen herausstellen.

Thibaut[17] nimmt die Viertelnote als rhythmischen Grundwert, längster Wert ist die Halbe, dazwischen der Mittelwert eines punktierten Viertels; in formelhaften Wendungen findet sich auch Unterteilung in Achtel. Eine metrische Gliederung ist nicht angedeutet, wohl aber ein Vortragstempo angegeben, das im Verlauf des Gesangs durch *accel., a tempo* und *rall.* nuanciert wird. Einzelne Noten oder Notengruppen sind durch dynamische Zeichen hervorgehoben, durch Bogen werden Töne, die auf eine Textsilbe zu singen sind, oder Tongruppen zusammengefaßt. Die diatonischen Töne werden mehrfach durch Generalvorzeichen (5, 7, 6 Kreuze) umgestimmt. Größere Einschnitte werden durch eine Achtelpause markiert.

Die Edition des gleichen Sticheron durch Wellesz (entsprechend den Normen der Monumenta)[18] fällt recht verschieden aus. Rhythmischer Grundwert ist hier das Achtel, das verdoppelt und punktiert, nicht aber unterteilt wird. Durch Achtelbalken und kurze Bögen

---

[15] Der Untertitel seines Werks *L'antica melurgia bizantina*, Grottaferrata 1938, präzisiert: „*nell'interpretazione della scuola monastica di Grottaferrata*".

[16] Vgl. E. Wellesz, *Konferenz über Aufgaben und Ziele der Erforschung byzantinischer Musik*, ZfMw. 14 (1931/32) 61 f.

[17] Beispiel 3: J. B. Thibaut, *Étude de musique byzantine*, Izv. Russk. archeol. Inst. Konst. 3 (1898) 176/77.

[18] Beispiel 4: E. Wellesz, *A History of Byzantine Music and Hymnography*, Oxford ²/1961, S. 386/87.

entstehen kleinste Gruppierungen. Das Notenbild wird durch eine Vielzahl dynamischer Zeichen überlagert, deren Bedeutung nicht augenfällig ist[19]. Die diatonischen Töne werden ohne jede Modifizierung durch Akzidentien gebracht. Die Zeilengliederung des Textes ist durch kleine senkrechte Striche im Fünfliniensystem notiert.

Fleischer[20] gibt nur ein Gerüst (Viertel, mehrere Töne auf einer Silbe zusammen ein Viertel) ohne vortragsmäßige Differenzierung der Töne, unterlegt aber die Gesangszeichen der handschriftlichen Vorlage.

Gaisser[21] ediert in mancherlei Hinsicht ähnlich Thibaut, schreibt aber ein ¢-Zeichen vor (wie zu verstehen?); kein punktierter Wert, aber eine nachschlagsartige Note; einzelne Noten werden durch das byzantinische Zeichen charakterisiert; in g-moll-Lage notiert, deshalb zwei ♭ vorgezeichnet.

Tardo[22] nimmt zwischen Thibaut und Gaisser einerseits und Wellesz andererseits eine mittlere Stellung ein. Er notiert zwar auf Achtelebene, belastet das Notenbild aber nicht durch allzuviele Vortragszeichen; er unterlegt wie Fleischer fortlaufend die Gesangszeichen der Handschrift.

Wenn man das Notenbild der herangezogenen Editionen vergleicht, fällt auf, welch verschiedene Vorstellung von Musik durch scheinbar geringfügige äußerliche Unterschiede, z. B. Hauptwert Viertel oder Achtel, hervorgerufen wird. Die Edition von Thibaut vermittelt den Eindruck eines ruhigen Fließens. Im Gegensatz dazu wirkt die Edition von Wellesz als Bild eines heftigen Skandierens. Die Akzidentiensetzung bei Thibaut suggeriert komplizierte Tonartenverhältnisse, die auf Akzidentien verzichtende Notation von Fleischer erinnert an die Schreibkonvention der Musik vor 1600.

Der Blick für die spezifischen Probleme einer Edition von Musik wird besonders geschärft, wenn man Übertragungen nach dem Gehör einbezieht. Wenngleich Fr. F a l s o n e und L. T a r d o[23] das gleiche Troparion aus der gleichen Gesangstradition (griechisch-albanische Kirche Siziliens) wiedergeben, unterscheiden sich beide Übertragungen doch grundlegend. Falsone versucht impressionistisch das Gehörte aufzunehmen, Tardo versucht unter dem äußeren Gewand der Ausführung den musikalischen Bau als das in der Ausführung Gemeinte zu erfassen. Entsprechend vermittelt das Notenbild die Vorstellung eines differenzierten Strömens von Gesang oder einer gegliederten Melodie.

Von den Beobachtungen an einer als Erklingen lebendigen Musik zur schriftlichen Tradition zurückkehrend liegt die Frage nahe, unter welchem Aspekt denn die byzantinische

---

[19] Mit diesen Zeichen versucht Wellesz die Vielfalt der Nuancierungsmöglichkeiten eines Tonschritts, wie sie die byzantinische Gesangsschrift aufweist, wiederzugeben; vgl. im einzelnen H. J. W. Tillyard, *Handbook of the Middle Byzantine Notation*, Copenhagen 1935 (MMB Subsidia I, 1). Eine kritische Stellungnahme zu den Übertragungsprinzipien der Monumenta bietet: Thr. Georgiades, *Bemerkungen zur Erforschung der byzantinischen Kirchenmusik*, Byz. Zschr. 39 (1939) 67—88.

[20] Beispiel 5: O. Fleischer, *Die spätgriechische Tonschrift*, Berlin 1904, (Neumenstudien III), S. 14 des Teils C.

[21] Beispiel 6: H. Gaisser, *Les „Heirmoi" de Pâques dans l'office grec*, Rome 1905, S. 18/19.

[22] Beispiel 7: L. Tardo, *L'antica melurgia bizantina*, S. 286.

[23] Beispiel 8/8a: Fr. Falsone, *I canti ecclesiastici greco-siculi*, Padova 1936, Nr. 116; L. Tardo, *L'antica melurgia*, S. 127.

Gesangsschrift zu sehen sei. Handelt es sich um eine Schrift, die nur den Bau, das melodische Gerüst fixiert, so daß erst durch die richtige Aufführung daraus musikalische Wirklichkeit werden konnte? Oder handelt es sich um eine Schrift, die, ähnlich der Übertragungsweise Falsones, die Ebene der Aufführung mit enthält, was heißt, daß die verbindliche musikalische Gestalt, der melodische Kern nur im Zuge einer Deutung von Schrift und musikalischem Zusammenhang sichtbar werden könnte? Gewiß ist diese Alternative zu schroff gestellt, doch hilft sie, wie mir scheint, das Problem einer Edition genauer zu sehen.

Die bisher herangezogenen Ausgaben nehmen die byzantinische Gesangsschrift im Sinne einer alles Wesentliche bezeichnenden, gleichmäßig Ton für Ton fixierenden Notation. Daraus resultiert das Notenbild einer äqualistisch die Töne reihenden, rhythmisch unausgeprägten melodischen Linie. Anscheinend kann der rhythmische Normalwert (je nach Edition Viertel oder Achtel) nur nach der Seite der Längung hin verändert, nicht aber unterteilt werden. Vergleicht man diesen Sachverhalt mit den paläographischen Gegebenheiten der byzantinischen Notation, so ist zuzugeben, daß byzantinische Schrift und Ausgaben in diesem Punkte übereinstimmen. Insofern sind also die Ausgaben eine getreue Umschrift des Originals. Es fragt sich nur, ob die byzantinische Gesangsschrift alle rhythmischen Abstufungen, die im Gesang möglich sind, unterscheidet, oder ob der Neutralwert, der bei starrer Übertragung zum Äqualismus führt, verschiedene Möglichkeiten der rhythmischen Ausführung offen läßt. Dann würden die Ausgaben, obgleich sie die Gesangsschrift korrekt widerspiegeln, doch das musikalisch Gemeinte verfehlen [24].

In jeder musikalischen Überlieferung, die nicht auf eine Kompositionsschrift zurückgeht, ist das Nebeneinander von Varianten eine ernst zu nehmende Gegebenheit. Auch für die Edition byzantinischen Kirchengesangs ist eine Entscheidung zu treffen, wie angesichts der Varianten zu verfahren sei. Ist der Version einer, durch Alter und Überlieferung ausgezeichneten Handschrift der Vorzug zu geben? Oder soll, nach dem Vorbild philologischer Texte, mit den Methoden der Textkritik aus den Varianten eine „authentische" Melodiegestalt zurückgewonnen werden? Gaisser hat einen solchen Versuch unternommen, wobei er außer schriftlich überlieferten Versionen auch die mündliche Tradition einbezog. Ein Vergleich der Varianten mit der rekonstruierten „Urfassung" zeigt die Problematik des Vorhabens [25]. Auch Wellesz sieht das Ziel des Edierens darin, „auf Grund einer möglichst vollständigen Zusammenstellung aller erreichbaren Handschriften — wobei auch die frühbyzantinischen zum Vergleich herangezogen werden müßten — die authentische Gestalt der Melodien zu rekonstruieren" [26]. Im Gegensatz dazu glaubt Höeg, man könne vielleicht die Melodie eines späten Meloden wiederherstellen, „but it is — and will probably remain in all

[24] Es ist hier nicht der Platz, diese wichtige Frage weiterzuverfolgen. Lediglich ein einzelner methodischer Ansatz soll unten, im Zusammenhang mit dem Varianten-Problem berührt werden. Den rhythmischen Aspekt der byzantinischen Notation behandelt ausführlich E. Jammers in dem unter Anm. 6 genannten Buch.

[25] Beispiel 6a, rekonstruiert aus den Varianten Beisp. 6: vgl. Anm. 21.

[26] E. Wellesz, *Die Hymnen des Sticherarium für September*, Kopenhagen 1935 (MMB Transcripta vol. I) S. XLI.

future — Utopian to think of 'restoring' old hirmi of St. Johns time" [27]. Mir scheint allerdings das Problem nicht darin zu liegen, daß es nicht möglich ist, zum „Urtext" zurückzufinden, sondern zu zeigen, daß ein solcher „Urtext" ohnehin ein gedankliches Phantom ist.

Wenn man in den Varianten nicht nur ein Mittel zum Zweck, nämlich Herausschälen einer Urfassung, sieht, sondern einen Ansatz für Fragen, die den Zusammenhang von Schrift und erklingendem Gesang ins Auge fassen, dann ist eine, mehrere Versionen gegenüberstellende Edition ein ausgezeichnetes Arbeitsmittel [28]. Zu klären ist vorab, ob es sich bei einer Variante wohl um eine Variante der schriftlichen Aufzeichnung (ein gleicher musikalischer Sachverhalt wird in verschiedener Weise erfaßt) oder um eine Variante des Gesangs (die Variante meint wirklich etwas anderes) handelt.

Häufig finden sich Stellen, an denen das melodische Gerüst in allen Versionen stabil ist, in einzelnen Varianten aber noch Zwischentöne notiert sind [29]. Das Wort λαμπρυνθῶμεν unseres Beispiels beginnt in allen drei Übertragungen mit dem Ton g und endet in a. Der Schritt g f g wird aber dreifach verschieden wiedergegeben. Hier wird m. E. ein gleicher Vorgang von den jeweils zugrundeliegenden Handschriften in verschiedener Näherung an die kolorierte Ausführung wiedergegeben. Mir scheint es mißverständlich, wenn Wellesz in seiner Umschrift die Zusatztöne gleich den Gerüsttönen als Achtel wiedergibt, weil so eine hier mögliche Differenzierung von Gerüst- und Ausführungsebene nicht zur Geltung kommt.

Des öfteren stößt man auch auf das merkwürdige Phänomen, daß kurze melodische Partikel in verschiedenen Handschriften um einen Ton nach oben oder unten verschoben notiert sind. Eine derartige Variante bringt z. B. Tillyard in seiner Edition des Sticheron Ἀναστάσεως ἡμέρα [30]. Bei der Stelle καὶ ἀλλήλους περιπτυξώμεθα hat die Variante A die gleiche melodische Wendung, aber um einen Tonschritt tiefer notiert. Was liegt hier vor? Ein Übertragungsfehler Tillyards oder ein Fehler der Handschrift? Der Zusammenhang mit dem Vorangehenden und Nachfolgenden stimmt aber aufs genaueste. Wenn wir diese Stelle in ihrer schriftlichen Fixierung beim Wort zu nehmen haben, fragt sich, was hier musikalisch vorgeht [31]. Entweder ist diese melodische Wendung, unabhängig von ihrer Lage, in sich fest, d. h. die Lage des Halbtons innerhalb des Tetrachords bleibt gleich; dann hätten wir es mit einer Transposition zu tun, die in der Edition durch Akzidentien signalisiert werden müßte. Oder aber die melodische Figur paßt sich den Tonrelationen

---

[27] C. Höeg, *The Hymns of the Hirmologium*, Part I, Kopenhagen 1952 (MMB Transcripta vol. VI), S. XLIV.

[28] Vgl. z. B. die Edition von Höeg (Anm. 27) oder von L. Tardo, *L'ottoeco nei mss. melurgici*, Grottaferrata 1955, S. XXXIII ff., auch J. D. Petresco, *Les Idiomèles et le canon de l'Office de Noël*, Paris 1932.

[29] Beispiel 9: E. Wellesz, *A History of Byzantine Music and Hymnography*, Oxford 2/1961, S. 216.

[30] Beispiel 10: H. J. W. Tillyard, *The Hymns of the Pentecostarium* (MMB Transcripta vol. VII) S. 4 f.

[31] Eine Edition dürfte m. E. ein solches Problem nicht übergehen. Im vorliegenden Fall wäre es sicher sinnvoller gewesen, die Variante A in den Text zu nehmen und die Fassung T, die aus dem Rahmen fällt, unter Hinweis auf den musikalischen Sachverhalt im Anhang zu bringen.

der veränderten diatonischen Lage an; dann läge eine unausgeprägte, erst durch die Tonumgebung determinierte Formel vor.

Generell läßt sich sagen, daß bei einer Edition byzantinischen Kirchengesangs größte Vorsicht geboten ist, um nicht unkritisch das uns geläufige diatonische, auf Oktavrepetition beruhende Tonsystem auf die byzantinische Gesangsschrift zu projizieren. Unsere Vorstellung von oktavweise repetierenden Skalen deckt sich keineswegs mit einer Gliederung des Tonbereichs nach Tetrachorden und Tetrachordtranspositionen[32]. Ebensowenig lassen sich die Einzeltöne eines Tetrachords auf die temperiert-diatonischen Verhältnisse hin festlegen. Editionen, die in einem unbefangenen Betrachter den Eindruck einer absoluten Übereinstimmung mit unserem Tonsystem und unseren heutigen Tonstufen hinterlassen, können deshalb nicht als adäquate Wiedergabe byzantinischen Kirchengesangs angesehen werden.

*

Dieser Überblick über die Geschichte der Edition byzantinischen Kirchengesangs enthält implizit die Aufgabe, das Bemühen um eine der Sache entsprechende Editionsweise fortzusetzen. Auch die Übertragungen und Editionen der *Monumenta Musicae Byzantinae*, die seit etwa 35 Jahren das Feld beherrschen, können nur als ein Zwischenstadium gewertet werden. Sie sind allzusehr vom Glauben an die, stillschweigend vorausgesetzte, Identität von Schrift und Musik getragen, annehmend, daß mit einer buchstäblichen Übertragung der Schrift zugleich das in der Schrift Gemeinte gegeben sei. Man sollte jedoch künftig nicht auf e i n e neue, allgemein anzuwendende „Lösung" des Editionsproblems abzielen. Die vielfältigen Aspekte des byzantinischen Kirchengesangs könnten sicher in einer Vielfalt von durch das beschreibende Wort erläuterten Editionsversuchen deutlicher vor Augen gestellt werden.

---

[32] Daß solche Transpositionen in den Übertragungen die Akzidentien fis und cis bedingen, zeigt Chr. Thodberg, besonders in dem Kapitel *Tonale Probleme des Sticherarions* seiner Arbeit: *Der byzantinische Alleluiarionzyklus*, Kopenhagen 1966 (MMB Subsidia vol. VIII).

Beispiel 1

Beispiel 2   **SECOND TON; MODE LYDIEN.**

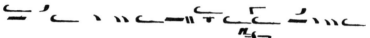

Ψηφι - σ]ὸν : λύγισ-μα : ὅ - μα - - λὸν :
Psêphi . - s ton : ly gis - ma : ho - ma - - l on :

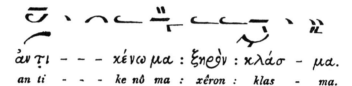

ἀν τι - - - κένω μα : ξηϱὸν : κλάσ - μα.
an ti - - - ke nô ma : xêron : klas - ma.

INTONATION.

Ne - a - nes.

Psi - - - phis -

ton: ly - guis - - - -

Beispiel 2 (Fortsetzung)

¹ *Homalogon* pour *homalon*, et plus bas, *klanasma* pour *klasma.* Les Grecs font souvent de ces sortes l'additions ou de prolongemens lans les paroles de deurs chants; on trouve aussi très-fréquemment de ces sortes d'additions ou de prolongemens écrits dans deurs *papadike.*

Beispiel 2 (Fortsetzung)

Voici le même chant dépouillé de ses ornemens et réduit aux seuls sons indiqués par les signes des sons :

Beispiel 3

Tropaire qui se chante la Vigile de Noël.

Poème de St. Sophrone de Jérusalem.

Allegretto

Βιθλε - έμ ἐ - τοι - μά - ζου, εὐ - τρε - πι - ζέσ -

θω ἡ φά - τνη τὸ σπή-λαι - ον δε - χέσθω,

accel.

ἡ ἀ - λή - θει - α ἦλ - θεν . . . . . .

a tempo

. . . ἡ - σχιὰ πα - ρέ - δρα - μεν.

Καὶ Θε - ὸς ἀν - θρώ - ποις ἐκ παρ - θέ - νου

πε - φα - νέ - ρω - ται, . . μορ - φω - θεὶς τὸ

καθ'ἡ - μᾶς καὶ θε - ώσας τὸ πρόσλη - μα.

Δι - ὸ . . . . . Ἀ - δάμ . . ἀ - να ναι -

acell.

οῦ - ται σὺν τῇ Εὔα, κρά - ζον-τες ἐ - πὶ γῆς,

. . . εὐ - δο - κί - α ἐ - πι - - ¹⁾

rall.

φά - νη, σῶ - σαι τὸ γέ - νος ἡ - μῶν.

Beispiel 4

24 December

MODE IV PLAGAL

Cod. Dal., fol. 90 r.
SOPHRONIUS, Patriarch of Jerusalem

Beispiel 5

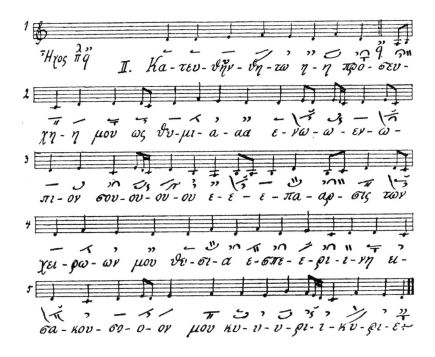

Beispiel 6

'Ωιδὴ α'.

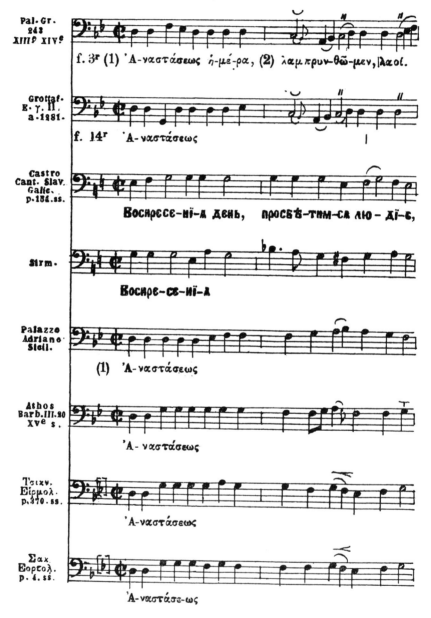

Beispiel 6 (Fortsetzung)

Beispiel 6a

Ὠιδὴ α΄.

ALLEGRO VIVACE

(1) ᾿Α - να - στάσε - ως ἡ - μέρα,(2)λαμπρυνθῶ-μεν, λα - οί·

(3) Πάσχα Κυ - ρί-ου, Πά - σχα· (4) ἐκ γὰρ θα-νά-του πρὸς ζω -

- ὴν,(5) καὶ ἐκ γῆς πρὸς οὐρα-νὸν,(6) Χρι-στὸς ὁ Θε - ὸς,(7) ἡ -

rall

- μᾶς δι-ε -βί - βα - σεν,(8) ἐ-πι - νί-κι-ον ᾄ - δον - τας.

Beispiel 7

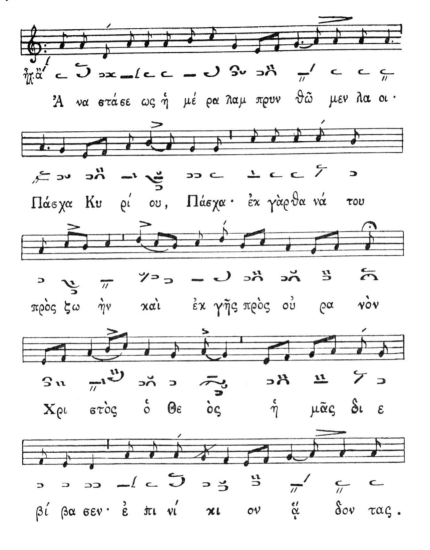

Ἀ να στά σε ως ἡ μέ ρα λαμ πρυν θῶ μεν λα οι·

Πάσχα Κυ ρί ου, Πάσχα· ἐκ γὰρ θα νά του

πρὸς ζω ὴν καὶ ἐκ γῆς πρὸς οὐ ρα νὸν

Χρι στὸς ὁ Θε ὸς ἡ μᾶς δι ε

βί βα σεν· ἐ πι νί κι ον ᾄ δον τας.

Beispiel 8

Beispiel 8a

Beispiel 9

Ode I

Cod. Iviron

Cod. Saba

Cod. Koukouzeles

Beispiel 10

4. Mode I Plagal, from e, Finalis d. A f. 283b, T f. 258

Variante A

P. Maurus Pfaff

Die liturgische Einstimmigkeit in ihren Editionen nach 1600

Die Epoche zwischen dem Konzil von Trient (Ende 1563) und dem Zweiten Vatikanischen Konzil (Beginn 1962) hat man neuerdings als *„Epoche des Stillstandes oder der Rubrizistik"* bezeichnet. Th. Klauser hat 1944 (*Abendländische Liturgiegeschichte*, Bonn 1944) bereits dieses strenge Urteil gefällt. Die innere Geschichte der römischen Liturgie erweist sich in dieser Zeit vielfach als Entwicklung des liturgischen Rechts und der Kasuistik in der Ausübung der Liturgie. Im Laufe des 19. Jahrhunderts ist der kirchlichen Liturgie eine historisch-archäologische Beurteilung zuteil geworden, nachdem die Jahrzehnte der Aufklärung versucht hatten, die Formen des Gottesdienstes nach den Gesichtspunkten der Vernünftigkeit und Nützlichkeit umzugestalten.

Der Zeitraum zwischen den beiden Konzilen läßt sich im musikalischen Bereich besonders anschaulich kennzeichnen: einerseits in einer großartigen Entwicklung der Mehrstimmigkeit und Instrumentalmusik, andererseits durch eine totale Verkümmerung des gottesdienstlichen einstimmigen Gesangs. Man könnte unter diesem Gesichtspunkt hinsichtlich der kirchlichen Einstimmigkeit auch die beiden extremen Editionen nennen: die *Editio Medicaea* (1614/15) und die *Editio Vaticana* (1903).

I

Wie auf zahlreichen Gebieten des kirchlichen Lebens hat das Konzil von Trient auch auf die musikalische Gestalt des Gottesdienstes nachhaltigen Einfluß ausgeübt. Doch dürfen die Auseinandersetzungen des Konzils mit der gottesdienstlichen Musik nicht überbewertet werden. Die Kirchenmusik hat in den Konzilsverhandlungen äußerlich nicht den breiten Raum eingenommen, wie es später auf Grund der richtungweisenden inneren Bedeutung der Konzilsbeschlüsse angenommen wurde. Die liturgische Reform des Konzils begann mit der Reform der liturgischen Bücher, um dem Klerus und dem christlichen Volk wieder Hochachtung vor der kirchlichen Liturgie einzuflößen. Zweimal hat sich das Konzil mit liturgischen Fragen befaßt: das erste Mal im Jahre 1546/47, als es galt, den Gebrauch des biblischen Textes zu ordnen. Hier tauchte bereits der Gedanke auf, ein überall verpflichtendes Einheitsmissale zu schaffen, das von allem Überflüssigen (*„superfluitates"*) gereinigt wäre. Nur Texte der Heiligen Schrift sollten in der Liturgie Verwendung finden. Zu einer dekretalen Entscheidung ist es jedoch damals nicht gekommen. Erst 1562/63 hat man dieses Thema ernsthaft aufgegriffen. Es wurde eine Kommission gebildet, die die *„abusus Missae"* sammeln und prüfen sollte. Die Kommission leistete rasche und gründliche Arbeit. Das Disziplinardekret der 22. Sitzung (17. September 1562) *De observandis et evitandis in celebratione Missae* läßt Rückschlüsse zu über das Ausmaß der damaligen Mißbräuche. Wichtig war schließlich der Beschluß bei der 25. und letzten

Sitzung des Konzils: Das Material über die Reform von Missale und Brevier soll dem Papst übergeben werden, der über das Weitere verfügt.

Als Ergebnis der Arbeiten erschien unter Pius V. bereits 1568 das neue *Breviarium Romanum* und 1570 das *Missale Romanum*. Weitere liturgische Bücher folgten nach bis 1614. Unter dem von jetzt an verpönten Beiwerk in der Liturgie befanden sich auch die Tropen und Sequenzen, die vor allem in den nördlicheren Gegenden ihr großes Verbreitungsgebiet hatten. In Rom selbst hat man sich gegen diesen Überwuchs in der Liturgie schon immer unfreundlich gezeigt. Die summarische Lösung dieser Frage zeigt dies deutlich.

Aus der Einführungsbulle *Quo primum tempore* Pius' V. vom 14. Juli 1570 für das *Missale Romanum* wird das berechtigte Anliegen der Reform deutlich. Man verglich einzelne Handschriften der Vatikanischen Bibliothek und wollte das Missale *„ad pristinam sanctorum Patrum normam ac ritum"* wiederherstellen. Man wollte die Einheit des Ritus erreichen, *„cum unum in Ecclesia Dei psallendi modum, unum Missae celebrandae ritum esse maxime deceat"*. Diese Regeln galten ebenso für das Brevier.

Wie sich aus dem Text ergibt, hatte diese Reformarbeit auch das besondere Ziel, Missale und Brevier in der vorliegenden römischen Edition für die ganze Kirche verbindlich zu machen. Nur wo eine zweihundertjährige feste Überlieferung vorhanden war, sollten Sondertraditionen erhalten bleiben. In dieser Bestimmung wurde etwas noch nie Dagewesenes festgelegt: das Einheitsmissale und Einheitsbrevier für die abendländische Christenheit. So hat z. B. der Benediktinerorden seine Eigenüberlieferung in der Meßfeier aufgegeben und hinsichtlich des Stundengebets ein Breviarium Romano-Monasticum eingeführt. 1588 erfolgte schließlich die Errichtung der Ritenkongregation, die diese nun erreichte Einheit sichern sollte. Zweifellos war durch dieses Reformwerk für die folgenden Generationen Ordnung, Klarheit und Festigkeit gewonnen.

Es soll hier noch erwähnt werden, daß das Konzil Bestrebungen, die auf ein Verbot der polyphonen Musik zielten, abgelehnt hat. Bestimmend für diese Lösung waren die Erfahrungen, die man bei den Konzilsbittgottesdiensten gemacht hatte. Die Gesänge des Flamen Jacobus de Kerle hatten überzeugend gewirkt.

An sich bezog sich die Reform von Missale und Brevier deutlich auf die Texte. Es war indes nicht zu vermeiden, daß auch die entsprechenden Gesangbücher umgearbeitet und neu geordnet werden mußten. Eine erste Korrektur erfuhren Graduale und Antiphonale im Text. Vielfach haben nämlich die Schöpfer der gregorianischen Gesänge den Text selbständig behandelt, vor allem aber benützten sie die älteren von der Vulgata abweichenden Textversionen. Jetzt mußte streng nach der allgemein verbindlichen Vulgata umkorrigiert werden. Dieser Zwiespalt zwischen Normaltext in Brevier und Missale und den Gesängen in der *Editio Vaticana* dauert bis heute an. Da die Überlieferung der liturgischen Gesangbücher bis zum Tridentinum relativ gut war, war eine Reform an den Melodien nicht unmittelbar notwendig. Aber gerade an dieser Frage zeigten sich die schwachen Seiten der nachkonziliaren Arbeiten und Bestrebungen. Im Breve Gregors XIII. vom 25. Oktober 1577 wird erklärt: *„Da man darauf aufmerksam geworden ist, daß die Antiphonarien, Gradualien und Psalterien, deren Choralmelodien beim Gottesdienst und der Feier der Offizien in den Kirchen im Gebrauch sind, nach der vom Trienter Konzil vorgeschriebenen Ausgabe des Breviers und Missale infolge der Unkenntnis, Nach-*

lässigkeit oder Böswilligkeit der Komponisten, Abschreiber und Drucker voll sind von einer Unzahl B a r b a r i s m e n, Unklarheiten, Widersprüchen und unnötigem Beiwerk, und, da wir von dem Wunsch beseelt sind . . ., daß diese Bücher dem genannten Brevier und Missale . . . entsprechen und zugleich von allem Ballast entledigt, frei von B a r b a - r i s m e n und Unklarheiten so angeordnet würden, daß aus ihnen Gottes Name . . . verherrlicht werden könne, so haben wir beschlossen . . ." [1].
Die humanistischen Deklamationsbestrebungen haben vor dem gregorianischen Gesang nicht Halt gemacht. Die Musiktheoretiker des 16. Jahrhunderts verstanden unter „Barbarismen" Verstöße gegen die Prosodie und Silbenlänge des Wortes, gleichgültig ob es sich um die Rede oder den Gesang handelt. Es dauerte nicht lange, bis die ersten nach humanistischen Spielregeln umgearbeiteten Gesangbücher erschienen. Paul V. hat übrigens die Beseitigung sämtlicher sogenannter Barbarismen, die in den gregorianischen Gesängen auftauchen, in die Reformabsichten eingeschlossen. R. Molitor hat einen Anonymus aus dem Staatsarchiv in Florenz veröffentlicht — vermutlich noch aus der Zeit Palestrinas —, der Auskunft darüber gibt, was man denn als so mangelhaft und barbarisch an den liturgischen Gesängen empfunden hat. *„Die im Choral enthaltenen Fehler sind die folgenden: Es findet sich in ihm . . . eine solche Häufung der Noten über der Einzelsilbe, daß nicht nur ein sprachlicher Fehler die Folge ist, sondern die Worte beim Singen überhaupt nicht mehr verständlich sind. Diesem Mangel wurde durchweg und gründlich abgeholfen . . . Ferner sind die Barbarismen behoben auf den langen und kurzen Silben, die fast an jeder Stelle . . . sich vorfanden. Man weiß ja, daß der Wortsinn verändert wird, wenn eine lange Silbe in der Aussprache kurz genommen wird und umgekehrt. Auch dieser Übelstand ist von Grund aus beseitigt"* (Originaltext bei R. Molitor, a. a. O., I, S. 305).
Man macht die Beobachtung, daß das Verhältnis von Wort und Ton vor 1500 in den Musiklehrbüchern nur kurz behandelt wird. Seit dem 16. Jahrhundert hat sich das wesentlich geändert. Die Ausführungen über diesen Punkt nehmen nach und nach den Charakter eines grundsätzlichen Lehrstücks an. Nach 1600 enthält jedes musikalische Lehrbuch ein Kapitel über die Art und Weise der modernen Textbehandlung. Überdies wird in der Regel gegen den Barbarismus der älteren Zeit Stellung genommen. Daß aber die gregorianischen Gesänge in ihrer klassischen Epoche eine ganz andere Struktur aufweisen, haben die Humanisten nicht erkannt, wenigstens haben sie diesen grundsätzlichen Unterschied in ihrer zeitbedingten Befangenheit nicht sehen können. Sie haben auch nicht die notwendige Distanz aufbringen können. Als bezeichnendstes Resultat der römischen Choralreform erschien 1614/15 die *Editio Medicaea.* Ihr haben sich noch zahlreiche weitere Editionen zur Seite gestellt. In einer auffallend radikalen Weise hat diese Edition die gute Tradition verlassen. Die Bearbeiter haben willkürlich Melismen gekürzt oder versetzt. Das sich hinter der Notenschreibweise verbergende rhythmische System bleibt ohne Erklärung. Es werden Neumengruppen eingeführt, die in der Überlieferung unbekannt sind. Die von den Editoren — man nennt Anerio und Suriano — angewandten Grundsätze sind weder zu erklären noch zu beweisen. Die zeitgenössische Choraltheorie

---

[1] Den Originaltext s. bei R. Molitor, *Die Nach-Tridentinische Choral-Reform zu Rom,* I, 1901, S. 297 f.

gibt darüber keine Auskunft. Sie ist selbst inkonsequent. Die Verhältnisse im 17. bis 19. Jahrhundert liegen nicht besser. Man ist nicht wenig erstaunt, daß noch von 1870 bis 1900 die *Editio Medicaea* in der Ausgabe des Verlags Pustet als offizielle Ausgabe der römischen Kirche erscheinen konnte. Erst zu Beginn des 20. Jahrhunderts gelangten die restaurativen Tendenzen in der *Editio Vaticana* zu offizieller Anerkennung. In der Praxis hat die *Editio Medicaea* noch weitergelebt, und es ist mehr als auffallend, daß selbst auf dem Zweiten Vatikanischen Konzil der Ruf nach verkürzten liturgischen Gesängen gehört wurde und bereits in simplifizierten Editionen seine Verwirklichung gefunden hat.

II

Die monastische und liturgische Erneuerungsbewegung des 19. Jahrhunderts hat in Frankreich durch die Tätigkeit des Abtes Prosper Guéranger († 1875) besondere Impulse erfahren. Schriftsteller wie F. R. Chateaubriand († 1848) und Ch. R. de Montalembert († 1870) haben die geistes- und kulturgeschichtliche Bewegung der ersten Hälfte des 19. Jahrhunderts in Frankreich mitgestaltet. Der Restaurationsgedanke wirkte sich vor allem in der Neigung zu historischer und archäologischer Forschung aus. Die moderne Musikforschung hat hier ihre Ansatzpunkte. Als der belgische Musikforscher Fr. J. Fétis († 1871), ein Vertreter dieser romantischen Epoche, in Paris historische Konzerte veranstaltete, entstand in Solesmes ein Zentrum, dessen Aufgabe die Restauration des liturgischen Gesangs werden sollte. Es ist ebenfalls aus der zeitbedingten Situation zu erklären, daß die praktische Pflege des Chorals in Verbindung mit der kirchlichen Liturgie zur ausschließlichen Norm in den Klöstern der französischen Benediktiner bestimmt wurde. Die monastisch-liturgische Idee der französischen Benediktiner wurde auch in dem 1863 errichteten Benediktinerkloster Beuron übernommen. Das Entscheidende in beiden Schwestergründungen — Solesmes und Beuron — war die Tatsache, daß eine Synthese zwischen Theorie und Praxis angestrebt wurde. Tag für Tag wurde der liturgische Gesang verwirklicht und zu interpretieren versucht. Die paläographischen Studien begannen in Solesmes in bescheidenem Maße. Sie haben am Ende des Jahrhunderts zur Veröffentlichung der *Paléographie Musicale* geführt und gleichzeitig dazu beigetragen, die neuere Musikwissenschaft am liturgischen Gesang zu interessieren. Die Forschung kann heute nicht mehr am gregorianischen Gesang vorbeigehen.

In der Pflege und täglichen Verwirklichung der Feier der römischen Liturgie hat Guéranger einen wesentlichen Grundpfeiler der liturgischen Erneuerung gesehen. 1830 erschien in F. Lamennais' Zeitschrift *Le Mémorial catholique* der erste von vier Artikeln, in denen Guéranger die französischen Sonderliturgien ablehnte. Seit 1737 haben die französischen Diözesen das vom Erzbischof von Paris, Charles de Vintimille, veröffentlichte Missale und Breviarium Parisiense übernommen. Diese neuen Editionen weichen grundsätzlich von den traditionellen römischen Büchern ab. Ihr musikalischer Wert ist zweifelhaft. Die Gesänge sind Neuschöpfungen zeitgenössischer Musiker.

Auch Guéranger mußte an die Vorbereitung einer neuen Edition denken, wenigstens für den rein monastischen Bereich. Dafür fehlten jedoch alle Voraussetzungen. Die handschriftlichen Dokumente mußten erst eingehenden Studien unterzogen werden. Da diese Arbeiten sich voraussichtlich lange Zeit hingezogen hätten, entschloß man sich zur teilweisen Übernahme der bei Lecoffre in Paris 1859 erschienenen Edition von Reims und Cambrai. Es war dies zwar keine Idealausgabe, aber sie zeigte unter den vorhandenen Möglichkeiten noch am besten einen Zusammenhang mit der Tradition. Nachdem P. Jausions (†1870) zuerst mit den Arbeiten betraut wurde, folgte als Mitarbeiter alsbald J. Pothier (†1923). Als Frucht 23jähriger Studien konnte Pothier endlich im Jahre 1883 den *Liber Gradualis* vorlegen. Erst 1891 erschien das monastische Antiphonale, 1895 der *Liber Responsorialis*, 1893 das *Processionale Monasticum*, 1896 die *Variae Preces*. Als Einführung in den gregorianischen Gesang schrieb Pothier 1880: *Les mélodies grégoriennes* (dtsch. Übersetzung von A. Kienle 1881).

Gleichzeitig haben sich auch zahlreiche Musiker und Gelehrte mit den Problemen der Wiederherstellung der gregorianischen Gesänge befaßt. Wir erwähnen J. L. d'Ortigue (†1886), der als Kenner mittelalterlicher Musikgeschichte viel zum Verständnis beigetragen hat durch sein *Dictionnaire liturgique, historique et théorique de plain-chant* (1853). D'Ortigue war der Initiator des Musikkongresses zu Paris im Spätherbst 1860 und zugleich dessen Präsident. Auch Fragen der rhythmischen Interpretation des liturgischen Gesangs wurden auf dem Kongreß behandelt, doch hat sich der Kongreß nach keiner Seite entschieden. Für die Interpretationsversuche der Benediktiner setzte sich der Kanonikus von Le Mans, A. M. Gontier, in seinem Referat: *Le Plain-Chant, son exécution* (Le Mans 1860) ein.

Das Werk Guérangers findet heute nur noch begrenzte Anerkennung. Die „liturgische Reform" des Zweiten Vatikanischen Konzils knüpft vielfach beim Neugallikanismus an. Trotzdem haben die Pioniere der liturgischen Bewegung im 19. Jahrhundert nicht vergebens gearbeitet. Sie haben einen fruchtbaren Anstoß gegeben, ohne den die Erforschung der Musik des Mittelalters nicht denkbar ist.

Die Editionen von Solesmes sollten ihren bedeutsamen vorläufigen Abschluß in der *Editio Vaticana* finden. An der Frage nach der Wissenschaftlichkeit der Ausgabe haben sich die Meinungen der Mitarbeiter gespalten. Daß die kirchlichen Editionen auf die Wissenschaft gestützt und von ihr in allen Einzelheiten beglaubigt sein müßten, darüber bestand kein Zweifel. Es ging vor allem um die Frage nach der Auswahl der historischen Daten und Fakten: ob man weiterhin großzügig verfahren sollte, wie es Pothier bisher angestrebt hatte, oder ob man philologisch exakter, historisch kritischer vorgehen und nur die älteste greifbare Melodiegestalt suchen und edieren sollte. Pothier sprach sich für spätere Melodiefassungen aus. Er wollte gegebenenfalls das Gefälligere wählen. Die Schwäche seiner Position war, daß er seine persönliche romantische Einstellung schützen wollte. Seine Gegner aber wünschten für die neue Edition einen archaischen Charakter und eine größere philologisch-kritische Genauigkeit. Letzteren Standpunkt vertrat Pothiers Schüler A. Mocquereau (†1930). Mocquereau war der Philologe, der Theoretiker, der seine persönlichen Auffassungen hartnäckig zu vertreten wußte. Pothier bevorzugte das Lebendige vor dem Nur-Richtigen. Er zog die eingängigeren Melodien in späteren Übergangsformen der älteren, jedoch fremd gewordenen Fassung vor. Er adaptierte, centonisierte, komponierte, ohne das Neue vom Alten zu unterscheiden. Das war unmethodisch, auch unwissenschaftlich, wenn wir strengen Maßstab anlegen wollen. Diese Gegensätze haben sich verdichtet in der Frage nach dem Choralrhythmus. Pothier hatte den sogenannten „oratorischen Rhythmus" als Lösung vorgeschlagen, indem er einfach den Wortakzent bzw. den ersten Ton jeder Gruppe oder die erste Dehnung in ihr als Stützpunkte im melodischen Ablauf nahm. Mocquereau hatte eine andere Konzeption. Ihn inspirierten gewisse Zusatzzeichen einiger Handschriftengruppen. Dazu kamen die frei deutbaren Aussagen von Grammatikern und Rhetorikern der ausgehenden Antike und spekulative Theoretikeräußerungen aus dem Mittelalter. Für Mocquereau war der Rhythmus eine von Höhe, Stärke und Länge des Tones getrennt zu erfassende Eigenschaft, eine geistige Ordnung, die der Melodie verbleibt, auch wenn die Worte mit den Akzenten wechseln. Diese vermeintlich antike „iktische" Ordnung glaubt er in den Zusatzzeichen und Buchstaben der sogenannten rhythmischen Handschriftengruppe wiedergefunden zu haben. Mocquereaus Auffassung ist heute erreichbar in den Editionen des Verlags Desclée/Tournai/ Belgien. In einem entsprechenden Vorwort dieser Ausgaben ist diese Theorie kurz und verständlich dargestellt. Die Skala der vielfältigen Deutungen der Mocquereauschen Theorie ist reichhaltig.

Die Frage nach dem Rhythmus der gregorianischen Gesänge ist für den Praktiker brennend. Leider hat die Wissenschaft nur wenig zu diesem Problem beigetragen. Versuche von Wissenschaftlern haben sich meistens nur als Schreibtischarbeiten erwiesen und sind schon zu Lebzeiten der Autoren uninteressant geworden. Daß die Praxis deshalb mehr oder weniger an einer wissenschaftlich nicht anerkannten Auffassung festhält, wird den Kundigen nicht in Staunen versetzen. K. G. Fellerer äußert sich zu diesen Problemen: *„Wer ehrlich die verschiedenen Rhythmustheorien prüft, wird feststellen müssen, daß zwar manche Einzelheiten in der Forschung einer Klärung zugeführt wurden und daß auch die gegenwärtige Steigerung der Rhythmusstudien viele wertvolle Ergebnisse brachte, daß die Zeit aber noch nicht reif ist, endgültig Klarheit über die mittelalterliche Vortragsweise zu schaffen. Deshalb kann keine der Rhythmustheorien Anspruch auf Richtigkeit und Allgemeingültigkeit machen, und vielleicht dauert es noch lange, bis eine solche Klarheit gegeben ist, die mit Recht ihre Forderungen an die Praxis erheben kann. Die Choralpraxis wird sich mit dieser Zwischenlösung, wie sie der gewohnte Choralvortrag nach der Rhythmustheorie von Solesmes darstellt, einstweilen abfinden müssen . . . Die Forschung aber wird ihre Bemühungen um einwandfreie Klärung der rhythmischen Verhältnisse im mittelalterlichen Gesang fortsetzen müssen, um der Praxis etwas wirklich fundiertes Besseres geben zu können, das allgemeine Annahme verdient"* (CVO 67, 1936, S. 10).

Abschließend soll die Orgelbegleitung zum gregorianischen Gesang erwähnt werden. Der wissenschaftliche Standpunkt ist klar. Eine Begleitung der gregorianischen Gesänge ist eigentlich erst nach 1600 möglich geworden. Die Reformeditionen haben dazu ihren Teil beigetragen. Aber erst das 19. Jahrhundert hat die Auffassung vertreten, durch moderne Zutaten alte Musik in ihrer Wirkung zu steigern. Man wollte das „Alte" mit dem „Neuen" ausschmücken. Für die *Editio Medicaea* ließ sich eine solche Auffassung allenfalls noch rechtfertigen, für die *Editio Vaticana* nicht. Fügen wir einige Texte aus dem Ende des 19. Jahrhunderts und der ersten Hälfte des 20. Jahrhunderts ein. A. Kienle meint: *„Obgleich die Choralmelodie ohne Harmonie gebildet ist und der Harmonie nicht geringe Schwierigkeiten in den Weg legt, ist doch die Orgelbegleitung nicht zu entbehren. Der Choral ist ohne sie ein exotisches Gewächs. Die Melodie* *bedarf der Harmonie nicht; um aber nicht zu fremdartig zu erscheinen, darf sie das Gewand der Harmonie nicht verschmähen. Das verriete einseitiges, musikalisches Kunsttreiben, das mit den Bedürfnissen unserer Zeit und des Gottesdienstes keine Fühlung hat"* (Choralschule, 1884, S. 35). D. Johner vermerkt einmal: *„Der rein historische Standpunkt lehnt jede Begleitung ab und dies mit guten Gründen. Die kirchliche Praxis ist aber nicht so streng. Sie kennt Zeiten, in denen der Choral ohne jede Begleitung gesungen werden soll, und ich muß gestehen, daß gerade diese Zeiten mich dem Wesen des Chorals und dem Verständnis für seine Linienführung besonders nahe gebracht haben. Ich will es aber auch offen bekennen, welch ein Jubel mich packt, wenn am Karsamstag die Orgel wieder einsetzt und das Oster-Gloria begleitet, mögen auch andere diese ,Atmosphäre romantischer Bürgerlichkeit' bedauern. — Wenn der Choral begleitet wird, so geschehe es immer mit voller tiefer Ehrfurcht vor seiner Eigenart und mit vornehmer Zurückhaltung, so daß die Begleitung nur der Teppich ist, auf dem die Melodie wie eine Königin einherschreitet"* (CVO 62, 1931, S. 10). F. Böser fügt dem noch hinzu: *„Wenn der Sängerchor gregorianisch singt, dann bildet eine diskrete dienende Orgelbegleitung das liturgische Festgewand der einstimmigen Melodie. Damit wird gar nichts beeinträchtigt vom Wesen des altchristlichen Gesanges . . . Gerade in der Verbindung der altchristlichen Einstimmigkeit mit der neuentdeckten Farbigkeit offenbart der gregorianische Choral das innere Leben unserer heiligen Kirche und ihrer Liturgie"* (CVO 63, 1932, S. 16 f.). Auch O. Ursprung macht dazu noch eine Bemerkung: *„Nachdem unsere Zeit wieder fähig geworden ist, die reine melodische Kunst des Chorals als Eigenwert zu erfassen, wird er bei besonders günstigen Verhältnissen gewiß am besten unbegleitet gesungen. Andererseits wünscht das moderne Ohr harmonisch mitzuhören und verlangt ein größerer Chor nach der stützenden Orgelbegleitung, auch dies mit Recht"* (Kathol. Kirchenmusik, S. 290). Man kann das Anliegen verstehen, aber es ist zeitbedingt. Man wird aus historischen Gründen Nachsicht haben. Es lag dem romantischen und spätromantischen Zeitstil, phantasievoll zu interpretieren, in diesem Fall auch zu theologisieren. Aber solche Hermeneutik konnte nichts anderes sein als 'vergängliches Hirngespinst' ihrer Erklärer.

Wir sind noch nicht am Ende der von uns dargestellten Epoche zwischen zwei Konzilen. Auch neuerdings wird wieder von zeitgemäßer Umarbeitung des gregorianischen Gesangs gesprochen. Vor allem die Liturgiker der Gegenwart vertreten diesen Standpunkt. Zwei Editionen für das Graduale und das Kyriale sind im Auftrag des Zweiten Vatikanischen Konzils bereits erfolgt. Sie haben einen objektiveren Weg eingeschlagen. Das *Graduale simplex* (1967) hat die traditionellen charakteristischen Unterschiede der einzelnen Gesänge verwischt und sich für den einfachen antiphonalen Stil der Stundengebetsantiphonen entschieden. Auch diese Neuschöpfungen werden Ausdrucksweisen ihrer Zeit bleiben. Die von den Liturgikern vermuteten einfachsten Gesangsformen der christlichen Frühzeit sind nicht bekannt.

Die Epoche des Reformchorals ist also noch nicht abgeschlossen. Die lange schon geplante *Editio critica* ist noch im Werden. Sie wird erst abgeschlossen sein, wenn längst die Volkssprachen sich des Kultes bemächtigt haben. Der über tausendjährige klassische Rahmen der lateinischen Liturgie beginnt endgültig Geschichte zu werden.

Beispiele (S. 58—61): Einstimmigkeit

1. Editio Coloniensis (Graduale Romanum) 1865
2. Editio Medicaea Ratisbonensis (Graduale Romanum) 1871
3. Editio Pothier (Liber Gradualis) 1883
4. Editio Vaticana (Graduale Romanum) 1908

Graduale: Timebunt gentes nomen tuum, Domine,
et omnes reges terrae gloriam tuam.
Quoniam aedificavit Dominus Sion, et videbitur
in majestate sua.

Das Directorium chori des Johannes Guidetti erschien in 1. Auflage im Jahre 1582. Die Ausgabe vom Jahre 1665 wurde im Zusammenhang mit Brevierreformen unter den Päpsten Clemens VIII. und Urban VIII. erweitert. In der Einleitung des Werkes ‚De modo utendi Directorio' werden die Notenzeichen erklärt:

„Ut autem omnium supradictorum cantus rite observetur, cognoscenda est differentia, quam habent notae Musicae, quae diversimode designatae per totum Directorium reperiuntur. Notae autem sunt huiusmodi:

Haec nota ∎ vocatur Brevis, cui subjecta syllaba, ita profertur, ut in canendo tempus unum insumatur.

Haec ♦ dicitur Semibrevis, et syllaba, quae sub illam cadit, celerius est percurrenda, ut dimidium unius temporis impendatur.

Haec altera ◖, quae longa est, paulo tardius proferenda est, adeo ut in cantu tempus unum et dimidium insumatur."

Beispiel 1

GRADUALE.

Ti-me-bunt Gen - tes no - men tu - um,

Do - mi-ne: et o - mnes re - ges ter -

- ræ glo - ri-am tu - am.

℣. Quo - ni-am æ-di-fi-ca-vit

Do - minus Si - on: et vi-de - bi-tur

in ma-je-sta - te su - a.

Beispiel 2

Beispiel 3

Beispiel 4

Grad.
v.

T i-mé-bunt gen - tes * no - men tu - um,

Dómi - ne, et o-mnes re-ges ter-ræ gló -

ri - am tu - - - - am. ℣. Quó-ni - am

æ-di-fi-cávit Dó-mi-nus Si - on,

et vi-dé-bi - tur in ma-je-

stá - te * su - a.

Burkhard Kippenberg

Die Melodien des Minnesangs

Die Edition musikalischer Quellen zum Minnesang stellt innerhalb der Musikforschung einen relativ jungen Bereich dar. Seine Geschichte reicht, einige Vorläufer ausgenommen, kaum über die Jahrhundertwende zurück. Gegenständlich und methodisch zeichnet er sich durch eine Reihe besonderer Probleme aus, die vorweg kurz umrissen seien.

Schwierigkeiten bei der Edition

Zunächst die Q u e l l e n l a g e : [1] Obgleich wir aus literarischen und bildlichen Belegen wissen, daß die Lyrik des hohen Minnesangs (ca. 1150–1300) gesungene Dichtung war, ist ihre musikalische Überlieferung mit Ausnahme der Lieder Neidharts von Reuental im deutschsprachigen Raum dürftig, gemessen etwa am Reichtum romanischer Melodiequellen jener Zeit oder an der Zahl reiner Texthandschriften mittelhochdeutscher Lyrik. Sehen wir ab von den nur bedingt entzifferbaren linienlosen Neumen, wie sie sich über einigen mittelhochdeutschen Strophen im Codex buranus (München *Clm 4660*)[2], bei einem Waltherlied in der Kremsmünsterer Handschrift (Stiftsbibliothek Kremsmünster, *Ms. 127. VII. 18*) oder bei dem anonymen *„Rôsen ûf der heide"* (Erlanger Universitätsbibliothek *Ms. 1655*) finden, so lassen sich im wesentlichen drei Gruppen musikalischer Quellen zum deutschen Minnesang unterscheiden:
1. Einige wenige Handschriften stammen noch aus dem 14. und 15. Jahrhundert. Von ihnen gehört jedoch inhaltlich nur das Münsterer Fragment mit der Melodie zum Palästinalied Walthers von der Vogelweide dem älteren Minnesang (bis 1230) an. Einen ziemlich großen Teil der musikalischen Überlieferung zur mittelhochdeutschen Lyrik etwa bis Ende des 13. Jahrhunderts (insgesamt an die 200 Melodien) bilden die 55 Melodien zu echten und unechten Neidhartliedern, die sich freilich in ihrem volkstümlich-tanzmäßigen Charakter dichterisch wie musikalisch bereits vom höfischen Minnesang entfernen. Im übrigen wird in den größeren Musikhandschriften, also vor allem in der Jenaer Handschrift (Universitätsbibliothek Jena), der Wiener Leichhandschrift (Wien *2701*), der Sterzinger Handschrift (verschollen), der Kolmarer Handschrift (München *Cgm 4997*) und ihrer Donaueschinger Schwesterhandschrift (Fürstlich Fürstenbergische Hofbibliothek *Ms. 120*), das meistersingerische Liedgut bevorzugt; ihre Zuverlässigkeit ist teilweise fragwürdig.

---

[1] Vgl. B. Kippenberg, *Der Rhythmus im Minnesang. Eine Kritik der literar- und musikhistorischen Forschung, mit einer Übersicht über die musikalischen Quellen.* Münchener Texte und Untersuchungen zur deutschen Literatur des Mittelalters, München 1962, S. 40 ff.; E. Jammers, *Ausgewählte Melodien des Minnesangs. Einführung, Erläuterungen und Übertragungen,* Tübingen 1963, S. 1 ff.
[2] Siehe W. Lipphardt, *Unbekannte Weisen zu den Carmina Burana,* AfMw 12 (1955), S. 122 ff.

2. Noch zweifelhafter sind die Quellen der Meistersinger aus dem 16. und 17. Jahrhundert, die uns vielfach Melodien unter älteren Namen (Walther, Wolfram, Tannhäuser, Marner, Reinmar von Zweter, Konrad von Würzburg u. a.), aber offensichtlich verändert und mit neuen Texten überliefern. Die Forschung zum hohen Minnesang kann sich daher nur mit Vorbehalt auf sie berufen.

3. Hinzu kommen, als weiterer Bereich indirekter Musiküberlieferung, die „erschlossenen" Melodien: Für eine Reihe von Liedtexten, die sich in Strophenbau und Inhalt an altfranzösische oder altprovençalische Lieder anlehnen (Kontrafakturen), zieht man auch deren Melodien als mehr oder minder gesichert heran[3].

Doch die Quellen sind nicht nur an Zahl und Zuverlässigkeit dürftig. Sie stellen den Herausgeber auch vor spezielle Schwierigkeiten. Ihre N o t a t i o n ist überaus vielfältig (Quadratnotation, gotische Choralnotation oder „Hufnagelschrift", einfache Punktnotation, „Fliegenfußneumen", mensuralschriftähnliche Formen, Sonderzeichen verschiedener Art — vgl. die Übersicht *Beispiel 1*) und ändert sich gelegentlich auch innerhalb einer Handschrift. An manchen Stellen haben wir es mit angedeuteter Mensur zu tun (differenzierte Notenformen; Verdoppelung oder Vervielfachung der Grundwerte punctum oder virga; waagrecht langgezogene Notenköpfe; scheinbar plizierte Schlußnoten u. ä.); hierbei wird oft genug nicht klar — insbesondere beim Wechsel von virga und punctum —, ob es sich um traditionelle Orientierungshilfen, belanglose Schreibgewohnheiten oder tatsächlich um rhythmisch-mensurale Hinweise handelt[4].

Es wäre verfehlt, die erwähnten Eigentümlichkeiten der Quellen als eine „Rückständigkeit" damaliger Aufschreibtechnik abzutun, wie dies lange generell geschah. Wir sind vielmehr aufgefordert, auf dem Wege historischen Verständnisses die Quellen gerade in ihrer Eigenart als gültige Fakten zu nehmen. Sie weisen nicht nur auf den weltlich-dilettantischen Charakter jener Lieder hin, sondern stellen uns allgemein vor die Fragen der außerkirchlichen Musizierpraxis, also auch der Aufschreibbarkeit, der Überlieferungs- und der Vortragsweise[5] der einstimmigen Musik jener Zeit. Daß hier — melodisch und gegebenenfalls auch rhythmisch gesehen — kein genormter, streng geregelter Gebrauch der Notenzeichen vorliegt, daß vielmehr die Funktion der Notenschrift eine andere war als heute und unter dem Aspekt entsprechender Freiheiten zu bewerten ist, zeigt sich häufig an „Inkonsequenzen" bei der Schreibung analoger Melodieteile und bei Wiederholungen sowie an der Art von Überlieferungsvarianten. Stellenweise, vor allem in der Kolmarer Handschrift, begegnen uns verschiedene, z. T. eigentümlich geschwänzte Sonderformen der Notation, die möglicherweise melodische Verzierungen („Blumen") bedeuten und an die Art und Funktion der Neumen erinnern.

Im ganzen bieten die Originalnotierungen hinsichtlich der T o n h ö h e — von Ausnahmen abgesehen — kaum paläographische Schwierigkeiten. Fragwürdige Bedeutung gewann jedoch die Annahme, man könne aus dem (im romanischen Bereich häufigen) Nebenein-

---

[3] Siehe hierzu das Verzeichnis erschlossener Melodien bei B. Kippenberg, a. a. O., S. 156 f.
[4] Siehe B. Kippenberg, a. a. O., S. 69 ff.
[5] Zu diesen Fragen siehe neuerdings E. Jammers, a. a. O., passim, besonders S. 16 ff., 22 ff.; ferner B. Kippenberg, S. 52 ff. et passim.

Beispiel 1: Übersicht über die Notation in den Handschriften

ander von Überlieferungsvarianten die „echte" Melodiegestalt, die „Originalfassung"
ermitteln. Unter diesem Blickwinkel suchte man, geleitet von den Methoden philologischer
Textedition, die musikalischen Parallelüberlieferungen zu bearbeiten. Anregungen hierzu
hatte bereits H. J. Moser[6] gegeben. Während jedoch noch C. Appel, etwa bei der Herausgabe der Gesänge Bernarts von Ventadorn[7], in der Weise diplomatisch getreu verfuhr, daß
er jede Melodie im vergleichenden Abdruck aller Lesarten brachte, forderte vor allem F.
Gennrich das Vorgehen nach der von ihm begründeten, in ihren Prinzipien ausführlich
von W. Bittinger[8] dargelegten *„musikalischen Textkritik"*. Diese geht davon aus, daß es
als letzte Stufe des Entstehungsprozesses schriftlich fixierte Lied-Repertoires der Spielleute gab, *„aus denen die authentische Fassung der Lieder gewonnen werden muß"*[9]. Ein
solches Unterfangen wird, soweit es über die Korrektur offensichtlicher Schreibfehler
hinausgeht, in der Musikforschung heute teilweise abgelehnt. Denn zum ersten ist aus
verschiedenen Gründen anzunehmen, daß in den Repertoireheften, die es wahrscheinlich
gab[10], Noten eine untergeordnete Rolle spielten wenn nicht ganz fehlten, die Spielleute
also auswendig vortrugen[11]; zum zweiten beginnt man einzusehen, daß durch die Anwendung philologischer Methoden auf mittelalterliche Musik der grundlegende funktionelle
Unterschied zwischen Musikaufzeichnung und schriftlicher Textüberlieferung verkannt
wird.
Anlage der Quellen und Einzelheiten der Aufzeichnung bieten genügend Anhaltspunkte
dafür, daß auch die uns überlieferten Musikhandschriften des Minnesangs nicht zum
unmittelbar praktischen Gebrauch beim Vortrag bestimmt waren[12]. Hieraus ergeben sich
gelegentlich Schwierigkeiten der T e x t u n t e r l e g u n g , vor allem dann, wenn die Melodien vom Text getrennt stehen. Manchmal gehören ein Text und „seine" Melodie offensichtlich nicht zusammen. Auch Fragen der Auftaktigkeit (besonders bei angenommenem
geradem Takt in Tanzliedmelodien, z. B. Neidharts) und der Kadenzbildung müssen
häufig offenbleiben. In einigen Fällen ist unklar, wie weit Melodieteile der Faktur nach
einem begleitenden Instrument zuzuordnen sind[13].

[6] *Musikalische Probleme des deutschen Minnesangs*, in: *Bericht über den Musikwiss. Kongreß in
Basel 1924*, Druck Leipzig 1925, S. 267.
[7] *Die Singweisen Bernarts von Ventadorn*, in: *Beihefte zur Zeitschrift für romanische Philologie*,
Heft 81, Halle 1934.
[8] *Studien zur musikalischen Textkritik des mittelalterlichen Liedes*, Würzburg 1953.
[9] F. Gennrich, *Altfranzösische Lieder I*, Tübingen 1955, S. XIV. — Nach der Ansicht Gennrichs
*„sind wir heute so weit, eine kritische Melodiefassung mit derselben — wenn nicht größeren —
Sicherheit herzustellen als es beim Text der Fall ist. Denn ebenso wie der Worttext Schreibfehler
aufweisen kann, ist auch die Melodieaufzeichnung nicht vor Schreibfehlern und Versehen aller Art
gefeit. Diese Fehler gilt es zu erkennen und auszumerzen. Es wird also eine musikalische Textkritik
neben eine literarische Textkritik zu treten haben"* (ebenda, S. XVIII).
[10] F. Gennrich, *Die Repertoire-Theorie*, in: Zeitschrift für französische Sprache und Literatur 66
(1956), S. 81; vgl. E. Jammers, S. 9.
[11] Vgl. E. Jammers, S. 6 ff. et passim.
[12] E. Jammers, S. 8 f.; B. Kippenberg, S. 197 f.
[13] E. Jammers, S. 23 f.

Die zentrale und umstrittenste editorische Frage ist die nach der R h y t h m i s i e r u n g
der Melodien. Deren Aufzeichnung verhält sich, bis auf ganz wenige Ausnahmen in mensuraler Notation, in bezug auf den Rhythmus entweder völlig indifferent, oder es wurden
differenzierende Notenzeichen in einer Weise verwendet, die wir rhythmisch gar nicht
oder zumindest nicht sicher deuten können. Es fehlen uns, falls es je solche gab, die
Regeln ihrer Schreibung und Lesung. Auch alle bildlichen Darstellungen und literarischen
Hinweise aus der Zeit des Minnesangs lassen uns bei der rhythmischen Frage gänzlich im
Stich. Im Laufe der Jahre hat man daher versucht, auf indirekten Wegen der Lösung des
Rätsels näherzukommen. Vor allem geschah dies von zwei Seiten her: 1. von der Metrik
des Textes aus; 2. durch Anwendung des modalen Übertragungsverfahrens.
Beim ersten Weg suchte man in den metrischen Gegebenheiten der Verse die gewünschte
handfeste Stütze zu finden. Dieses Verfahren, bei dem die „Takte" der Verszeilen in musikalische Takte umgesetzt werden, führte allerdings weder zu eindeutigen noch immer zu
plausiblen Lösungen. Es geriet außerdem bald in den Sog der aus der Kompositionstechnik
und dem Musikverständnis des 19. Jahrhunderts hervorgegangenen Musiklehre, in deren
Mittelpunkt Hugo Riemanns Theorie von der Herrschaft der Viertaktperiode stand. Hierbei trat unbemerkt ein peinlicher Zirkel auf: die Verslehre, die man anfangs zu Hilfe
gerufen hatte, unterwarf sich selbst jenem von der Musikforschung aufgestellten Schema,
d. h. sie nahm die im Bereich der Musik prinzipiell geforderte Viertaktigkeit auch für
die Dichtung durchweg in Anspruch (Andreas Heusler)[14].
Der zweite Weg stellt den Versuch dar, in Ermangelung einer rhythmischen Aussage der
Notenschrift von theoretischen Regeln, nämlich denen der mittelalterlichen Modallehre,
aus zu einer Antwort zu kommen. Auch er ist, wie heute gesagt werden muß, auf weite
Strecken fragwürdig geworden. Statt dessen sind in jüngerer Zeit neugewonnene Erkenntnisse ins Blickfeld gerückt und neue methodische Ansätze zum Tragen gekommen, von
denen noch zu sprechen sein wird.
Die Geschichte der Musikeditionen zum Minnesang ist demnach vor allem von der Frage
nach dem Rhythmus der Melodien bestimmt worden. Von wenigen Ausnahmen abgesehen,
fällt als gemeinsames Kennzeichen aller Ausgaben der ersten Hälfte dieses Jahrhunderts
auf, daß sie die „ Ü b e r t r a g u n g " der Melodien in heutige Notenschrift als selbstverständliches Ziel betrachten. Daß germanistische Texteditionen, falls ihnen Melodien beigegeben wurden, zunächst in der Regel bedenkenlos auf die von der Musikforschung vor-
gelegten rhythmisierenden Übertragungen zurückgriffen, ist um so verständlicher, als sich
auch musikhistorische Handbücher und Lexika daran hielten. Erst später gingen mehrere
Herausgeber dazu über, sich auf neutrale Transkriptionen zu beschränken.
Inwiefern muß das Verfahren der Übertragung in moderne Notation grundsätzlich als
fragwürdig gelten? Diese dient „ex officio" dazu, außer der Tonhöhe die rhythmische
Komponente auszudrücken, und zwar für unsere Vorstellung mit optimaler Präzision.
Folgerichtig — und zugleich paradoxerweise — waren daher die Herausgeber vielfach darauf
bedacht, dieser unserer Notenschrift etwas von ihrer rhythmischen (und gelegentlich auch

---

[14] A. Heusler, Deutsche Versgeschichte, 3 Bde, Berlin/Leipzig 1925—29; ²/1956.

von ihrer melodischen) Präzision und Verbindlichkeit wieder zu nehmen, sei es durch Kommentare oder durch Einführung zusätzlicher neuer Zeichen oder auch durch beides. Dennoch bleibt hier eine Kluft. Es läßt sich nicht ignorieren, daß moderner, taktgebundener Aufzeichnungsweise nach Mitteln und Zielsetzung etwas dem historischen Gegenstand gegenüber Inadäquates anhaftet. Im Blick auf die Andersartigkeit (nicht „Unvollkommenheit"!) der Notation in den Quellen hat die Faksimile-Wiedergabe, zumindest als Editionsergänzung, hier eine besondere Aufgabe.

Betrachtet man das Verhältnis von Edition und Original (im Blick auf die Differenzierung der Notenformen und damit auch auf die rhythmische Komponente), so lassen sich für den Minnesang die verschiedenen A r t e n   d e r   M e l o d i e - E d i t i o n terminologisch folgendermaßen abgrenzen und ordnen:[15]

Editionsart	*Beispiel*	*Verhältnis zum Original*		
1. Faksimile	[Notenbeispiel]			
2. Genaue Transkription	[Notenbeispiel]			
3. Adäquate Transkription	[Notenbeispiel]	Kein Widerspruch zum Original		
4. Neutrale Transkription	[Notenbeispiel]			
5. Neutralisierende Umschrift mit von Haus aus mensurgebundenen Notenzeichen	[Notenbeispiel]		Reduzierende Wiedergabe	
6. Zweifelhafte Transkription oder Umschrift in irreführende Notation	[Notenbeispiel]	Fragwürdige Abweichungen		Interpretierende Wiedergabe
7. Übertragung in moderne Noten (rhythmisierend)	[Notenbeispiel]			
8. Versuch der Auflösung linienloser Neumen	siehe 4			

[15] Vgl. die Erläuterungen bei B. Kippenberg, S. 33 ff.

5 *

Die Phase der Erstveröffentlichungen

Der großen Welle der Erstausgaben von Musikhandschriften des Minnesangs um die Jahrhundertwende gingen vereinzelte, unbedeutende Melodieveröffentlichungen voraus, die wir beiseite lassen können. Nach Art und Umfang ist jedoch eine Sammlung von Notenbeispielen beachtenswert, die Friedrich Heinrich von der Hagen [16], freilich eher am Rande, seiner großen Textausgabe vom Jahre 1838 beifügte. Sie enthält unter anderm alle Melodien der Jenaer Handschrift, einen großen Teil der Neidhart-Melodien sowie Meistersinger-Töne und zeichnet sich durch ihr Bemühen um Originaltreue aus. Der Herausgeber bedient sich, im Bewußtsein unserer Unkenntnis, vorwiegend des (handlithographierten) Faksimiledruckes. Zwar ist das Notenbild nicht immer exakt wiedergegeben [17], im ganzen jedoch so weit originalgetreu, daß man nahezu von einem Faksimile sprechen kann.

Von der Hagens Edition und mit ihr die Existenz jener Melodien blieben zunächst fast unbeachtet, bis durch die Erfindung der Photographie, ihre Perfektion und durch ihre Anwendung in den photomechanischen Reproduktionsverfahren während der zweiten Hälfte des 19. Jahrhunderts auch in der musikalischen Editionstechnik ein neuer Abschnitt eingeleitet wurde. Durch die gleichzeitig erschienenen Ausgaben der Jenaer Liederhandschrift im Faksimile [18], der Kolmarer Handschrift [19] und des Spörlschen Liederbuches [20] erwachte um die Jahrhundertwende in Literatur- und Musikforschung ein allgemeines Interesse an der musikalischen Seite des Minnesangs. Innerhalb kurzer Zeit folgte eine ganze Reihe weiterer Editionen, auf die wir im folgenden eingehen werden [21].

Auch die genannten, ersten umfassenderen Musikausgaben zeigen eine Tendenz zur Zurückhaltung. Bei der Publikation des Spörlschen Liederbuches (Mondsee-Wiener Liederhandschrift, Wien 2856) aus dem späteren Minne- und Meistersang, u. a. mit Liedern des Mönchs von Salzburg, ist Heinrich Rietsch als Herausgeber der Melodien um adäquate Transkription bemüht. Er setzt jedoch, offensichtlich in Ermangelung entsprechender Drucktypen, weiße Notenköpfe anstelle der durchweg gefüllten der Handschrift, während er

---

[16] Minnesinger, Bd IV (mit einer Abhandlung von E. Fischer über die musikalische Seite des Minnesangs), Leipzig 1838.

[17] Z. B. sind die Größenverhältnisse und die Abstände von Haupt- und Koloraturnoten in den Meistersinger-Melodien nicht immer richtig wiedergegeben, vgl. B. Kippenberg, S. 38; ähnliches gilt für die Neidhart-Melodien, vgl. W. Schmieder, a. a. O. (s. unten Anm. 49), S. 61.

[18] Ed. von K. K. Müller, Jena 1896.

[19] P. Runge, *Die Sangesweisen der Colmarer Handschrift und die Liederhandschrift Donaueschingen*, Leipzig 1896.

[20] F. A. Mayer und H. Rietsch, *Die Mondsee-Wiener Liederhandschrift und der Mönch von Salzburg*, Berlin 1896.

[21] Von denjenigen, die wir in dieser Untersuchung nicht zu behandeln brauchen, sind vor allem zu nennen: P. Runge, *Die Lieder und Melodien der Geißler des Jahres 1349 nach der Aufzeichnung Hugos von Reutlingen. Nebst einer Abhandlung über die italienischen Geißlerlieder von H. Schneegans und einem Beitrage „Zur Geschichte der deutschen und niederländischen Geißler" von H. Pfannenschmid*, Leipzig 1900; J. Schatz und O. Koller, *Oswald von Wolkenstein. Geistliche und weltliche Lieder* (DTÖ IX, 1 = Bd. 17), Wien 1902; P. Runge, *Die Lieder des Hugo von Montfort mit den Melodien des Burk Mangolt*, Leipzig 1906.

deren rhombische Form beibehält. Das Original verzeichnet die Melodien mit inkonsequenter „schwarzer Mensuralnotation", d. h. zum Teil in angedeuteter und daher oft unklar bleibender Mensur. Die Orientierungsstriche, die in der Quelle die Notenlinien nach einzelnen Verszeilen, bisweilen auch nach einzelnen Wörtern abteilen oder melismatische von syllabischen Partien trennen, sind möglichst getreu übernommen; ein Kommentar, der die Abweichungen von der Vorlage genau vermerkt, beleuchtet das Bemühen des Herausgebers, auch unerklärbare Besonderheiten der Notation wiederzugeben [22]. Ähnlich korrekt verfuhr Rietsch [23] wenig später bei der Ausgabe der Sterzinger Handschrift. Hier erlaubten die zwar recht unterschiedliche, aber doch klare Notationsweise des Manuskripts (vgl. *Beispiel 1*) einerseits und das zur Wiedergabe verfügbare Typenmaterial andererseits einen beachtlichen Grad an Originaltreue bei der Transkription *(Beispiel 2)* [24]. Die aus dem 14. und 15. Jahrhundert stammende Notation wechselt zwischen „Fliegenfüßen", kräftiger gotischer Neumenschrift und schwarzer und weißer „Mensuralnotation"; freilich stellt auch sie uns vor Fragen der Lesung einzelner Partien wie auch der Vortragsweise allgemein. Rietsch wählte für die Transkription der Neumenpunkte die Form der Raute, *„um so ein einheitliches Bild mit den meist in Semibreven notierten mensurierten Gesängen zu erzielen"* [25]. Eine vereinzelt stehende Virga der Handschrift wird durch eine Longa wiedergegeben; Ligaturen des Originals sind im Druck wie üblich durch liegende Klammern gekennzeichnet.

Auch Paul Runge [26] strebte in seiner Ausgabe der Kolmarer Handschrift nach einer diplomatisch genauen Wiedergabe der Notation. Die Vorlage steht in gotischer Choralschrift, in der virga, punctum, gewöhnliche Ligaturen und Konjunkturen gemischt erscheinen (siehe *Beispiel 3a*); hinzu kommen die erwähnten Sonderformen (vgl. *Beispiel 1*). Wie weit deren Vernachlässigung in Runges Edition einen Mangel darstellt, läßt sich schwer sagen, solange die Bedeutung dieser Zeichen nicht gesichert ist. Einem klaren Irrtum jedoch unterlag der Herausgeber, verleitet durch Hugo Riemann, bei der Umsetzung der punctae, die er sämtlich als plicae ascendentes oder descendentes interpretierte. Hierfür ließ er im Druck doppelt kaudierte, schräggestellte Quadratnoten (✔ oder ✦) setzen, während die virga durch eine Longa der römischen Quadratnotation wiedergegeben ist *(Beispiel 3b)*. Wegen solcher bewußter und unbewußter Verfremdungen, auch gegenüber der Donaueschinger Handschrift, deren Lesarten Runge mit einbezieht, kann bei dieser Ausgabe von einer diplomatisch getreuen Transkription keinesfalls gesprochen werden. Immerhin enthält sie sich noch einer rhythmisierenden Übertragung, obgleich Runge für

[22] *„Die einfachen Mensurverhältnisse der Lieder ließen eine möglichste Annäherung an die überlieferte Form zu ... Wir hielten uns auch nicht berechtigt, statt der Doppelrauten je das Zeichen einer Brevis einzusetzen, da in anderen Fällen diese selbst gesetzt ist und der Schreiber also doch wol einen Unterschied gemacht haben wollte, welchen, ist allerdings nicht klar"* (H. Rietsch, a. a. O., S. 19).
[23] *Die deutsche Liedweise. Ein Stück positiver Ästhetik der Tonkunst. Mit einem Anhang: Lieder und Bruchstücke aus einer Handschrift des 14./15. Jahrhunderts*, Wien und Leipzig 1904.
[24] Ebenda, S. 222.
[25] Ebenda, S. 219.
[26] Siehe Anm. 19.

Beispiel 2: Aus der Sterzinger Handschrift (verschollen): Transkription durch H. Rietsch

eine solche in seinem Vorwort besondere Richtlinien aufstellt. Sie gehen dahin, daß hier das Metrum der Verse maßgebend sei; könne man dieses nicht eindeutig bestimmen, so müßten Zweifel bleiben. Bemerkenswert erscheint, daß Runge auf diese Weise den in der Metrik gebrauchten Begriff einer „Taktgliederung" des Versbaues offensichtlich unreflektiert auf die Melodien überträgt und somit stillschweigend zur Vorstellung ihrer musikalischen Taktigkeit gelangt. Wenn er in seinem Kommentar den Zweiertakt empfiehlt, jedoch die Möglichkeit eines Dreiertaktes ausdrücklich offenläßt, so ändert dies nichts an seiner verengten Perspektive.

Was bei Runge noch als Vorschlag erscheint, ohne die Edition selbst zu berühren, wird wenig später bereits zum Editionsverfahren gemacht, und zwar durch Franz Saran[27] in der von ihm gemeinsam mit G. Holz und E. Bernoulli besorgten Ausgabe der Jenaer Hand-

---

[27] G. Holz—F. Saran—E. Bernoulli, *Die Jenaer Liederhandschrift*, 2 Bde, Leipzig 1901.

Beispiel 3a: Kolmarer Handschrift, fol 333. Langer Ton Regenbogens

Beispiel 3b: Langer Ton Regenbogens (s. 3a): „Transkription" durch P. Runge

schrift. (Vorausgegangen war das von K. K. Müller[28] völlig kommentarlos veröffentlichte Faksimile.) Sie besteht aus einer diplomatisch getreuen Transkription im Noten-
druck mit den gebräuchlichen Typen der römischen Choralschrift (die klar lesbare Quadratnotation der Quelle ließ dies ohne weiteres zu, vgl. *Beispiele 4a* = Tafel I und *4b*)[29], einer
modern notierten (= rhythmisierenden) Übertragung sowie einem umfangreichen wissenschaftlichen Kommentar, in dem Saran außer dem Übertragungsproblem ein ganzes System
der Rhythmik und Metrik ausbreitet. In Übertragung und Kommentar vertritt Saran
Runges Grundsatz, der Melodievortrag habe dem Versbau zu folgen, wobei er die Melodien
nach Takten — im Sinne der neuzeitlichen Musikauffassung — gliedert. Als Grundwert für
eine Textsilbe wird die halbe Note gesetzt, Ganze und Viertel kommen nach Bedarf hinzu
(siehe *Beispiel 4c*)[30]. Den selten auftretenden Melismen (z. B. Wizlav 22, Alexander 28),
die „*melischen*" Charakters seien, gesteht Saran die Durchbrechung des von ihm postulierten
rhythmischen Schemas zu[31]. Es fällt auf, daß Saran in zahlreichen Bemerkungen immer
wieder die Freiheiten des Vortrags betont und sich ausdrücklich bemüht, für diese Ausgabe
die Verbindlichkeit unserer Notenschrift und Takteinteilung sowie die Präzision ihrer
rhythmischen Aussage einzuschränken. Er spricht sogar deutlich aus[32], daß es ihm bei

---

[28] Siehe Anm. 18.

[29] Unbedeutende, technisch bedingte Abweichungen bei der Reproduktion der Ligaturen sind in
der Ausgabe vermerkt (siehe Bd. I, S. VII). Die vertikalen Teilungsstriche im Notensystem, die
das Original aufweist, wurden hingegen stillschweigend in der Transkription fortgelassen.

[30] F. Saran, a. a. O., Bd. II, S. 20.

[31] F. Saran, a. a. O., Bd. II, S. 112; 130; 139 f.; 148 ff. u. a.

[32] „*Die rhythmisierung soll nur die hauptsache erledigen. Sie läßt späterer, genauerer forschung
noch manches über. Es kommt mir nur darauf an, durch sie das wichtigste der rhythmischen
gliederung, vor allem die beschaffenheit und verbindung der reihen und ketten, in nicht mißver-
ständlicher form darzustellen. Nicht aber ist beabsichtigt, die lieder bis ins einzelne so zu rhyth-
misieren, wie sie wirklich, mit allen feinheiten des tempos, der verbindung usw., gesungen sind*"
(ebenda, S. 150).

Tafel I:

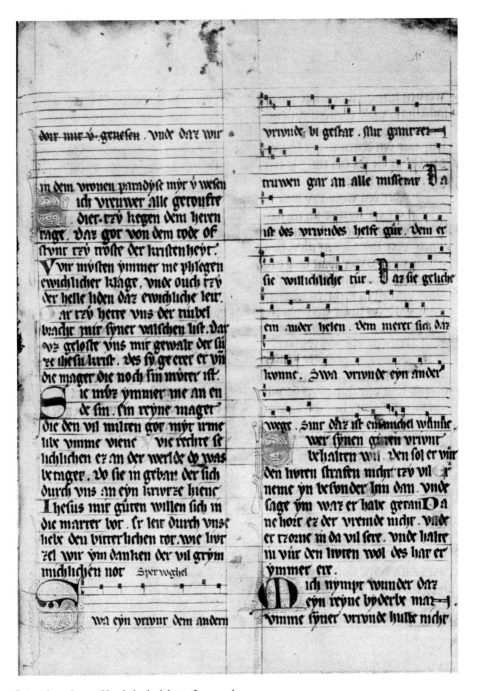

Beispiel 4a: Jenaer Handschrift, fol. 29. Spervogel

Beispiel 6a: Neidhart-Handschrift Berlin Ms. germ. 779, Bl. 201^b (nach W. Schmieders Ausgabe)

Beispiel 7a: Münsterer Fragment (Ausschnitte). Palästinalied Walthers von der Vogelweide (Pfeil)

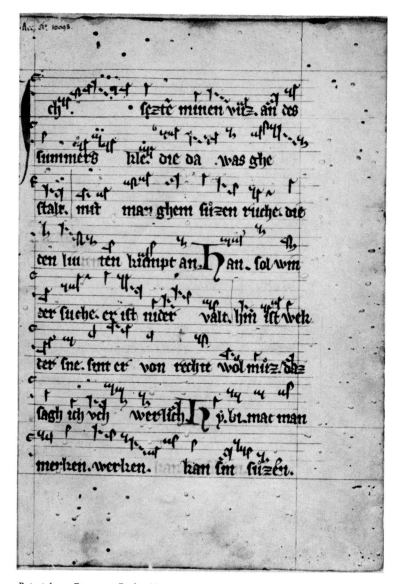

Beispiel 8a: Fragment Berlin Ms. germ. qu. 981, recto. Anonymus

Beispiel 4b: Spervogel (s. 4a = Tafel I): Transkription durch G. Holz

1. Swa eyn vrivnt dem andern

29b vrivnde bi gestat. Mit gantzen

truwen gar an al-le missetat. Da

ist des vrivndes helfe gût. Dem er

sie willichliche tut. Daz sie geliche

einander helen. Dem meret sich daz

kvnne. Swa vrivnde eynander

wege. Sint daz ist ein michel wunne.

seiner Übertragung vor allem um die Spiegelung des metrischen Schemas im Notenbild und
weniger um den Vortrag, d. h. die musikalische Wirklichkeit der Lieder, zu tun sei — ein
deutlicher Widerspruch zwischen Ziel und Mitteln, an dem später die Bemühungen etwa
von W. Schmieder oder E. Jammers ansetzten.
Im Gefolge dieser ersten größeren Ausgaben wandte sich die allgemeine Musikforschung
nun intensiver dem Minnesang zu. Hier ist, wie erwähnt, vor allem H. Riemann zu nennen, obgleich er nicht selbst mit vollständigen Editionen in Erscheinung trat; er war jedoch
an der Diskussion um den Rhythmus der mittelalterlichen Gesänge mit vielen Veröffentlichungen beteiligt und übte auch im engeren Bereich der Minnesangforschung jahre-
lang seinen Einfluß aus. Der von Saran gewählten doppelten Festlegung auf neuzeitliche
Notation und taktmäßige Übertragung fügte Riemann eine dritte hinzu, indem er sein
Postulat der viertaktigen Periode auf den Bereich des mittelalterlichen Liedes ausdehnte.
Das von Runge vertretene Prinzip der Rhythmisierung nach dem Metrum des Textes schien
Riemann nicht eindeutig genug zu sein. Die Vielgestaltigkeit der Lieder verlange einen

Beispiel 4c: Spervogel (s. 4a = Tafel I): Übertragung durch F. Saran und E. Bernoulli

1. Swa eyn vrivnt dem an-dern vrivn - de bi , ge - stat mit gan-tzen

tru - wen gar an al - le mis-se-tat, 2. Da ist des vrivn-des hel - fe

gût, dem er sie wil - lich - li - che tût, 3. Daz sie ge-hel-lent vn-der

in, dem me-ret sich daz kvn - ne. 4. Swa vrivnde ey - nan-der

we - ge sint, daz ist ein mi - chel wun - ne.

Beispiel 4d: Spervogel (s. 4a = Tafel I): Übertragung des Anfangs durch H. Riemann

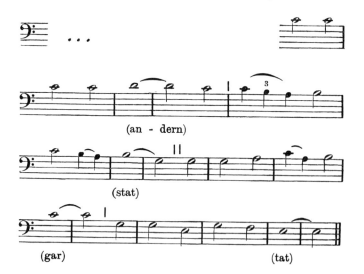

(an - dern)

(stat)

(gar)   (tat)

sichereren Schlüssel, und dieser könne — auch mit Rücksicht auf die Fähigkeiten der damaligen Sänger — nur in einem einfachen, umfassenden System bestanden haben. Er stellte deshalb *„ein leicht verständliches Schema"* auf, *„wie unter allen vorkommenden und möglichen Verhältnissen aus der metrischen Beschaffenheit der Texte der musikalische Rhythmus abzuleiten"* sei. Dieses Schema ist das der durchgehenden Vierhebigkeit oder musikalisch, wie Riemann sich ausdrückt, das der fortgesetzten Zweitaktigkeit der Ordnung ♩♩♩♩|♩♩♩♩ (trochäisch) oder ♩|♩♩♩♩|♩♩♩ (jambisch). Seine Anwendung forderte er pauschal *„für die lateinischen Kirchenlieder und die geistlichen und weltlichen Lieder in den romanischen Vulgärsprachen mit ausschließlicher Annahme von Trochäen oder Jamben als Elementen der Reihenbildung; für die germanische Dichtung dagegen mit alleiniger Zählung der Hebungen (´ und `) für die Feststellung des rhythmischen Gerüsts . . . Alle Versformen kleinerer Silbenzahl erscheinen als katalektische, durch Pausen bzw. Dehnungen am Ende das Schema ergänzende; Verse von größerer Silbenzahl dagegen müssen durchweg als zwei Verse zu einem verbindende Langzeilen definiert und entsprechend behandelt werden"*[33].

Beispiel 4d[34] veranschaulicht, wiederum anhand der Spervogel-Melodie in der Jenaer Handschrift, Riemanns Rhythmisierungsmethode. Wie in Sarans Fassung geht hier der musikalische Vortrag beim Übergang vom ersten Vers zum zweiten Vers über den in der Handschrift verzeichneten Teilungsstrich hinweg. In Riemanns Übertragung ist ferner zu bemerken, daß die jeweils zu dehnende Stelle (hier textiert) im Vers wechselt und sich weder aus der Melodie noch aus dem Text ergibt. Es herrscht das absolute rhythmische Schema, das sich nur durch subjektive Eingriffe anwenden läßt.

Um das Hindernis der größeren und kleineren Melismen in Melodien der Jenaer Handschrift zu überwinden, schlug Riemann[35], an seiner Systematik festhaltend, eine Schreibung in kleinen Ziernoten vor, die *„den Takt nicht stören"* (!). Das Übersetzen entsprechender Melodieteile in solche kleinen Noten *„und soweit möglich auch [in] die üblichen abkürzenden Zeichen . . . ($\wedge$, $\curlyvee$, $\sim$, ∂)"* ergebe *„für die Übertragung ein Notenbild, das die Kernmelodie in wünschenswerther Einfachheit herausstellt. Daß nicht immer die Eruierung des Kerns mit positiver Sicherheit zu erweisen ist, darf nicht abhalten, diese Methode anzuwenden"*[36]. *Beispiel 5*[37] zeigt die Anwendung dieses Verfahrens durch Riemann selbst.

Der kühne Satz von der unbeschränkten Herrschaft der Viertaktperiode fand vorübergehend Eingang in die allgemeine Musiktheorie. Wohin das führte, zeigt die Übertragung des melismenreichen Liedes „Ich sezte minen fuoz an des sumers klê" aus dem 13. Jahrhundert (Fragment Berlin *Ms. germ. qu.* 981, siehe *Beispiel 8a* = Tafel IV) durch Johannes Wolf (*Beispiel 8b*)[38]. Es dürfte keinen Zweifel geben, daß selbst ein geschulter Sänger jener Zeit

---

[33] H. Riemann, *Die Beck-Aubrysche „modale Interpretation" der Troubadourmelodien*, SIMG 11 (1909/10), S. 569 ff., hier: S. 570.
[34] H. Riemann, in: *Musikalisches Wochenblatt* 33 (1902), S. 458.
[35] *Die Melodik der Minnesänger*, in: *Musikalisches Wochenblatt* 33 (1902), S. 469 ff.
[36] Ebenda, S. 470.
[37] Ebenda.
[38] *Handbuch der Notationskunde*, Bd. I, Leipzig 1913, S. 176.

Beispiel 5: Riemanns Vorschlag einer Melismen-Übertragung (Der Unverzagte, Jenaer Handschrift, Nr. XV. 1; Anfang). Zum Vergleich die Originalaufzeichnung in Transkription

Jun - ger man   von tzwenzich ia - ren ler - ne
So   mac dir   nicht mis - se - lin - gen. Di - ne

tu - gent-li - che   ba - ren tzů al-len tzi - ten
iu - gent sol - tu   twin-gen daz sie   vli - e

myn - ne   got   deist   myn   rat
tzů al- ler   stunt   mis - se - tat

das Lied, sei es frei, sei es nach der Handschrift, nicht so gesungen hätte, wie Wolf es übertrug.

Riemanns Verfahren wurde indes, da allzu sehr konstruiert, mit Recht nach einiger Zeit abgelehnt. Noch im selben Jahre, in dem das Handbuch von Wolf erschien, gab H. Rietsch[39] die Melodien der Handschrift Wien 2701 (Frauenlob, Reinmar von Zweter und Alexander) heraus, und zwar vollständig in photomechanischem Faksimiledruck und in rhythmisierender Übertragung. Er verließ damit das in seinen früheren Ausgaben[40] angewandte Prinzip der diplomatisch genauen Edition, setzte sich hier aber zugleich von der Symmetrielehre Riemanns ab mit der Erklärung, *„daß wir die Einförmigkeit durchaus quadratischer Anordnung, die wir dort, wo sie unleugbar besteht, beklagen, nicht auf Zeiten anwenden werden, deren überlieferte Denkmäler zu einer solchen Behandlung des Großrhythmus nicht nur nicht zwingen, sondern ihr oft genug deutlich widerstreben"*[41].

Statt dessen kündigt sich bereits der Einfluß der Modaltheorie an: mit Hinweis auf diese überträgt Rietsch die Melodien durchweg im ³/₄-Takt, den er bestätigt findet in der *„Leichtigkeit, mit der sich diese Tonfolgen einer dreizeitigen Gestaltung fügen"*[42]. Andererseits sucht er auch aufzuzeigen[43], daß in den Texten der Handschrift das Gesetz der Alternation walte und *„originale"* Daktylen, wie sie als eindeutiger Nachweis für die Existenz modaler Rhythmik — in Gestalt des 3. Modus — gelten, hier viel zu selten seien, als daß man sie zu den tragenden Bauelementen rechnen dürfe.

Die Begründung, die Rietsch für die Übertragungsweise in regelrechter Taktordnung bietet, ist unzulänglich: *„Ohne die weit spätere Entwicklung des Taktsystems vorwegnehmen zu wollen, habe ich Taktstriche gesetzt, da sie für unser Auge ein Anhaltspunkt sind, auch die Verschiedenheit dieser weltlichen Gesänge von den kirchlichen zum Ausdruck bringen und da die meist regelmäßige metrische Anlage der Dichtungen dem zumindest nicht entgegensteht."* *„. . . nur bei Tanzliedern (kann) von strengem, metronomischem Takt die Rede sein. Solche liegen in unserer Handschrift nicht vor. Die Worte sind daher f r e i zu nehmen, bald mehr, bald weniger, wie denn allerdings manche Stellen mit ihrer scharfen Zuspitzung eine ziemlich metrische Haltung vertragen. Auch das Zeitmaß wird, besonders bei den ausgedehnten Leichmelodien, Schwankungen erfahren"*[44].

Der hier geltend gemachte Abstand zwischen dem eigenen Verfahren und der Taktanwendung einer späteren Zeit dürfte sich in der Praxis nur schwer darstellen lassen. Die Befangenheit des Herausgebers in neuzeitlicher Taktvorstellung zeigt sich auch, wenn er in Fragen der Textunterlegung bei Kadenzen mit *„gutem"* und *„schlechtem"* Taktteil operiert oder bei langen Noten (Schlußdehnung) eine *„Bindung über den Taktstrich"* erwägt[45].

---

[39] *Gesänge von Frauenlob, Reinmar v[on] Zweter und Alexander, nebst einem anonymen Bruchstück, nach der Handschrift 2701 der Wiener Hofbibliothek,* bearbeitet von H. Rietsch. Mit Reproduktion der Handschrift (DTÖ XX, 2 = Bd. 41), Wien 1913.
[40] Siehe Anm. 20; 23.
[41] A. a. O., S. 95.
[42] Ebenda, S. 92.
[43] Ebenda, S. VIII.
[44] Ebenda, S. 95.
[45] Ebenda, S. 94.

Er bekennt ferner, er habe „den Versuch gemacht, durch Heranziehung von einer mehrere Jahrhunderte späteren Übung einige wichtige Übertragungsregeln zurückzuerschließen" [46]. So überträgt er Melismen, mit Ausnahme von zwei Fällen, in denen er Achteltriolen setzt, durch Viertel- und Achtelnoten (so das Verhältnis von Einzel- und Melismennoten) in Anlehnung an die „Übung des 16. Jahrhunderts, soweit sie alte Lieder als Tenöre mehrstimmiger Kompositionen bringt. Die Einwendung des Anachronismus ist hier m. E. nicht gerechtfertigt. Wie die Form der Stollen und des Abgesangs damals noch lebendig war oder wie wir heute noch in allen grundlegenden musikalischen Dingen auf Bach fußen, so konnte auch in dieser Sache die Überlieferung durch zwei Jahrhunderte aufrecht geblieben sein. Der Mehrstimmigkeit zuliebe mochte zuweilen die Aufteilung der Werte, aber nicht diese selbst eine Änderung erfahren haben" [47]. Diese Mutmaßung stellt keine brauchbare Arbeitshypothese dar. — Die Plica gibt Rietsch als Nachschlagsnote wieder, die in den Wert der plizierten Note einbezogen ist; entsprechend dem angenommenen Grundmaß setzt er punktiertes Viertel und Achtel oder punktiertes Achtel und Sechzehntel. (Darüber hinaus ist Punktierung nicht verwendet.) In zweifelhaften Fällen sieht Rietsch von einer Ausschreibung der Plica ab [48].

Ob man nun den Kommentar zur Edition, ihr Übertragungsprinzip allgemein oder die Behandlung der oben erwähnten Einzelfragen betrachtet — insgesamt zeigt diese Ausgabe einen zwiespältigen Charakter: sie versucht, den historischen Gegebenheiten ebenso wie unsern neuzeitlichen Vorstellungen von musikalischer Niederschrift gerecht zu werden, und beides mißlingt.

Eine deutliche Absage an jede Überspitzung der Theorie und an die blinde Zielsetzung rhythmisierender, taktmäßiger Übertragung bedeutete die 1930 erschienene Ausgabe der Lieder Neidharts von Reuental durch Wolfgang Schmieder [49]. In ihr werden einzelne Zeichen der heutigen Notenschrift auf unkonventionelle Weise verwendet. Die Edition erfaßt die vollständige musikalische Neidhart-Überlieferung (Berlin Ms. germ. 779, Wien Suppl. 3344, Sterzinger Handschrift, Frankfurter Fragment und Kolmarer Handschrift) und bietet sowohl die Handschriften in verkleinernder Reproduktion (Beispiel 6a = Tafel II) als auch deren Melodien in einer im allgemeinen rhythmisch neutralen Umschrift (Beispiel 6b) [50]. Parallelhandschriften werden hierbei in der Regel nicht wiedergegeben, jedoch im Apparat verarbeitet. Fast durchweg ist zur Umschrift die Viertelnote verwendet, freilich ohne rhythmische Verbindlichkeit. Nur am Zeilenende erscheint des öfteren die Halbe, dort nämlich, wo entweder durch den Reim der Verse, durch die Melodiebildung oder durch eine entsprechende Notierung der Quelle (Doppelnote; angedeutete Mensur) eine Dehnung des Schlusses dem Herausgeber begründet erscheint. Die Melodien sind bei der Umschrift, dem Text folgend, zeilenweise angeordnet, um „das Wesen der Musik möglichst klar erkennen zu lassen".

[46] Ebenda, S. 91.
[47] Ebenda, S. 93.
[48] Ebenda.
[49] Lieder von Neidhart von Reuental, bearbeitet von W. Schmieder, Revision des Textes von E. Wießner. Mit Reproduktion der Handschriften (DTÖ XXXVII, 1 = Bd. 71), Wien 1930.
[50] Ebenda, S. 12; 35.

Ferner sollen folgende Zeichen die Aufeinanderfolge der einzelnen Zeilen regulieren[51]:

> , = eine Art Atempause
> ; = eine natürliche, durch das Zusammentreffen von zwei Hebungen oder
> Senkungen bedingte Zäsur
> * = Einschub einer mindestens eine Hebung und eine Senkung umfassen-
> den Pause

Der Herausgeber leitet aus der *„Sonderstellung, die die Neidhart-Melodien in der einstimmigen Musik des Mittelalters einnehmen, . . . die Notwendigkeit einer besonderen
Übertragungsweise"* ab. *„Diese mußte bei dem Mangel an Bemerkungen aus der Zeit über
die Aufführungspraxis fast ausschließlich aus dem Notenmaterial selbst entwickelt werden"* [52].
Die Gegenüberstellung von Textmetrum und Bau der Melodien verdeutliche zwar den
Tanzcharakter, doch lasse sich das bei der Ausführung wohl durch Tanzschritte geregelte
ῥεῖν dieser Melodien nicht in isolierte Takte spalten. Vielmehr stelle sich hier jede
Melodiezeile als eine rhythmische Einheit dar. *„Bei der Übertragung ist jedoch von jeglicher schematischer Rhythmisierung Abstand genommen. Das originale Notenbild . . .
sollte nach Möglichkeit nachgebildet werden. Die gewählte Übertragungsform soll der
Ausführung . . . die gleiche Freiheit lassen, die das Original gewährt"* [53].

Die Modalinterpretation

Schmieders behutsames Vorgehen blieb lange Zeit hindurch in seiner Art vereinzelt:
der neue Pendelschwung, der mit der Abkehr von Riemanns Schematismus einzusetzen
schien, brachte nicht zugleich eine Loslösung auch vom Zwang der neuzeitlichen Taktvorstellung und Notenschrift. Es trat vielmehr, an diesen festhaltend und diesmal mit anhal-
tenderem Erfolg, eine neue Theorie auf den Plan, die ähnlich pauschale Geltungsansprüche
stellte, wie vorher Riemann für sein System: die Modalinterpretation. Im Bereich unserer
Melodien wurde sie bald zum vorherrschenden, natürlich auch von der Germanistik respek-
tierten Editionsprinzip und blieb, trotz vielfach begründeter Zweifel und ungeachtet des
Weiterbestehens nichtmodaler Auffassungen, bis in die jüngste Zeit bestimmend.
Diese Entwicklung läßt sich deutlich ablesen am Beispiel der Melodie des Palästinaliedes
Walthers von der Vogelweide (*Beispiel 7a* = Tafel III). Sie ist seit der ersten Veröffent-
lichung des Münsterer Fragments durch Abt Raphael Molitor (1910) an den verschiedensten
Stellen und immer wieder in neuer Übertragung erschienen (*Beispiel 7b* zeigt eine Auswahl
in chronologischer Übersicht[54]). Das besondere Interesse der Forschung an diesem Lied ist

---

[51] Ebenda, S. IX, Anm. 3.
[52] Ebenda, S. IX.
[53] Ebenda.
[54] A = Erstveröffentlichung durch R. Molitor, *Die Lieder des Münsterischen Fragmentes,* SIMG 12
(1910/11), S. 475 ff. (mit Faksimile-Wiedergabe); B = H. Rietsch, *Gesänge von Frauenlob . . .,*
S. 87; C = H. J. Moser, *Geschichte der deutschen Musik,* Bd. I, Stuttgart u. Berlin 1920, S. 201 f.;
D = F. Ludwig, *Die geistliche nichtliturgische und weltliche einstimmige und die mehrstimmige*

verständlich, da es sich einmal um die einzige direkt und vollständig überlieferte Walthermelodie und zum andern, nach neueren Untersuchungen, aller Wahrscheinlichkeit nach um den einzigen musikalischen Quellenbeleg für eine deutsche Minnesänger-Kontrafaktur nach romanischem Vorbild handelt[55]. (Daneben enthält das vierseitige Manuskript die Fragmente von drei weiteren Melodien Walthers und den Anfang einer Reinmarmelodie.) Die von Molitor selbst (siehe A in *Beispiel 7b*) aufgrund der rhythmuslosen Originalaufzeichnung postulierte chorale, also rhythmisch „schwebende" (oratorische) Vortragsweise erwies sich als verfehlt. Den nachfolgenden Übertragungen ist — mit Ausnahme der Lösung Heinrich Husmanns (I) — die Verwendung von Taktstrichen gemeinsam, die bei Friedrich Ludwig (D, E) und Carl Bützler (G) allerdings punktierte Linien sind. Geradtaktigkeit vertreten Hans Joachim Moser (C), Arnold Schering (F) und Ronald J. Taylor (L) sowie, in einer von zwei alternativ vorgestellten Möglichkeiten, Ludwig (D); alle anderen Übertragungen in unserer Zusammenstellung (B, E, G, H, I, K) sind modal rhythmisiert. Diesem Verfahren liegt die von den mittelalterlichen Theoretikern[56] hauptsächlich im Zusammenhang mit der Mehrstimmigkeit behandelte Lehre von den sechs Modi als Elementen des musikalischen Rhythmus zugrunde, die den antiken Metren entsprechen (1. ♩ ♪ = trochäisch; 2. ♪ ♩ = iambisch; 3. ♩. ♪ ♪ = daktylisch; 4. ♪ ♪ ♩. = anapästisch; 5. ♩. ♩. = spondäisch; 6. ♪ ♪ ♪ = tribrachisch). Alle sind dreizeitig, da auf die longa perfecta bezogen; doch ergibt sich (vor allem beim alternierenden Vers) durch die Anwendung des 5. oder 6. Modus vielfach eine „geradtaktige" Wirkung. Obwohl der Regel nach innerhalb einer Komposition der gleiche Modus beizubehalten ist, sind uns durch mensurale Aufzeichnungen auch Fälle von Moduswechsel bekannt. Ausgehend von der durch F. Ludwig[57] erforschten modalen Deutung der in Quadratnotation aufgezeichneten mehrstimmigen Motetten aus dem 12. bis 14. Jahrhundert,

Musik des Mittelalters bis zum Anfang des 15. Jahrhunderts, in: G. Adler, *Handbuch der Musikgeschichte*, Frankfurt/M. 1924, S. 127 ff., hier: S. 173; E = ebenda; F = A. Schering, *Geschichte der Musik in Beispielen*, Leipzig (1931), Nr. 12; G = C. Bützler, *Untersuchungen zu den Melodien Walthers von der Vogelweide* (Kölner Dissertation), Jena 1940; H = F. Gennrich, *Troubadours, Trouvères, Minne- und Meistergesang* (Das Musikwerk), Köln (1951), S. 51; I = H. Husmann, *Das Prinzip der Silbenzählung im Lied des zentralen Mittelalters*, Mf 6 (1953), S. 8 ff., hier: S. 17 f.; K = F. Gennrich, *Mittelhochdeutsche Liedkunst*, Darmstadt 1954, S. 16; L = R. J. Taylor, *Zur Übertragung der Melodien der Minnesänger*, Zeitschrift für deutsches Altertum 87 (1956), S. 132 ff., hier: S. 139; M = genaue Transkription der Originalnotation.
[55] H. Husmann, a. a. O., S. 17 f.; vgl. B. Kippenberg, S. 161 ff.; hierzu und gegen die von E. Jammers (a. a. O., S. 198 und Anm. 119) gemachten Einwendungen, ferner: W.-H. Brunner, *Walthers von der Vogelweide Palästinalied als Kontrafaktur*, Zeitschrift für deutsches Altertum 92 (1963), S. 195 ff.
[56] Hier vor allem Johannes de Garlandia (Coussemaker, Scriptores I, S. 97 ff.); *Discantus positio vulgaris* (Coussemaker, Script. I, S. 94 ff.); *Der Musiktraktat des Johannes de Grocheo, nach den Quellen neu hg. mit Übersetzung ins Deutsche und Revisionsbericht* von E. Rohloff, Leipzig 1943. — Eingehend hierzu B. Kippenberg, S. 99 ff.
[57] *Repertorium organorum recentioris et motetorum vetustissimi stili*, Halle 1910.

6

Beispiel 7b: Walthers Palästinalied (s. 7a = Tafel III): Übertragungen in chronologischer Übersicht (Auswahl)

A Molitor
1910/11

B Rietsch
1913

C Moser
1920

D Ludwig
1924

E Ludwig
1924

F Schering
1931

G Bützler
1940

H Gennrich
1951

I Husmann
1953

K Gennrich
1954

L Taylor
1956

M Handschrift*

Nu alrest lebe ich mir werde, sit min sündic ou-ge siht

daz reine lant und ouch die erde, den man vil der e-ren giht.

* Melodie in genauer Transkription; unterlegter Text nach der kritischen Ausgabe
von Friedrich Maurer

Mirst geschehen des ich ie bat, ich bin ko-men an die stat, da got mennischli-chen trat

6 *

wandten zunächst Pierre Aubry[58] und Jean Baptiste Beck[59] dieses Verfahren bei der
Edition der Troubadours- und Trouvèreslieder an. Während Ludwig die Frage einer
modalen Lesung für die deutschen Melodien auch später noch offenließ[60], wurde sie für
diese seit den zwanziger Jahren in weitestem Umfang vor allem durch Friedrich Gennrich[61]
in Anspruch genommen. Im Blick auf die lebhafte mittelalterliche Kontrafakturenpraxis
nahm Gennrich an, daß zwischen germanischen und romanischen Lieddenkmälern jener
Zeit *„kein Wesensunterschied"* bestehe[62], und übertrug dementsprechend die deutschen
ebenso wie die altprovençalischen und altfranzösischen Melodien durchweg modal.
Wie die Mehrzahl der Herausgeber hat auch Gennrich das mit heutiger Notenschrift
und Takteinteilung arbeitende Editionsverfahren nirgends in Frage gestellt, das rhyth-
misierende Übertragen vielmehr als ganz selbstverständlichen Ausgangs- und Zielpunkt
seiner Arbeit betrachtet[63]. In seinen Editionen wird, im Gegensatz zu anderen, auf die
Erörterung des Übertragungsproblems allgemein wie auch fast durchweg auf die Begründung seiner jeweiligen Moduswahl und anderer Einzelheiten seines Verfahrens verzichtet[64].
Hinsichtlich der zeitlich-räumlichen Abgrenzung verfährt Gennrich sehr großzügig. Unbekümmert um Fragen wie die der Gattung, räumt er der Modalrhythmik für den Zeitraum
der ars antiqua umfassende Geltung ein[65].
Lange hat die Erforschung der Modaltheorie und die Diskussion um ihre Anwendung auf
den deutschen Minnesang unter sachlich-methodischen und sicher auch unter persönlichen
Schwächen gelitten, die hier beiseite bleiben können. Zu den methodischen Grundlagen
des Verfahrens sei ganz allgemein folgendes angemerkt: Die modale Lesung der deutschen
Melodien ist, auf die Tatsache der Kontrafakturen gestützt, lediglich als Analogie zu der
als modal postulierten Rhythmik der romanischen Lieder erschlossen worden. Für diese
wiederum gründet sie sich a) auf die Wiederverwendung solcher Melodien in tatsächlich
modal zu lesenden mehrstimmigen Kompositionen des 13. Jahrhunderts, was allerdings
nicht beweiskräftig ist; b) auf die wenigen in mensuraler Schrift notierten Lieder, die

---

[58] Le Chansonnier de l'Arsenal (Trouvères du XIIᵉ—XIIIᵉ siècle). Reproduction phototypique du
manuscrit 5198 de la Bibliothèque de l'Arsenal. Transcription du texte musicale en notation
moderne par P. Aubry, Introduction et notices par A. Jeanroy, Paris 1909 ff.

[59] Zusammenfassende Editionen: Le Chansonnier Cangé, 2 Bde, Paris—Philadelphia 1927; Le
manuscrit du Roi, 2 Bde, London—Oxford—Philadelphia 1938.

[60] Die geistliche nichtliturgische . . . (siehe Anm. 54, D), S. 172.

[61] Editionen und Schriften F. Gennrichs: siehe B. Kippenberg, S. 205 ff.

[62] Troubadours, Trouvères . . . (siehe Anm. 54, H), S. 66.

[63] *„Da die Lieder in einer die Rhythmik nicht erkennenlassenden Notation aufgezeichnet und
überliefert sind, besteht die schwierige Aufgabe darin, die der Melodie innewohnende Rhythmik in
Umschreibung in moderner Notenschrift darzustellen. Im Laufe der Zeit sind die verschiedensten
Übertragungen z. T. mit völlig unzureichenden Mitteln unternommen worden"* (ebenda).

[64] Siehe etwa: Mittelhochdeutsche Liedkunst, 24 Melodien zu mhd. Liedern, Darmstadt 1954;
Altfranzösische Lieder, 2 Bde, Tübingen 1955 und 1956.

[65] *Rhythmik der ars antiqua* (Musikwissenschaftl. Studienbibl., Heft 8), Darmstadt 1954, S. 6 ff.;
Akzentuierende Dichtung, in: MGG 1 (1949—51), Sp. 273 ff., hier: Sp. 276.

jedoch ebenfalls (und zwar in mehrfacher Hinsicht) fragwürdig sind; c) auf die mittellateinischen Theoretiker, deren Zuständigkeit außerhalb der Kirchenmusik man bezweifeln muß. Gegen eine allgemeine Verbreitung der Modalrhythmik im einstimmigen Lied des Mittelalters sprechen neben historischen Fakten und methodischen Erwägungen nicht zuletzt auch in zahlreichen Fällen die Erfahrungen des praktischen Aufführungsversuchs. Hinzu kommen schließlich neue Einsichten in eine bisher unvermutete rhythmische Vielgestaltigkeit der „Cantigas de Santa Maria" vom kastilischen Hofe, die in einem noch zu Lebzeiten Alphons' des Weisen mensural notierten Liedrepertoire überliefert sind [66]; sie lassen sowohl die starre Schematik der Modalinterpretation als auch deren universale Geltungsansprüche verfehlt erscheinen.

Dennoch hat eine Generation es vermocht, das modale Übertragungsprinzip so allgemein durchzusetzen, daß es sowohl in der musikhistorischen als auch in der germanistischen Literatur zum Minnesang das Bild der Melodieveröffentlichungen weitgehend geformt hat. Obwohl die Forschung sich allmählich um einen neuen Standpunkt und um neue, dem Gegenstand wie dem Grad unserer Kenntnis angemessene Wege der Edition bemüht, kam es in jüngerer Zeit vereinzelt immer noch zu Melodieveröffentlichungen mit durchweg modaler Übertragung. Beispiele hierfür sind R. J. Taylors Ausgabe der Lieder Neidharts von Reuental [67] und die vom selben Herausgeber vorgelegte Auswahl mittelalterlicher Melodien [68]. Vor allem letztere ist ein betrübliches Beispiel, weil es sich um ein deklariertes Lehrbuch für den Germanisten handelt, dem sich hier ein stark verzerrtes Gegenbild des geschichtlichen Sachverhaltes bietet. Taylor schließt sich zwar im Text des Darstellungsbandes neueren Anschauungen teilweise an (er spricht im Zusammenhang mit der Formenlehre von der Beschränkung auf eine *„deskriptive, ‚offene' Terminologie"* und von einer *„Rückkehr zur Neutralität"* [69]), macht aber im Melodienband mit seiner Einsicht nicht ernst. Vielmehr überträgt er die Originalmelodien nach dem modernen Taktprinzip, und zwar die Beispiele aus dem Minnesang — das Palästinalied Walthers ausgenommen — durchweg im Tripeltakt (^{3}/$_4$- oder ^{6}/$_4$-Takt) [70]. Dadurch bedingt, werden hier unsere heutigen Notenzeichen einschließlich Pausen, Triolen, Quintolen etc. ohne Abwandlung verbindlich benutzt (siehe Beispiel 9a) [71]. Der Hinweis, daß *„natürlich . . . auch andere Interpretationen und Lesarten möglich"* seien [72], reicht als Abhilfe nicht aus.

---

[66] Siehe H. Anglès, *Der Rhythmus der monodischen Lyrik des Mittelalters und seine Probleme*, in: *Bericht über den 4. Kongreß der Internationalen Gesellschaft für Musikwissenschaft zu Basel 1949*, Druck Basel o. J., S. 45 ff.
[67] A. T. Hatto und R. J. Taylor, *The Songs of Neidhart von Reuental*, Manchester (1958).
[68] R. J. Taylor, *Die Melodien der weltlichen Lieder des Mittelalters*, 2 Bde = Darstellungs- und Melodienband (Sammlung Metzler, Realienbücher für den Germanisten), Stuttgart 1964.
[69] Darstellungsband S. 55.
[70] Taylors Gleichsetzung der Begriffe *„modalrhythmisch"* und *„tripeltaktig"* (Darstellungsband S. 39) ist bedenklich.
[71] Melodienband S. 29.
[72] Ebenda, S. 9.

Beispiel 8b: Anonymus (s. 8a = Tafel IV): Übertragung durch J. Wolf

Gegenwärtige Situation

Im ganzen gesehen ist heute ein Wandel in Lehre und Forschung bemerkbar, dessen Ansätze sich, vor allem seit den fünfziger Jahren, sowohl in der Musikforschung als auch in
der Germanistik finden. Er ist gekennzeichnet durch ein In-Frage-Stellen und Über-
prüfen überkommener Lehrschemata — auch der Modaltheorie und des imponierenden,
doch allzu starren Heuslerschen Schemas der Metrik[73]. Beide Disziplinen gehen dabei von
der Einsicht aus, daß das Erfassen der jeweiligen Eigenart des einzelnen Kunstwerkes über
seine Klassifizierung zu stellen sei und wir uns daher von der Tendenz zu vorschneller
Generalisierung freimachen sollten[74]. Im Prinzip also ein „ad fontes", das sich auch, als
vorsichtig-kritische Haltung, in musikalischen Editionen zur mittelhochdeutschen Lyrik
zeigt.

[73] Siehe Anm. 14.
[74] Siehe bereits die Feststellungen bei H. Kuhn, *Minnesangs Wende* (Hermaea, N. F. 1), Tübingen
1952, S. 45 ff.

Beispiel 8c: Anonymus (s. 8a = Tafel IV): Umschrift durch G. Reichert

1. Ich   sez - te mî - nen   fuoz
2. Sust   kumt diu wun - ne   her

an   des   su - mers   klê,
mit   freude in   die   stat,

die   dâ   was   ge - - - - stalt
des   man   ir   wol   gan.

mit   man - - - gem suo - zen   rû - che,
wil - - - ko - - - me sî die   freu - de.

die kumt den   liu - ten   an.
die uns nu   wah - set   zuo.

So bot Hugo Kuhn als Anhang zu einer Untersuchung[75] das sogenannte Schreibersche Bruchstück von Winterstettens Leich IV sowie die 13seitige Aufzeichnung der lateinischen Kontrafaktur von Tannhäusers Leich IV (aus Clm 5539), deren Melodie quadratisch notiert ist, vollständig in Faksimile-Wiedergabe.

Georg Reichert[76] wählte für seine Transkription der Melodien zum Minnesang des 13. Jahrhunderts in der Regel Viertelnoten, jedoch ausdrücklich ohne feste Zeitbedeutung und unter Verzicht auf Takteinteilung. In Klammern gesetzte Nachschlagsnoten zeigen die handschriftlich notierten Pliken an. Von Fall zu Fall, so in der Melodie zum anonymen „Ich sezte minen fuoz"[77], gab Reichert silbentragende Einzeltöne durch Viertelnoten, die

[75] Ebenda, S. 164 ff.
[76] In: *Minnesang des 13. Jahrhunderts. Aus Carl von Kraus' „Deutschen Liederdichtern" ausgewählt von Hugo Kuhn. Mit Übertragung der Melodien von G. Reichert*, Tübingen 1953, S. 150 ff.
[77] Vgl. die Beispiele 8a =Tafel IV und 8b.

Töne der Melismen (*„um deren bewegtes Fließen anzudeuten"*)[78] durch Achtelnoten wieder (siehe *Beispiel 8c*)[79].

Auch Wendelin Müller-Blattau[80] enthielt sich in seiner Ausgabe der Melodien zu den bis dahin bekannten romanisch-deutschen Kontrafakturen jeglicher rhythmischer Interpretation (im Gegensatz zu Aubry, Beck und Gennrich, die in ihren verschiedenen Ausgaben eine Reihe jener Melodien bereits modalrhythmisch ediert hatten). Er umging das Rhythmisierungsproblem, indem er eine neutrale Notation aus liegenden Strichen benutzte, *„dem Schriftbild der Quellen nach Möglichkeit angeglichen"*[81]. Allerdings werden dadurch die Pliken und Ligaturen der Originale nicht oder nicht klar genug wiedergegeben. Im Blick auf die Absicht des Herausgebers, eine Bauanalyse und vergleichende Untersuchung der Melodien durchzuführen als *„Beitrag zu einer Melodienlehre des mittelalterlichen Liedes"* (Untertitel), mochte das Verfahren hinreichen, obgleich diese Art langgezogener Aufzeichnung sehr schlecht lesbar ist. Auch hätte ein Paralleldruck aller Fassungen dem Zweck wohl noch besser gedient als die paarweise Aufgliederung in mehreren Fällen.

Ursula Aarburg[82] hält sich in ihrer Musikedition romanisch-deutscher Kontrafakta in rhythmischer Hinsicht teilweise zurück, indem sie von den 27 mitgeteilten Melodien immerhin 15 rhythmisch neutral, mit einfachen schwarzen Notenköpfen, wiedergibt und hier lediglich ihre Rhythmisierungsvorschläge im Paralleldruck beifügt; die übrigen freilich werden in modern notierter, taktmäßiger Rhythmisierung geboten[83].

Die letzte größere Edition von Melodien des Minnesangs, herausgegeben von Ewald Jammers[84], zeichnet sich allgemein durch Gründlichkeit und Sachkenntnis aus. Einführung und Kommentar bieten ein hohes Maß an objektiver Information. Der umfassende Melodieteil (131 Beispiele) geht in seiner Vielfalt der Gattungen und seiner zeitlichen Spannweite — von der epischen Rezitationsformel aus althochdeutscher Zeit bis zu den Meistergesängen eines Hans Sachs — über den Titel der Sammlung weit hinaus; so schwankt denn auch das Prinzip einer hier mühsam versuchten Ordnung etwas unglücklich zwischen Chronologie, Hauptgattungen (Spruch — Lied), inhaltlicher und struktureller Gruppierung hin und her. Noch bedauerlicher ist, daß Datierungen fast gänzlich fehlen. Parallel überlieferte Melodiefassungen werden in der Regel nicht mit abgedruckt, im Kommentar zumeist aber kritisch mit herangezogen.

Im übrigen folgen die Gesamtanlage und die Darbietung im einzelnen der Absicht dieser

---

[78] A. a. O., S. 151.

[79] Ebenda, S. 157 ff.

[80] *Trouvères und Minnesänger II: Kritische Ausgabe der Weisen, zugleich als Beitrag zu einer Melodienlehre des mittelalterlichen Liedes*, Saarbrücken 1956.

[81] Ebenda, S. 5.

[82] *Singweisen zur Liebeslyrik der deutschen Frühe* (Beiheft zu H. Brinkmann, *Liebeslyrik der dt. Frühe*), Düsseldorf (1956).

[83] Und zwar mit dem etwas fragwürdigen Hinweis, daß in diesen Fällen die Lesung der Handschriften die rhythmische Übertragung bezeuge oder die metrische Gestaltung des Textes keinen Zweifel an der Art des Melodierhythmus lasse (ebenda S. 7).

[84] *Ausgewählte Melodien des Minnesangs. Einführung, Erläuterungen und Übertragung*, Tübingen 1963.

Ausgabe: sie ist in erster Linie für den Germanisten bestimmt. *„Das bedeutet: es wird darauf verzichtet, die Quellen so getreu wiederzugeben, wie es der Musikwissenschaftler verlangen würde. Es wurde vielmehr übertragen, so gut das möglich ist — d. h. nach dem Wissensstande des Herausgebers und nach der Aussagefähigkeit der heutigen Notenschrift"* [85]. Obwohl die Edition an sich nicht für den Vortrag bestimmt ist, hat Jammers *„stets und überall an die klingende Musik, also den Vortrag, gedacht"* [86]. Vor das Problem der Übertragung gestellt, entschließt er sich zwar zur Benutzung moderner Noten[87], sucht aber durch vielfache, aus dem Bau der Lieder sorgfältig abgeleitete Vortragshinweise im Text[88] sowie durch Einführung besonderer Vortragszeichen, die er im Notenbild plaziert, ihre vorgegebene zeitmessende Bedeutung zu relativieren und ihre Verbindlichkeit abzuschwächen[89]. Es handelt sich um folgende Zeichen[90]:

)   = *Zäsur. Die Zeile wird in Teile zerlegt; doch darf keine Pause entstehen, durch die die Einheit der Zeile aufgehoben würde.*

→   = *Hebung. Die rhythmische Bewegung verläuft in Hebungen und Senkungen. Man vermeide eine scharfe Akzentuierung, durch die ein Takt entstehen könnte.*

⋏   = *Kadenzgipfel, Ende der rhythmischen Zeilenbewegung.*

(⋏) = *Mediante; nicht zu voller Entwicklung gelangte Kadenz. Die Bewegung läuft weiter.*

(⋏)⋏, ⋏⋏ = *Zweigipflige Kadenz.*

⋮   = *Moduswechsel, Rhythmusumschlag.*

:   = *Beginn der Kadenz.*

Der Herausgeber enträt jeglicher Takteinteilung, er lehnt den Takt vielmehr ab als einen *„neuzeitlichen Begriff, der für das Mittelalter und Vormittelalter unhaltbar ist"* [91].

---

[85] Ebenda, S. XII.

[86] Ebenda, Anm. 138.

[87] *„Eine Frage wäre noch, ob eine Übertragung aus der damaligen Notenschrift in die heutige überhaupt notwendig oder gar angebracht ist, ob man sich nicht vielmehr mit einer Umschrift, d. h. einer Art Faksimile, begnügen sollte. Dafür spricht, daß jede Übertragung eine Deutung und letzthin eine Umdeutung ist. Aber es wäre doch eine feige Flucht, wenn der Wissenschaftler dem Laien überließe, die Melodien zu deuten"* (ebenda, S. XII).

[88] Ebenda, S. 132 ff.; mehrfach im Kommentar zu den Liedern.

[89] *„Es scheint im übrigen das Beste zu sein, auf manche Zeichen der modernen Notenschrift zu verzichten und dafür einige neue zu verwenden, damit sofort sichtbar wird, daß nicht alle musikalischen Erscheinungen von heute damals vorhanden waren und daß statt ihrer andere zu beobachten sind, die heute mehr oder minder verschwunden sind. Doch ist dabei Maß gehalten worden, stärker, als der Herausgeber ursprünglich beabsichtigte, damit nicht die neuen Zeichen als Ersatz für die heutigen mißverstanden werden"* (ebenda, S. XII).

[90] Ebenda, S. 132.

[91] Ebenda, S. 32 ff. *„Taktnahen Rhythmus",* für einen Fall (Nr. 78, Wolkenstein) durch Schlagreim, Rhythmuswechsel im Text und originale Notationsweise (Doppelnoten), für einen anderen (Nr. 109, „Der Frass") in ähnlicher Weise durch Schlagreim und rhythmische Gliederung begründet, deutet Jammers durch gestrichelte Linien an.

Beispiel 9a: Meister Alexander (Jenaer Handschrift): Übertragung durch R. J. Taylor

Auch beim Tanzlied, dessen Bau und Vortragsweise seiner Zweckbestimmung folgt und daher einen streng geregelten rhythmischen Ablauf (aber nicht unbedingt einen schematisch-taktmäßigen) verlangt, differenziert er und legt sich in der Frage, ob Zweier- oder Dreierbewegung, nicht fest[92].

Jammers fühlt sich nicht an die modalen Übertragungsmethoden gebunden, sondern sieht für deutsche Verhältnisse in der Anwendung der Modi *„nur eine Theorie neben anderen"*[93].

[92] Ebenda, S. 114.
[93] Ebenda, S. 31.

Beispiel 9b: Dasselbe: Übertragung durch E. Jammers

I   Eyn wun - der in der werl - de vert,
II Wan es hat der sy - re - nen sanc,

Daz sich al - len tugen - den wert.
Pha - wen varwe, und ha - sen wanc,

Vals - lich leben ist sin ge - lust,
Scha - fes houbet und vox - ses brust.

III Un - sel - de wirt ym nym - mer bůz,
IV Von sy - me kran - ken her - tzen gat

Sin wolp - lich lib hat hen - nen vůz,
Ein ur - sprinc al - ler mis - se - tat,

Syn ke - mels rucke hat na - teren tzagel.
Un - tru - wen regen der e - ren hagel.

Er zeigt anhand von Strukturvergleichen sowohl im Musikalischen als auch im Sprachlichen — und zwar jeweils im Blick auf historische Entwicklungslinien —, daß in der deutschen Lieddichtung *„die 6 Modi dort zu vermuten sind, wo Trouvères-Einfluß möglich ist — grundsätzlich etwa ab 1225 —, ohne daß ein Zwang zu dieser Annahme besteht. Wieweit Tanzmelodien eine ³/₄-Ordnung — aber damit noch nicht eine Modalordnung — nahelegen, ist besonders zu prüfen. Es ergibt sich aber, daß eine Entscheidung für den modalen Vortrag durchaus nicht immer selbstverständlich ist"* [94].

[94] Ebenda, S. 44.

Die methodische Leistung dieser Ausgabe beruht hauptsächlich auf der gründlichen Befragung des Gegenstandes, der einzelnen Lieder selbst, von einem unvoreingenommenen Standpunkt aus. Allerdings befriedigt die optische Präsentation der Melodien nicht, da der Maßstab der Wiedergabe zu klein gewählt wurde; Noten und Zusatzzeichen erscheinen im Druck nicht immer deutlich genug. Im ganzen wird man, wie der Vergleich einer Melodie bei Taylor *(Beispiel 9a)* und Jammers *(Beispiel 9b)*[95] zeigt, hier wohl von einem bemerkenswerten Schritt nach vorn sprechen dürfen[96].

*

In der Editionsgeschichte unseres Forschungsbereichs, der Musik des Minnesangs, ließ sich ein deutlicher Wandel in der Bewertung der Quellen verfolgen. Am Anfang steht das Bemühen um getreue Wiedergabe, d. h. ein vorsichtig-diplomatisches Vorgehen; den Vorrang haben die Faksimile-Edition und die Transkription des Originals (F. H. von der Hagen, K. K. Müller, anfangs H. Rietsch, der Tendenz nach auch P. Runge).
In einer zweiten Phase wird das Übertragen der historischen Aufzeichnung in moderne Notation als Hauptziel angesehen, wobei man das neuzeitliche Taktsystem, in den meisten Fällen stillschweigend, ins Mittelalter transferiert; rhythmische Theorien leisten Ersatz für die Informationslücke der Quellen (F. Saran und H. Riemann; H. Rietsch, F. Gennrich, R. J. Taylor und andere).
Einen neuen Ansatz, für den es Vorläufer gab (vor allem W. Schmieder), sehen wir in der dritten und jüngsten Phase; hier distanziert sich die Forschung mehr und mehr von den teils unkritischen, teils dogmatischen älteren Verfahren der Edition; Skepsis bestimmt in einem sinnvollen Maße die methodische Grundhaltung (E. Jammers).
Es liegt in dieser Skepsis begründet, wenn das gegenwärtige Bemühen der Musikforschung zunächst stärker im Wort als in Editionen zum Ausdruck kommt. Die Suche nach einer geeigneten Art der Notenwiedergabe ist nicht mehr nur Selbstzweck, sondern steht in enger Verbindung mit den grundlegenden Fragen der einstigen Kompositions-, Vortrags- und Überlieferungspraxis. Eine dieser Fragen ist die, wie weit jene einstimmige weltliche Musik des Mittelalters ihrer Art nach (nicht nur vom Stande der Notationskunst aus betrachtet) zu ihrer Zeit überhaupt aufschreibbar war. Unter diesem Aspekt endlich erscheint die „authentische", historisch „richtige" Liedfassung, nach der wir zu suchen hätten, in einem hohen Maße als Fiktion, zumal wenn wir die rhythmische und melodische Variabilität bedenken, die bei der Aufführung — und damit auch bei der primär mündlichen Überlieferung — jener Melodien anzunehmen ist.

---

[95] Ebenda, S. 181.
[96] Mit dieser Methode, in deren Mittelpunkt die Frage nach der jeweils spezifischen Vortragsweise der Lieder steht, knüpft der Herausgeber an seine frühere Arbeit an: *Untersuchungen über Rhythmik und Melodik der Melodien der Jenaer Liederhandschrift,* ZfMw 7 (1924/25), S. 265 ff.; vgl. hierzu B. Kippenberg, S. 88 ff.

Hans Heinrich Eggebrecht

Organum purum

Organum purum nennt Franco von Köln — zur Unterscheidung gegenüber discantus —
den Halteton-Satz des ihm bekannten zweistimmigen Organum (GS III, 15a = CS I,
134b = Cserba, 258). Der folgende Beitrag beschränkt sich jedoch im wesentlichen auf
jene Partien des zweistimmigen Halteton-Satzes im Organum duplum, deren Typus
Johannes de Garlandia — zur Unterscheidung gegenüber dem von ihm als copula erwähnten Halteton-Satz mit streng modalrhythmischem Duplum — als organum per se (organum
non rectum) bezeichnet[1] und die der Interpretation und somit auch Edition der Musik des
Notre-Dame-Repertoires bis heute besondere Schwierigkeiten bereiten. Ausgeklammert
sind nicht nur die Quellen der Mehrstimmigkeit in Choralnotation aus der Zeit vor der
Möglichkeit eines modalrhythmischen Sinnes der Schrift und jenseits oder nach der Aus-
bildung der Modalnotation[2], sondern auch jene Aufzeichnungen des Saint-Martial-
Repertoires, die in einzelnen Partien den Gedanken an modalrhythmische Lesung nahelegen[3].

Unter den Begriff der Edition lassen sich — hier speziell im Gedanken ans Organum — drei
Arten der Herausgabe musikalischer Texte subsumieren: die Faksimile-Ausgabe, die
Edition in der originalen Notenschrift, wobei sich die zu rechtfertigenden Entscheidungen
auf die Lesart, Reinigung und Klarstellung des Textes beziehen, und die Umschrift-Edition,
die das Original (bzw. einen gereinigten Text) in ein dem heutigen Leser unmittelbar
einleuchtendes Schriftbild interpretierend überträgt. Diese zuletzt genannte Art der Edition
steht im Mittelpunkt des folgenden kritischen Berichts.

Allgemein ist die Art der Herausgabe musikalischer Werke und des näheren eine im Sinne
der Übertragung interpretierende Edition abhängig nicht nur vom Stand der Wissenschaft
und von Entscheidungen des Interpreten, sondern auch von arbeitstechnischen Bedingungen (Fotokopie und Mikrofilm stehen erst nach den 1920er Jahren allgemein zur Verfügung), von den drucktechnischen Möglichkeiten, von verlegerisch kaufmännischen
Rücksichten, von der Bestimmung einer Publikation für Wissenschaft oder Praxis, Kenner
oder Liebhaber. Doch jenseits des Fortschritts von Wissenschaft und Technik und unabhängig vom Käuferkreis und von Subventionen spiegelt sich in der Geschichte des Übertragens von Musik als Interpretationsprozeß der allgemeine Wandel des Verhältnisses zur
Geschichte überhaupt, bei dem, was vom heutigen Standpunkt aus als falsch und mißlungen

---

[1] Zur Terminologie bei Johannes de Garlandia vgl. Fr. Reckow, *Der Musiktraktat des Anonymus 4*
(Teil I: Edition, Teil II: Interpretation der Organum purum-Lehre), = BzAfMw IV und V, 1967, Teil
II, S. 35 ff.

[2] Vgl. hierzu im vorliegenden Band den Beitrag von Th. Göllner.

[3] Br. Stäblein, *Modale Rhythmen im Saint-Martial-Repertoire?*, Festschrift für Friedrich Blume,
Kassel 1963.

zu beurteilen ist, von seinen Prämissen her als lediglich „andersartig" verstanden werden kann.

Darin ist das Verstehen einer musikalischen Aufzeichnung zu vergleichen mit dem Verstehen eines musikalischen Begriffswortes, und die Erkundung der Geschichte des Übertragens einer Art von Quelle hat Ähnlichkeit mit der Wissenschaft der Begriffsgeschichte. Wie die historischen Begriffswörter einst weitgehend reflexionslos ins Begriffssystem eines gegenwärtigen Sprechens und Verstehens übernommen und umgedeutet wurden, während sie heute in ihrer je eigenartigen geschichtlichen Nennkraft erkundet und gebraucht werden wollen, so gibt es in älterer Zeit auch bei den musikalischen Schriftbildern die mehr unbekümmerte Art des Übertragens ins gegenwärtig geläufige Bild, während sich in jüngster Zeit die Überzeugung durchsetzt, daß die Art der originalen Aufzeichnung ein Schlüssel ist zum Erkennen des Sinnes des Aufgezeichneten und daß die Übertragung dieses Sinnvolle nicht ersetzen, sondern nur interpretierend ins heutige unmittelbare Verstehen von Schrift übersetzen kann.

Die Geschichte der Übertragung von Organum duplum-Aufzeichnungen beginnt erst gegen Ende des 19. Jahrhunderts[4]. Entscheidend für die Fragestellung wurde bald nach der Jahrhundertwende Friedrich Ludwigs systematische Erforschung der Modalnotation. Seitdem betrifft die Frage der Edition der Organa dupla nicht nur allgemein die Wiedergabe (Umschrift) der originalen Tonschriftzeichen und die in den Quellen oft unklare gegenseitige Zuordnung der Töne, sondern speziell das Problem des „noch nicht" oder „schon" modalrhythmischen Sinnes der Quadratnotation hier (in Relation zu den Zusammenklangsverhältnissen) und ferner — auch wo modalrhythmische Lesung eindeutig ist (vor allem in Discantus-Partien) oder allgemein vorausgesetzt wird — den Vortrag dieses Rhythmus im Blick auf die schon oder noch nicht proportionale Messung der Längen und Kürzen.

Die Beantwortung dieser für die Lesung und damit auch Übertragung des Organum duplum zentralen Fragen wird sehr erschwert durch die Überlieferung des *Magnus liber* und ist abhängig von den Ergebnissen der Auseinandersetzung speziell mit den folgenden Gegebenheiten:

1. Die wichtigsten Handschriften des Notre-Dame-Repertoires, die den *Magnus liber* überliefern *(W*₁*, F, W*₂*)*, sind erst in einer Zeit nach der Mitte des 13. Jahrhunderts geschrieben. Es sind *„Quellen zweiter oder dritter Hand, die in verschiedenen Entwicklungsstadien der Notre-Dame-Kunst aus dem Original abgeleitet sind"*[5]. Und so ist zu fragen, inwie-

---

[4] Die ersten Übertragungsversuche boten H. Müller (in: *Eine Abhandlung über Mensuralmusik in der Karlsruher Handschrift St. Peter pergamen. 29a*, Mittheilungen aus der Grossherzoglichen Badischen Hof- und Landesbibliothek und Münzsammlung VI, 1886, S. 19 f.: Übertragung der mensuralen Aufzeichnung eines 2st. *Alleluia. Veni sancte spiritus*), H. E. Wooldridge (in: *The Oxford History of Music* I, Oxford 1901, S. 189 ff.: Übertragungen von Organa dupla aus *F* mit dem ersten Versuch modalrhythmischer Interpretation) und H. Riemann (in: *Handbuch der Musikgeschichte* I, 2, Leipzig 1905, S. 156: Übertragung des 2st. *Judea et Jerusalem* im ⁴⁄₄-Takt, wobei *„jede Einzelneume eine Zeiteinheit repräsentiert"*).

[5] Fr. Ludwig, *Die geistliche nichtliturgische und weltliche einstimmige und die mehrstimmige Musik des Mittelalters bis zum Anfang des 15. Jh.*, in: *Handbuch der Musikgeschichte*, hrsg. von G. Adler, Frankfurt a. M. 1924, S. 182.

weit Stil und Aufzeichnung des so überlieferten *Magnus liber* bereits durch die voll ausgebildete Modalnotation beeinflußt sind.
2. Das Schrifttum, das sich ausdrücklich auf das Organum duplum bezieht (insbesondere
Johannes de Garlandia, Franco von Köln, Anonymus 4 und Anonymus St. Emmeram) und
heute immer wieder als Zeuge für dessen Verständnis zitiert wird, stammt ebenfalls aus
einer Zeit, deren musikalische Vorstellungen bereits durch die Modal- und Mensuralmusik
geprägt sind und die das Organum nachweislich in diese Vorstellungswelt in unterschiedlichen Graden umdeutet[6].
Mehr als bei anderen Editionsobjekten scheint demnach in der relativ kurzen Geschichte
der Organum duplum-Übertragung der Fortschritt des Wissens eine Rolle zu spielen.
Doch gerade die Entdeckung der Modalnotation und das immer umfassendere Heranziehen
der Theoretiker konnten sich hier (nach heutigem Urteil) hemmend auswirken. Dies
erscheint jedoch nur als Folge einer bestimmten Bewußtseinslage in der Geschichte der
Musikwissenschaft, nämlich jener Einstellung gegenüber der musikalischen Quelle, die sich
einseitig (dabei oft noch unvollkommen) an Zielsetzung und Methode der klassischen
Philologie orientiert zeigt: unter Vernachlässigung der Frage nach dem spezifisch musikalischen Sinn ihres Gegenstandes erhob auch die Musikwissenschaft die philologisch
gesicherte Eindeutigkeit des Schriftsinnes zur Maxime. Konkret gesprochen: Modalnotation
und Theoretikeraussagen boten das willkommene, gleichwohl gefährliche Mittel, auch die
Organum duplum-Aufzeichnung eindeutig zu machen. Und dies traf zusammen mit dem
zunächst weithin reflexionslos herangezogenen Übertragungsmedium, den modernen Tonschriftzeichen mit ihrem rational fixierten Sinn, der das alte Schriftbild zu sich hin, zur
Eindeutigkeit interpretiert. Wo jedoch — wie es in der neueren Musikwissenschaft in
Ansätzen der Fall ist — die Frage nach dem musikalischen Sinn der historischen Aufzeichnung zentral wird, ergibt sich in unserem Fall, daß gerade eine solche philologisch zu
sichernde und notatorisch zu fixierende Eindeutigkeit dem Organum duplum und speziell
dem Organum purum wesensfremd zu sein scheint. Diese Einsicht wirkt notwendig zurück
auf die philologische Methode, die nun verfeinert und spezifisch musikologisch einzusetzen
ist, um jenes musikalisch Wesentliche, das Nicht-Eindeutige, ins Licht zu rücken, wobei nun
auch nach einer dementsprechenden Schrift als Übertragungsmedium gesucht werden muß.

*

Zur Betrachtung wählen wir zunächst die Intonation des Ostergraduale *Haec dies* (W₁, f.
31; F, f. 108; W₂, f. 71), da dieses Organum (oder Teile desselben) in mehreren Übertragungen vorliegt, von denen wir zuerst diejenigen von Fr. L u d w i g (1924) besprechen.
Dabei beschränken wir uns auf die ersten fünf Töne des Cantus (s. Beispiel 1 und 2).
Ludwig benutzt bei seiner Übertragung eine Kombination von Zeichen, die nach Form
und Sinn zum größten Teil heute gebräuchlich sind, im übrigen ad hoc umgedeutet (Liga-
turenbögen; Breven) oder erfunden (gepünktelte Linien) oder in Anlehnung ans Original
gebildet sind (Gliederungsstrichlein). Mit Hilfe dieses Zeichensystems überträgt (übersetzt)

---

[6] Hierzu Reckow (s. Anm. 1), II, bes. S. 35 ff., und im vorliegenden Beitrag unten S. 106.

Beispiel 1: *Haec dies*, F, f. 108

Beispiel 2: Übertragung des *Haec dies* nach F, f. 108, von Fr. Ludwig, in: Adler, *Handbuch* 1924, S. 185 f.

er das Original in ein für den heutigen Leser weitgehend unmittelbar verständliches Schriftbild: 2 geklammerte Fünfliniensysteme; Violinschlüssel (mit Vermerk, daß das Ganze eine
Oktave tiefer aufgezeichnet ist und beim Vortrag bis zu einer Quinte abwärts transponiert
werden kann); b-Vorzeichnung vor allen Cantus-Systemen; „Breven" als Haltetöne;
Halbe-, Viertel- (auch für Pliken) und Achtelnoten sowie punktierte Halbe-Pausen in der
Oberstimme; Bogen zur Kennzeichnung der Ligaturenschreibung; klare Untereinander-
stellung der Noten beider Stimmen; Textunterlegung bei beiden Stimmen mit deutlicher
Silbenzuordnung. Die senkrechten Striche der Handschrift werden in dreierlei Form und
Bedeutung wiedergegeben: die Striche im Cantus[7] als durchgezogene (Gliederungs-) Striche
je vor dem Einsetzen eines neuen Cantustones (sie werden stillschweigend auch ins Duplum
übernommen); die Striche im Duplum als (Gliederungs-) Pausen und als kleine (in ihrer
Bedeutung nicht erklärte) Striche über oder auf der obersten Linie des Duplum-Systems.
Stillschweigend zugefügt sind die gepünktelten Striche, die jeweils einen „$\frac{6}{4}$-Takt" abgrenzen und durch einen der durchgezogenen Striche ersetzt werden können. Die Buchstaben
bezeichnen *„einige Ansätze zu motivischen Parallelen".*
Die Intention der Übertragung ist also nicht nur das moderne, unmittelbar einleuchtende
Notenbild, sondern — damit unlöslich verbunden — auch die „Rationalität" der heutigen
Tonschrift: alles ist möglichst eindeutig entschieden und festgelegt. Und dies betrifft auch
den Rhythmus, die modalrhythmische Interpretation der Quelle. Ludwig vermerkt zwar,
daß die Übertragung der Ligaturenketten *„oft problematisch"* bleibt; doch er entscheidet
sich bei den ersten zwei Melismen für den 3. und 6. Modus, bei den nächsten beiden für
den 1. und 6. Modus. Dabei muß er — und dies eben ist „problematisch" — die Aufzeichnung teils als modalrhythmisch sehr fortgeschritten (kompliziert) interpretieren, teils eine
rhythmisch nicht eindeutige Ligaturenschreibung entscheiden bzw. dem einmal gewählten
Modus adaptieren[8].
In Ludwigs Übertragung tritt insgesamt ein merkwürdiger Widerspruch offen zutage
zwischen einerseits dem Streben des Philologen nach möglichst eindeutiger Interpretation
der Quelle und des Editors nach der Eindeutigkeit des Schriftbildes der Übertragung und
andererseits der Einsicht des Historikers in den musikalischen Sinn des Organum duplum.
Denn nicht nur gibt Ludwig seiner Übertragung die Anweisung bei: *„Der rhythmische Vortrag des Duplum ist freier zu gestalten"*, sondern darüber hinaus charakterisiert er an
anderer Stelle (S. 183) das Duplum grundsätzlich als *„improvisatorisch frei"*, — ein *„Jubi-
lieren ..., das, offensichtlich aus der Melismenfreudigkeit des Gregorianischen Gesanges
entsprungen, diese von neuem weiter steigert".* Das Schriftbild der Übertragung des Orga-

---

[7] Die ich als „Zuordnungsstriche" interpretiere (s. u. S. 108).
[8] Gegen den sehr fortgeschrittenen Status der Modalnotation (fractio modi; häufiger Moduswechsel),
den man bei modalrhythmischer Lesung dem ursprünglichen oder frühen Organum duplum zuer-
kennt, sind seitdem immer wieder Bedenken laut geworden: wie kann eine solche Kompliziertheit
am Anfang einer Entwicklung stehen? Hinzu kommt, daß Johannes de Garlandia die nicht-modale
Schreibung des organum per se ausdrücklich bezeugt (Reckow, II, bes. S. 38). Auch der 7. Modus,
der modus permixtus, des Anonymus 4 weist in diese Richtung (ebenda S. 29 f.), und die fractio modi
erfuhr in der Musiklehre erst nach der Mitte des 13. Jh. eine systematische Behandlung (ebenda
S. 77).

7

num duplum entstand hier aus der Absicht einer Übersetzung ins heutige Notenbild, das
jedoch — weithin unerkannt (weil einer Wissenschaftshaltung entsprechend) — aus seinem
Prinzip heraus das Original zu sich hin umdeutet und dabei nicht nur in Einzelheiten, son-
dern auch grundsätzlich sich in Widerspruch stellt zur höheren musikalischen Einsicht des
Übersetzers. Gleichwohl war, kraft der Autorität Ludwigs, nunmehr für die Zukunft der
Organum duplum-Übertragung eine Richtung gewiesen.

Zieht man Ludwigs sämtliche Bemerkungen zur Frage des Organum duplum-Rhythmus heran, so
zeigt sich allerdings, daß er im *Magnus liber* die Prinzipien der in ihren Details erstmalig von ihm
erkannten Modalnotation fraglos nur in den Discantuspartien verwirklicht sieht, während er in
seinen Übertragungen der Haltetonpartien zwar ebenfalls eine an der Modalnotation orientierte
Lesung *„versucht"* (!), diese jedoch grundsätzlich selbst in Frage stellt: *„Die Übertragung der
Duplumstimme der ‚organalen' Abschnitte ... läßt sich vorläufig mit Sicherheit noch nicht geben"*;
die Ligatur- und Konjunkturschreibung des Originals sei in diesen Partien *„noch so gut wie ganz
unerforscht"* [9].
In erstaunlicher Umsicht hat Ludwig es überdies von vornherein nur als *„Vermutung"* ausgesprochen,
daß der *Magnus liber* in der Fassung W1 *„entweder in der Originalgestalt oder wenigstens in einem
sehr frühen Stadium der Umarbeitung vorliegt"*; er hält es für wahrscheinlich, daß sich bereits in
dieser Fassung *„auch Kompositionen einer späteren Zeit, etwa Werke von Perotinus selbst,
befinden"*, so wie es *„wohl kaum anzunehmen"* sei, daß dann alles Neue in der *Magnus liber*-Fas-
sung der Handschrift F *„von Perotin selbst komponiert ist"* [10].

Eine Edition des *Haec dies* bietet 30 Jahre später H. H u s m a n n (1955) nach der
Hs. W1 [11] (s. Beispiel 3 und 4).

Im Grundsätzlichen entspricht diese Übertragung derjenigen von Fr. Ludwig. Zwar sind
jetzt die Violinschlüssel oktaviert, die Cantus-Systeme (wohl zurecht) nicht generell mit b-
Vorzeichnung versehen und die Pliken gekennzeichnet. Doch in anderen Einzelheiten zeigt
sich eine Vergröberung der Unbekümmertheit im Sinne einer noch stärkeren Entfernung
vom Original zugunsten der modernen Rationalität des Schriftbildes: der „$\frac{6}{4}$-Takt" wird
vorgezeichnet, und das ganze Duplum ist nun mittels durchgezogener („Takt"-)Striche
gegliedert, die in der Quelle keinerlei Stütze mehr finden, da (außer nach dem Incep-
tionston des Duplums, falls er aus W1 stammt, s. u.) alle senkrechten Striche der Hs. bereits

---

[9] *Musik des Mittelalters in der Badischen Kunsthalle Karlsruhe*, ZfMw V, 1922/23, S. 439, Anm. 1.
Diese Bemerkung macht Ludwig anläßlich seiner Übertragung des Organum duplum *Alleluia.
Pascha nostrum* ebenda, wo er zuvor von den *„ganz überschwenglich, jugendlich maßlos ... sich
ergießenden und überstürzenden ... Duplummelodien Leonins"* spricht. — Gegenüber der Übertragung des *Haec dies* in Adlers Handbuch zeigt die hier genannte Übertragung: die originale
Schlüsselung; Zusatz von stets durchgezogenen (nicht gepunkteten) „Taktstrichen"; Kennzeichnung
der Pliken; Verzicht auf Wiedergabe der („Gliederungs"-)Striche des Originals, die, wo sie dennoch
als Pausen übertragen wurden, z. T. *„nur als Zäsuren oder Atempausen aufzufassen"* seien.
[10] Diese Zitate aus: *Die liturgischen Organa Leonins und Perotins*, Riemann-Festschrift, Leipzig
1909, S. 205 ff.
[11] In: *Das Musikwerk. Eine Beispielsammlung zur Musikgeschichte*, hrsg. von K. G. Fellerer,
Bd. IX *(Die mittelalterliche Mehrstimmigkeit)*, Köln [1955], S. 19 ff.

Beispiel 3: *Haec dies*, aus der *Hs.* W₁, f. 31

Beispiel 4: Übertragung des *Haec dies* nach W₁, f. 31, von H. Husmann, in: *Die mittelalterliche Mehrstimmigkeit* [1955], S. 19

durch Pausen oder Gliederungs-„Kommata" wiedergegeben sind. Denn auch die Striche im Cantus werden hier als Pausen interpretiert, deren Länge jeweils der Pause im Duplum angeglichen ist (— wodurch der organale Fluß des Ganzen in fragwürdiger Weise durch gleichsam „mensurierte Atmungen" durchbrochen wird).

Man wundert sich, daß hier gegenüber der Niederschrift in W₁ mehrere Töne fehlen bzw. daß Töne, Pliken und Pausen zugefügt sind. In der Erläuterung zu seiner Übertragung schreibt Husmann: „*Ligaturenfassung nach Handschrift Florenz* . . .", und das soll wohl heißen, daß hier zwei Fassungen kombiniert sind: z. B. scheint der Anfangston aus *F* zu stammen (weil in der Übertragung kein „Komma" folgt); „*Takt*" 2 der Übertragung stammt jedenfalls aus *F* (wobei man sieht, daß er sich, im Unterschied zu Ludwigs Übertragung, auch eine Interpretation im 1. Modus gefallen lassen muß); „*Takt*" 7 stammt weder aus W₁ noch aus *F*; der Schluß des Melismas über g findet sich so nur in W₁ usw.

Die gegenseitige Zuordnung der beiden Stimmen in „*Takt*" 12 ff. (Cantus: b und a) ist
undurchsichtig (Konkordanz-Gründe?): hier bedeuten die zugefügten Striche auch im
Cantus reine „*Taktstriche*", und der Klangwechsel tritt an dieser Stelle, überdies ohne in
der Handschrift durch Striche gekennzeichnet zu sein, inmitten einer Doppelperfectio ein.
In dieser Übertragung verbindet sich eine Steigerung von Ludwigs Tendenz zum „*durchrationalisierten*" modernen Notenbild mit philologischen Fragwürdigkeiten, die selbst in
einer Veröffentlichung, die auch für Liebhaber bestimmt ist, nicht gerechtfertigt erscheinen.
In der rhythmisch durchrationalisierten Art der Übertragung Ludwigs gibt es Organum
purum-Übertragungen u. a. auch von H. B e s s e l e r [12] (s. Beisp. 7) und O. U r s p r u n g [13],
auch hier — wie bei Ludwig — mit der Diskrepanz zwischen einerseits der Charakterisie-
rung der Duplum-Melismen als „*freirhythmische Solomelismen*" (Besseler, S. 98; — sie
„*ergießen sich . . . in scheinbar freier Improvisation*", Ursprung, S. 122) und andererseits
den heutigen Notenschriftzeichen, deren rhythmisch feste Bedeutung durch die Anweisung
„*rhythmisch frei*" (Besseler) in unklarer Weise eingeschränkt wird.
Für J. H a n d s c h i n war es von vornherein so gut wie sicher, daß die Werke Leonins in
modaler Notation überliefert sind: in der „ternären Rhythmik" sah er das Neue der
Notre-Dame-Schule gegenüber St. Martial [14]. Dementsprechend übertrug er auch das Organum purum „*selbstverständlich gemäß dem modal-ternären System*", taktmäßig in Halbe-
und Viertel-Grundwerten [15]. Als Muster für Handschins Übertragungsart, die in den Grund-
sätzen der Art Ludwigs entspricht, seien genannt seine „Übertragungsversuche" des *Crucifixum in carne* (nach F und W₂, in: AfMw VII, 1925, S. 157 ff.; — „*Mein Übertragungsversuch ist zugleich Wiedergabe der Originalnotation*", heißt es hier in bezug auf das
Verhältnis zwischen originaler Ton- und Ligaturenschreibung und modernem Notenbild)
und des *Judea et Jerusalem* (nach W₁, in: ZfMw X, 1927/28, S. 15 ff.).
Gleichwohl war es Handschin [16], der die Bedeutung des dann später zu wenig beachteten
Aufsatzes von Helmut S c h m i d t [17] spontan als „umstürzend" erkannte, insofern dieser
Aufsatz besagt, daß der *Magnus liber* (mit Handschins Worten) auch in W₁ „*nicht in der
ursprünglichen leoninischen Form vorliegt*" [18]. Schmidt hatte zu erweisen versucht, daß auch
in den organalen (Halteton-)Partien bereits in der ältesten überlieferten Gestalt des

---

[12] *Die Musik des Mittelalters und der Renaissance*, in: *Handbuch der Musikwissenschaft*, hrsg. von
E. Bücken, Potsdam 1931, S. 99: Graduale *Haec dies*, Anfang des Versus *Confitemini* nach W₁.
[13] *Die katholische Kirchenmusik*, in: ebenda, Potsdam 1931, S. 122; Anfang des Graduale *Alleluia.
Nativitas* nach W₁, f. 42.
[14] *Was brachte die Notre Dame-Schule Neues?*, ZfMw VI, 1923/24, S. 545 ff.
[15] *Zu den „Quellen der Motetten ältesten Stils"*, AfMw VI, 1924, S. 247. Das Zitat betrifft das
Crucifixum in carne in der Auseinandersetzung mit P. Wagner, der die modale, an die französische
Nota quadrata gebundene Messung zumindest *für die deutschen Noten des ausgehenden Mittelalters* — in denen dieses *Crucifixum in carne* der Karlsruher Hs. überliefert ist — nicht gelten lassen
wollte; vgl. AfMw VI, 1924, bes. S. 405 f.
[16] *Zur Leonin-Perotin-Frage*, ZfMw XIV, 1931/32, S. 319.
[17] *Zur Melodiebildung Leonins und Perotins*, ebenda, S. 129 ff.
[18] Vgl. jedoch oben S. 98 schon Ludwigs Beurteilung des *Magnus liber* in W₁.

Magnus liber zufolge der Umarbeitung durch Perotinus „*zwei vollkommen divergierende Stilarten*" nebeneinander stehen, oft in der gleichen Komposition: ein früher Stil, der u. a. durch „*ausgesprochen freien Rhythmus*" gekennzeichnet ist, und ein späterer „*streng modal rhythmisierter*" Stil. Schmidt widerspricht sich jedoch wohl selbst, wenn er in bezug auf den frühen Stil von einer „*Durchsetzung, ja bisweilen Auflösung des starren, rhythmischen Modus-Schemas durch kleine Noten*" spricht (als sei erwiesen und überhaupt anzunehmen, daß ein solches Schema beim frühen Stil bereits vorgelegen habe). Und dementsprechend zwängt auch er seine Organum duplum-Übertragung in modalrhythmische Normen, wobei er im Grundmaß von Vierteln und Achteln die Currentes — unter Berufung auf die Lehre von der „*minutio et fractio modorum*" bei Anonymus 4 (CS I) — in Übertragungswerte wie ♫♪♫ preßt[19].

In seinem Buch *The Rhythm of Twelfth-Century Polyphony — Its Theory and Practice*[20] bietet W. G. W a i t e eine Übertragung des ganzen *Magnus liber* „*of Leonin*" nach W₁ in der Meinung, daß seine Edition, die das Organum duplum durchweg modalrhythmisch interpretiert, auch in dieser Hinsicht dem ursprünglichen Sinn der Aufzeichnung entspricht. Die Voraussetzungen, auf denen diese Edition basiert, hat zuletzt Fr. Reckow eingehend kritisiert[21]. Es handelt sich dabei insbesondere um eine irrtümliche Interpretation Garlandias und die voreilige Abwertung der Konkordanzregel, ferner um die unhaltbare Identi-

Beispiel 5:

[19] Vgl. auch Schmidts Übertragung einer Partie des *Judea et Jerusalem* mit Handschins genannter Übertragung dieses Stückes und des letzteren Einwände gegen die kleinen Notenwerte (ZfMw XIV, S. 321).
[20] New Haven 1954.
[21] II, S. 36—38, 45, 49, 73—77. Hierzu auch M. F. Bukofzer in seiner aufschlußreichen Rezension des Buches von Waite, Notes XII, 1955, S. 232—236.

Beispiel 6: *Confitemini*, aus der Hs. W₁, f. 31/31'

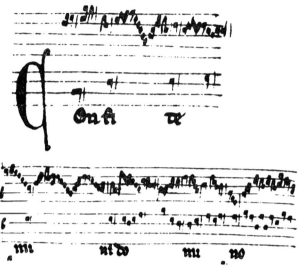

fizierung der späteren Musiklehre mit dem ursprünglichen (je nach organalen species zu differenzierenden) Sinn der Aufzeichnung und die unzulässige Vermischung und vergröbernde Gleichsetzung der Theoretiker-Aussagen verschiedener Zeiten.

In Waites Übertragung des *Confitemini* (s. Beispiel 5 und 6), die auf der Linie Ludwigs (doch ohne dessen prinzipielle Zweifel, s. o. S. 98) nach Eindeutigkeit des Schriftsinnes strebt, ist fast keine der Ligaturen-Lesungen seitens modalrhythmischer Regeln gesichert, und die rhythmisch rationale Interpretation ist hier nun auf die Spitze getrieben (Moduswechsel, fractio modi; Taktwechsel), ohne daß ein System der Berücksichtigung der Zusammenklangs-Verhältnisse einsichtig würde.

Bei solchen Stellen ist zu fragen, ob hier die Oberstimme unter den Voraussetzungen der Quadratnotation und der Gliederungsstriche vom Notator des Organums überhaupt wesentlich anders hätte notiert werden können als in W₁ und F und ob somit die (in jedem Falle ungesicherte, komplizierte und gewaltsame) modalrhythmische Interpretation seitens der Notation überhaupt eine Stütze findet. Umgekehrt hatte Reckow (II, S. 77) argumentiert: da das gesamte Organum-Repertoire in Quadratnotation überliefert ist, k a n n a l l e s modalrhythmisch interpretiert werden. Waites Edition geht von der höchst fragwürdigen Voraussetzung aus, daß Quadratnotation gleichbedeutend ist mit Modalnotation[22].

---

[22] Ebenfalls auf der Basis der grundsätzlich modalrhythmisch orientierten Lesung behandeln die Aufsätze von Th. Karp (*Towards a Critical Edition of Notre Dame Organa Dupla*, MQ LII, 1966) und H. Tischler (*A propos a Critical Edition of the Parisian Organa Dupla*, AMl XL, 1968) Detailfragen der Organum duplum-Edition, insbesondere die Frage der gegenseitigen Zuordnung der Cantus- und Duplumtöne (vgl. unten Anm. 37).

Die Richtigkeit der seit Ludwig und Handschin praktizierten modalrhythmischen Übertragungsart der Organa dupla bezweifelte E. J a m m e r s grundsätzlich[23]. Besselers
Übertragung des Versus *Confitemini domino* aus dem Graduale *Haec dies* stellte er
eine Übertragung dieses Versus nach der gleichen Handschrift (W₁, f. 31) gegenüber.

Beispiel 7: Übertragung des *Confitemini* nach W₁, f. 31, von H. Besseler, in: *Die Musik des Mittelalters und der Renaissance* (1931), S. 99

Beispiel 8: Übertragung der gleichen Aufzeichnung von E. Jammers, in: *Anfänge der abendländischen Musik* (1955), S. 37

⌣ = Ligatur
⊣ = Plica, bzw. Ligatur mit Plica
𝟋 = Trennungsstrichlein der Vorlage
⌣‥⌣ = Konjunktur (Climacus-Verbindung)

Jammers' Kritik betrifft allerdings nicht die rhythmische Fixierung durchs moderne Notenbild als solche, sondern die an der ausgebildeten Modalnotation orientierte Art der Fixie-

---

[23] *Anfänge der abendländischen Musik,* = Sammlung musikwissenschaftlicher Abhandlungen XXXI,
Straßburg/Kehl 1955, S. 33 ff.: *Frühe Notre-Dame-Organa.*

rung. Sein Haupteinwand ist sehr beachtenswert; er richtet sich (man vergleiche die Über-
tragung Besselers) auf den häufigen Moduswechsel und auf die rationale Unterteilung der
modalrhythmischen Grundwerte (bes. bei den vieltönigen Konjunkturen der organalen
Partien). Dies setze *„eine Beherrschung des modalen Rhythmus voraus, die man für die
Frühstufe nicht erwarten kann, und die Werke wirken bisweilen wie Melodien, die in ein
Modussystem gepreßt sind"*.
Jammers versucht, die paläographischen Kriterien in Einklang zu bringen mit einer zahl-
haft faßbaren Ordnung auch dieser Musik und mit musikalischem Empfinden. Sein Gegen-
vorschlag basiert auf der Deutung der „Strichlein" als Markierungen gleicher Zeiteinheiten,
in diesem Sinne als „Taktstriche" („Takt" von Jammers selbst mit Anführungsstrichen
versehen): in der Regel trennen die Gliederungsstriche in beiden Stimmen *„Takte oder
Gebilde im Taktumfang ab"*. Im Versus *Confitemini* interpretiert er die drei Cantustöne
der Silben *-fite-* als je einen $\frac{4}{2}$-Takt, den Cantuston der reich melismatischen Silbe *-mi-*
als zwei $\frac{4}{2}$-Takte. Die in der Regel ebenfalls durch Strichlein taktmäßig untergliederten
Töne des Duplums werden den Zählzeiten der Takte eingepaßt (z. B. 16 Töne über der
Silbe *-fi-* = 16 Achtel). Unter Berücksichtigung der Gliederungsstriche und der Taktart
($\frac{4}{2}$) ergibt sich für das Melisma über der Silbe *Con-* die Messung in Halben und Ganzen
und für die organalen Partien überhaupt ein grundsätzlich nicht modaler Rhythmus,
während bei den rhythmisch „straffen" Partien (z. B. beim folgenden *domino*) die taktmäßige Lesung modalrhythmisch orientiert ist.
Dieser Vorschlag zeigt, *„wie diametral sich auch heute noch die Ansichten der Forscher
gegenüberstehen"*[24]. Zu bemerken ist jedoch, daß die „taktmäßige" Interpretation dieser
Musik (die Deutung der Strichlein als „Taktstriche") eine Hypothese ist und daß es für die
rhythmische Aufteilung der zu einem „Takt" gehörigen Noten innerhalb der organalen
Partien keine objektiven Kriterien gibt. Zwar beansprucht Jammers für seine Übertra-
gungen noch keine unbedingte Sicherheit, jedoch auch er möchte Eindeutigkeit erreichen.
Indem er die modalrhythmisch orientierte Ratio der Organa dupla-Übertragungen mit
Recht anzweifelt, ersetzt er sie durch eine „taktmäßige" Ratio, die auch in der Melismen-
kunst des Organum purum nach „Zahl und Maß" Ausschau hält[25].
Eine andere Möglichkeit zur Lösung des Problems des Organum duplum-Rhythmus erwägt
W. A p e l[26] nach überzeugendem Hinweis auf die unbefriedigende Willkür und Unsicher-
heit der modalrhythmisch orientierten, „frei-modalen" Lesung und unter Berufung auf

---

[24] W. Apel, *Die Notation der polyphonen Musik*, Leipzig 1962, S. 300.
[25] Kritik an Jammers' Übertragungsversuchen übten auch Fr. Zaminer in seiner in Anm. 39
genannten Arbeit, S. 99 f. (*„Kein einziger rhythmischer Wert der Übertragung kann als gesichert
betrachtet werden"*), und Reckow, II, S. 83, Anm. 40. — An der oben wiedergegebenen Übertragung von Jammers ist überdies im einzelnen zu kritisieren: das Stück ist eine Oktave zu tief
notiert; im Cantus wurde bei den Silben *Confite-* und *-ni-* die Wiedergabe der Strichlein vergessen;
in „Takt" 8 des Duplums wurde eine Plica nicht berücksichtigt; die Anfangspause ist Zusatz des
Editors (und so wahrscheinlich es ist, daß der Organizator erst später einsetzt, so problematisch
erscheint die Mensurierung dieser Einsatzpause); die Zuordnung der Silbe *-fi-* ist ungesichert.
[26] *The Notation of Polyphonic Music 900—1600*, zitiert nach der deutschen Ausgabe, Leipzig
1962, S. 296 ff.; hierzu auch von dems., *From St. Martial to Notre Dame*, JAMS II, 1949, S. 145 ff.

Johannes de Garlandia, Franco von Köln und Anonymus 4. Es handelt sich um die „Konkordanzregel" (mit Apels Ausdruck: das „Konkordanzprinzip", nämlich *„die Bedeutung der Konsonanz und der Dissonanz als regulierendes Prinzip bei den organa dupla"*), die bei Johannes de Garlandia in bezug auf das *organum per se* (den Haltetonstil, außer den *copula*-Partien) besagt, daß Konkordanzen (Oktave und Einklang, Quinte, Quarte, gr. und kl. Terz) lang sind[27], wobei (nach Anonymus 4, Reckow, I, S. 87, 12 ff.) die *currentes „nach Möglichkeit gleichmäßig und rasch"* vorgetragen werden.

Eine modalrhythmisch orientierte Lesung der Organum-speciale-Partien wird bei konsequenter Befolgung der Konkordanzregel in vielen Fällen ausgeschlossen. Nach Apels Deutung der Konkordanzregel und seiner Aufzeichnungsart beim Übertragen würde der Anfang des Versus *Confitemini* nach W₁ etwa folgendermaßen aussehen[28]:

Beispiel 9:

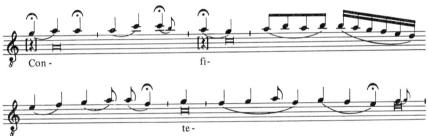

Con -   fi-

te -

Apel hat diese Art der Interpretation selbst mit aller Zurückhaltung vorgetragen, fügt jedoch hinzu: *„Lehnt man sie ab, so bleibt als letzter Ausweg nur noch, daß man auf jede rhythmische Lesung verzichtet und die Oberstimme einfach ‚gregorianisch' in gleichen (oder nahezu gleichen) Werten vorträgt"*[29]. Problematisch bleibt bei Apels Übertragungsart grundsätzlich, daß auch sie — wie alle anderen bisher besprochenen Versuche — „lange" und „kurze" Werte rhythmisch proportional fixiert. Darüber hinaus aber ist einzuwenden, daß Apel den gegenüber der vermutlichen Entstehungszeit des *Magnus liber* relativ späten Aussagen Garlandias wohl zu viel Gewicht beilegt bei der Frage nach „der" (ursprünglichen) Ausführungsweise des Organum duplum und daß er die zeitlich, so auch inhaltlich

---

[27] *„Omne id, quod accidit in aliquo [organo per se] secundum virtutem consonantiarum, dicitur longum"* (CS I, 114b; Cserba 225). Zusätzliche Regeln besagen (ebenda): *„Quidquid figuratur longum secundum organa ante pausationem vel loco consonantiae, dicitur longum ... Quidquid accipitur ante longam pausationem vel ante perfectam concordantiam, dicitur esse longum."* Zum Zusammenhang dieser Stelle vgl. die revidierte Textpartie Garlandias bei Reckow, II, S. 35.

[28] Die Edition des *Haec dies* (nach W₁) in der von A. T. Davison und W. Apel besorgten *Historical Anthology of Music*, Cambridge/Mass. 1947, ist modalrhythmisch orientiert.

[29] 1962, S. 302. — Eine rhythmisch kaum differenzierte, quasi „gregorianische" Lesung der Dupla schlägt A. Hughes vor in: *The New Oxford History of Music* II, 1954, S. 344; vgl. auch C. Parrish, *The Notation of Medieval Music*, London 1958, S. 84 f.

differierenden Aussagen Garlandias, Francos und des Anonymus 4 bedenkenlos in eins kombiniert. Im übrigen ist es auch musikalisch nicht zu akzeptieren, daß ein Zusammenklangsprinzip allein maßgebend sein soll für das melische Prinzip der Orgelpunkt-Melismen (näheres s. u.). Unorganisch in unserem Beispiel wirkt (— wenn wir diesem ästhetischen Urteil hier Raum geben dürfen —) über der Silbe -fi- der plötzliche Wechsel von Sechzehnteln zu Vierteln und über der Silbe -te- die Kürze des ersten Spitzentones der Bewegung.

*

Neuerdings hat Fr. R e c k o w in seiner Dissertation über den Anonymus 4 die Frage der rhythmischen Lesung des Organum duplum ausführlich behandelt[30]. Durch Textkritik wichtiger Theoretiker-Partien beseitigt er manche Mißverständnisse, und durch die Beurteilung der Theoretiker-Aussagen trägt er zur Klärung der Lage in bezug auf die Organum-Lehre bei. Diese ist gekennzeichnet durch die seit (und wahrscheinlich bereits einschließlich) Garlandia nachweisbare und immer ausschließlicher sich durchsetzende Tendenz zur modernisierenden Uminterpretation des ursprünglichen, Leoninischen Organum seitens der modal- und mensuralrhythmischen Mehrstimmigkeit, neben der — in einer noch nicht „historisch" denkenden Zeit — eine frühere Aufzeichnungs- und Vortragsart (wie wir heute sagen würden: „die alte Musik in ihrer Eigenart") kein Verständnis finden konnte[31]. Dies wirkt sich in stufenweiser Progression und in räumlichen und personellen Differenzen aus auf die offenbar durch Generationen anhaltende „Bearbeitung" des *Magnus liber* sowie auf die Aufzeichnungsweise, die Ausführungsart und das lehrhafte Erfassen des Organum. Dabei handelt es sich um Bezeugungen von Auffassungen, die *„einander nicht ergänzen, sondern* (innerhalb eines geschichtlichen Ablaufs) *ablösen"* (II, S. 76). Dies hat zur Folge, daß nicht nur die Theoretiker-Aussagen, sondern auch jede andere der genannten Bezeugungen gemäß ihrer historischen Position unterschiedlich zu beurteilen sind und eine Entscheidung der Rhythmusfrage auf Grund jener Bezeugungen nur eine Entscheidung im Sinne einer jener Positionen sein kann. Die Erschließung des ursprünglichen, Leoninischen Organum stellt die Aufgabe, alle späteren Schichten abzutragen, alles *„wegzufiltern"* (Reckow, II, S. 84), was im Laufe der Zeit in Komposition und Aufzeichnungsart, Vortragsweise und Lehre zum Ursprünglichen hinzugekommen ist. Im Blick auf die (nach Garlandias Terminologie) Organum per se-Partien, die im Unterschied zu den (als solche heute zwar noch nicht eindeutig zu identifizierenden) Copula-

---

[30] Bes. Teil II, S. 73 ff.

[31] Während Johannes de Garlandia für den Rhythmus der Organum per se-Partien im wesentlichen nur die Konkordanzregel nennt (Reckow, II, S. 35 ff.), liest und lehrt dann z. B. Anonymus 4 („nach 1272") das Organum purum sowohl sub specie der Konkordanzregel (ebenda, S. 30 ff.) als auch gemäß den 6 *modi regulares*, wobei er alles, was in diesen Modi nicht aufgeht, unter einen siebenten Modus *(modus permixtus)* subsumiert und versucht, die beim Organum-Vortrag „in ihren *rhythmischen Proportionen verzerrte Form des jeweiligen regulären Modus"* theoretisierend als *modus irregularis* zu erfassen (ebenda, S. 23 ff.) — Das widerspruchsvolle Nebeneinanderstehen von Moduslehre und Konkordanzregel im Traktat des Anonymus 4 erklärt Reckow (II, S. 64 ff.) als scholastisches Streben, den Schülern der Abtei Bury St. Edmund's eine „summa" der Organumlehre zu bieten.

und den Discantus-Partien eine modalrhythmische Lesung auszuschließen scheinen, bietet Reckow einen neuen Rhythmisierungsvorschlag an. Gegen eine konsequente Befolgung der Konkordanzregel macht er geltend, daß es dann Fälle geben würde, bei denen entgegen dem „melodischen Fluß" und einer „Hervorhebung" der Konkordanzen fast alle Töne lang sind (II, S. 78), und daß überhaupt das klangliche Prinzip der Konkordanzregel (bei dem melodische Längen und Kürzen klanglich motiviert sind) auf einer anderen Ebene steht als das melodische Prinzip der Melismenbildung (bei dem melodisch motivierte Haupt-, Ziel oder Gerüsttöne zu unterscheiden sind von Nebentönen: Umspielungen, Ausfüllungen, Floskeln, und bei dem es motivische Gliederungen, variierende Techniken und sequenzierende Wiederholungen gibt). Reckows Grundsatz seines Rhythmisierungsvorschlags ist die Einschränkung und in bestimmten Fällen (vor allem bei stufenweise sequenzierender Wiederholung) auch die Aufhebung der Konkordanzregel Garlandias zugunsten des musikalischen Sinns der Melismen: die in jedem Fall neu zu entscheidende musikalisch sinnvolle Kongruenz zwischen klanglicher Konkordanz, melodischem Kontext und über- oder nebengeordneter Geltung der Melismentöne.

Damit nun ist die Rhythmusfrage gekoppelt mit der bisher vernachlässigten, von Reckow nur erst andeutungsweise behandelten Frage nach der „kompositorischen Faktur". Doch es ist zu vermuten und liegt — wie auch Reckow deutlich erkennt — in den Prämissen dieser Art des Fragens beschlossen, daß die Forschung hier zwar zu weiteren Anhaltspunkten, jedoch nicht zu allgemein verbindlichen Eindeutigkeiten gelangen wird. Dies aber muß nicht notwendig den Ansatzpunkt als Irrtum erweisen, vielmehr kann ein solches „offenes" Ergebnis der Sache selbst entsprechen, nämlich dem — wie mir scheint — hier geltenden Begriff der „Komposition", bei dem vom „notator" eine Grundlinie vorgezeichnet, jedoch für den „cantor" die Ausführung nicht festgelegt ist.

Das Organum duplum ist — speziell in den Organum per se-Partien — im Grunde aufzufassen als eine einstimmige und textlose solistische Melismenkunst in den durch die Stütztöne bezeichneten Klangräumen, die für die Erfindung der Grundlinien und für deren Ausführung durch den Sänger in unterschiedlichen, immer wieder anderen Graden relevant werden. Die Konkordanzregel (falls sie in der bisherigen Interpretation richtig verstanden ist) scheint diese Relevanz in theoretisierender Absicht rational fixieren zu wollen und in der geforderten starren Anwendung dem „untheoretischen", irrationalen Grundzug dieser Kunst ebensowenig zu entsprechen wie die Versuche modal-rationaler Lesung [32]. Die verbindliche („authentische") Aufzeichnung ist dieser Art von Musik wesensfremd [33]. Und sowenig in dieser Melismenkunst ein durch eindeutige Fixierung und proportionale Werte gekennzeichneter Begriff des Rhythmus zu suchen ist, sowenig der spätere Begriff der Komposition überhaupt. Der Sänger des Duplum gestaltet (als „Solist") die vom

---

[32] Zur historischen Beurteilung von Garlandias Konkordanzregel vgl. auch Reckow, II, S. 89.

[33] Ähnlich vielleicht läßt sich noch in späterer Zeit die in den Quellen oft stark voneinander abweichende Überlieferung der Stücke des Trecento begründen. (Vgl. in vorliegendem Band den Beitrag von Marie Louise Martinez-Göllner, S. 139 und S. 141). — Über *„eine gewisse Freizügigkeit des Rhythmus"* beim Conductus schrieb J. Handschin in AMl XXIV, 1952 *(Zur Frage der Conductus-Rhythmik)*, S. 127.

Organizator vorgezeichneten Grundlinien in bezug auf die Relevanz der Klangräume, die Längen und Kürzen, das Beschleunigen und Verlangsamen, das Anfangen und Schließen, das Einsetzen, Gliedern und Pausieren ad hoc nach seinem Ermessen, frei, wie improvisierend, mitkomponierend. Die „Komposition" gibt es erst im Zusammenwirken von Notator und Cantor beim Akt der Ausführung.

Damit aber fällt die in diesem Bericht geschilderte und — wie sich zeigte — unlösbare Problematik der Organum purum-Übertragung in sich zusammen. Sie ist nicht lösbar, weil sie in dem Gegenstand selbst nicht existiert.

*

Von hier aus stellt sich die Frage der Übertragung des Organum duplum, speziell der Organum purum-Partien, aufs neue. Am Beispiel des *Haec dies* sei ein Übertragungsversuch (nach W1) zur Diskussion gestellt, der abermalige Versuch einer Umschrift-Edition (vgl. oben S. 93), der das originale Schriftbild seinem Sinn nach in eine für den heutigen Leser oder Sänger unmittelbar einleuchtende Art der Aufzeichnung transformiert („übersetzt"), unter Benutzung erfundener Notenzeichen, die keine mitgebrachte Bedeutung präjudizieren [34]. Zum Sinn der originalen Schrift, der in der Übertragung beibehalten werden muß, gehört vor allem die geschilderte Freiheit der Ausführung, das improvisatorische Moment, das Nicht-Fixierte, das erst durch den Sänger entschieden wird. Alles andere wird durch die Übertragung lediglich „umgeschrieben", interpretierend verdeutlicht und als Vorschlag angeboten.

Interpretiert wird das Original (s. Beisp. 10) im Blick auf die Klarstellung der Ton- und Silbenzuordnung. Die senkrechten Striche der Handschrift werden als Zuordnungsstriche (Haken über dem System) oder als Gliederungsstriche (Strich im System) wiedergegeben, wobei hier wie dort die Ausführung (etwa als Phrasen-, als Atmungs- oder Pausenzeichen) offenbleibt. Im übrigen benutzen wir folgende Zeichen: Akkoladenstrich; moderne, in beiden Systemen gleiche Schlüssel [35]; Punktnoten für die Wiedergabe des Duplums; hohle Longen (statt schwarzer) für die Haltetöne des Cantus, um auch hier ein für das 12. und 13. Jahrhundert „erfundenes" Zeichen einzusetzen; Wiedergabe der Ligaturenschreibung durch eckige Klammern (Ligaturen) und durch Bögen (Konjunkturen) und der Pliken durch von unten her angebundene kleine Punktnoten [36].

---

[34] Daß derartige Zeichen „*weder durch die historische Vorlage noch durch die moderne Notenschrift gegeben sind*", wie Göllner (S. 114 des vorliegenden Bandes) abwertend feststellt, wird hier positiv ausgewertet.

[35] Ich bin der Überzeugung, daß dies auch in Kreisen der Musikwissenschaft das Lesen des Bildes wesentlich erleichtert.

[36] Vgl. auch meine Übertragung im Art. *Organum* im Sachteil der 12. Auflage des *Riemann Musiklexikon* (Mainz 1967), S. 682a sowie die Beispiele bei Reckow, II, S. 78 ff. Diese Art der Übertragung wurde in Erlanger und Freiburger Seminarübungen entwickelt. — Bei Discantuspartien kann der Rhythmus durch Halbe und Viertel (perfectio = punktierte Halbe), besser aber wohl durch Viertel und Achtel (perfectio = punktiertes Viertel) wiedergegeben werden, wobei jedoch die Ausführung des Verhältnisses von Kürze und Länge offenbleibt.

Beispiel 10:

Auf der Basis dieser vom Notator bzw. Editor vorgezeichneten „Grundlinie" (Aufführungsskizze, auch Analyse-Modell) geschieht die Realisation des Organums durch den (oder
die) Cantussänger und den Duplumsolisten, die das Zusammensingen ausprobieren, ver-
abreden und üben, vor allem im Blick auf das Einsetzen und Pausieren am Anfang und
beim Wechsel des Cantustones, und die hierbei auch die vorgeschlagene Lesung der vertikalen Zuordnung der Töne ändern können, so wie es in der handschriftlichen Überlieferung
selbst einst geschehen ist [37]. In die Übertragungsskizze wird man sich weitere Ausführungs-
zeichen eintragen, vor allem in bezug auf die rhythmische Gestaltung des Duplums, wozu
als Längezeichen kleine Querstriche über der betreffenden Note vorgeschlagen seien, die
als solche keine proportionale Messung anzeigen. In die Edition aufgenommen, können
diese Längezeichen nur als Orientierungshilfe oder Interpretationsvorschläge gemeint sein
in Berücksichtigung der Melodiebildung (Motivformung, Sequenz, Korrespondenz), der
Klanggestaltung („Konkordanzregel") und der Aufzeichnungsart, besonders des hier und
dort modalrhythmischen Sinns der Ligaturenschreibung [38].

[37] In bezug auf das „*vertical alignment*" urteilt H. Tischler in dem oben (Anm. 22) genannten
Aufsatz (S. 30), daß verschiedene Lösungen bei ein und demselben Stück nicht nur überliefert,
sondern auch praktiziert wurden: „*The search for the single ‚correct' meaning often proves futile
and wrong.*"
[38] Häufig gibt es auch innerhalb der organalen Abschnitte streckenweise eindeutig modalrhythmische Aufzeichnungen (z. B. beim Anfang des *Judea et Jerusalem*, hierzu Reckow, II, S. 63), wobei

Beim Einzeichnen der Längenstriche in unser Beispiel zeigt sich nicht nur abermals die völlige Ungesichertheit einer durchgängig modalrhythmischen Lesung, sondern auch die Problematik der Konkordanzregel, sofern sie starr gehandhabt wird: Von den 25 Melismentönen der ersten beiden Töne des Cantus sind nur sieben diskordant und gerade einige von diesen können als „Pänultimadissonanz" hervorzuheben sein. Auch in dieser Anfangspartie bedeuten die eingezeichneten Längenstriche einen durchaus nicht verbindlichen Vorschlag, der die (nicht alle!) Konkordanzen und die Motivbildung zu berücksichtigen sucht. Eine rhythmische Figur (nahe am 1. Modus) und ihre Wiederholung ergibt sich unter Berücksichtigung der Konkordanzregel und der Melodiephrasen über dem 3. und 6. Cantuston (b und a), wobei jedoch der Rhythmus nicht in proportionierten Werten zu werden braucht, sondern frei, fließend, schwingend dem musikalischen Geschehen sich anpassen kann. Eine Partie, die offenbar modalrhythmisch gemeint ist (1. Modus), zeigt das Melisma über dem Ton f (' = Betonungszeichen).
Gegenüber meinem Vorschlag des Singens von Längen und Kürzen gibt es auch andere Möglichkeiten, z. B.: g' (die Septime) am Schluß des ersten Melismas könnte als Pänultimadissonanz auch einen Längenstrich bekommen, jedoch ist dieses g' bereits doppelt notiert (Doppelnotierungen können auch als e i n längerer Ton aufgefaßt werden, was durch gepünktelten Bindebogen angedeutet werden kann), und die zu häufige Wiederkehr eines ähnlichen Rhythmus wollte ich hier vermeiden zugunsten eines stärkeren Hinführens zu dem das Melisma abschließenden Klang. Die beiden initienhaften Formeln d'-c'-f' gegen Schluß der Melismen über dem 2. und 6. Cantuston (g und a) ließ ich ohne Längenstrich, weil auch sie eine Bewegung zum Schlußklang einleiten, ebenso die sieben Töne vor dem Schlußklang über dem 4. Cantuston (a). Das Melisma über dem 3. und 6. Cantuston (b und a) könnte auch als eine Art Copula nach dem 1. Modus interpretiert werden.
Man wird geneigt sein, das Eintragen der Längen- und Betonungszeichen zu kritisieren, weil hier oft keine philologische Sicherheit besteht und man es musikalisch auch anders machen kann. Doch gerade dieses philologisch nicht Faßbare und musikalisch Mehrdeutige ist wesentlich. Und so könnte eingewandt werden, daß man unter diesen Umständen auf solche Eintragungen ganz verzichten sollte. Doch so wie der Duplum-Sänger einst eine Entscheidung über den Rhythmus des Duplums traf, das erst auf Grund solcher Entscheidung musikalisch existent wurde, so auch ist der Editor gehalten (sofern er eben überhaupt die Übertragung will), eine Entscheidung als Vorschlag anzubieten, deren Möglichkeiten auf Grund von Fortschritten in philologischer Hinsicht gewiß besser noch einzugrenzen sind, als ich es in diesem Beispiel versuchte, deren Wesen aber die in einem Rahmen abzusteckende Unverbindlichkeit ist.

*

Den hier vorgetragenen Standpunkt, daß beim Organum duplum die „Komposition" erst im Zusammenwirken von Notator und Cantor, beim Akt der Ausführung, zustandekommt,

---

zu vermuten ist, daß hier entweder das Genus der Copula oder eine überarbeitete (modernisierte) Organum per se-Partie vorliegt. Andererseits muß wohl auch immer damit gerechnet werden, daß ursprünglich freirhythmische Partien später auf der Basis des ausgebildeten Modalsystems kompliziert modalrhythmisch umgeschrieben und uminterpretiert wurden.

vertritt auch Fr. Z a m i n e r in bezug auf die Organum-Stücke des Vatikanischen Traktats [39], die vielen Satzbildungen in den Organa des *Magnus liber* nahestehen (S. 88 ff.). Er betont, *„daß die Musik hier von vornherein als Einheit von Satzbildung und Vortrag aufzufassen ist"* (S. 84) und dies besonders im Blick auf den Rhythmus der Organum-Melismen: *„Der Rhythmus hat* [hier] *keine selbständige Bedeutung, sondern er ist nur als ein Teil am Gesamtphänomen wahrnehmbar. Man kann ihn nicht für sich greifbar machen, sondern nur anhand einer Aufführung aufzeigen. Es ist dabei nicht entscheidend, ob eine Stelle einmal diese und ein andermal jene rhythmische Gestalt annimmt; wichtiger ist, daß der Vortrag jedesmal musikalisch überzeugt"* (S. 101) [40].

Zaminer folgert daraus, daß eine Übertragung der alten Aufzeichnungsart in ein modernes Notenbild den Sinn der Musik notwendig verfälscht. Die Notenschrift der Organa dupla ist *„der Musik, die sie fixiert, so vollkommen adäquat wie keine andere und ist daher auch nicht durch die moderne ersetzbar"* (S. 100). Dementsprechend gibt es *„nur einen einzigen Zugang zur ursprünglichen Gestalt der Musik"*, nämlich den, daß man sich *„mit den alten Aufzeichnungen direkt musikalisch auseinandersetzt"* in der Weise, daß man sie *„unmittelbar in Musik umzusetzen versucht"* (ebenda). Zaminer entscheidet sich in seiner Dissertation für ein Editionsverfahren, das den Text in der originalen Notenschrift konstituiert, um den Notentext selbst in korrekter Form zugänglich zu machen [41]. Aus der Einsicht in die unzertrennbare Sinneinheit von Notenbild und Musik und speziell in die geschilderte Eigenart des Organum als Schrift und Erklingen scheint hier die einzig mögliche Konsequenz gezogen zu sein.

Streng genommen wäre somit die Übertragung nicht Edition, sondern spielte die Rolle der Übersetzung (oder eines Kommentars), wobei die gemeinte Musik in jedem Falle verfälscht wird [42]. Und wir hätten daher hier nicht die Geschichte der Edition des Organum duplum skizziert, sondern die seiner interpretierenden Übersetzung, genauer (und in der Tat): die seiner Verfälschung. Andererseits ist die Geschichte der Herausgabe alter Musik nicht nur zu schreiben als eine Folge von Irrtümern und Fortschritten, sondern vor allem zu verstehen als Wandel des historischen Bewußtseins im Spiegel des Begriffs von Edition (vgl. oben S. 93 f. und 95).

Heute steht der Begriff der Edition als Umschrift-Edition in der Bewußtheit der Spannung zwischen der Einsicht in die Unersetzbarkeit der originalen Niederschrift von Musik und der Reflexion über den durchaus interpretierenden Charakter jeglicher Übertragung, die

---

[39] Fr. Zaminer, *Der Vatikanische Organum-Traktat (Ottob. lat. 3025). Organum-Praxis der frühen Notre Dame-Schule und ihrer Vorstufen,* = Münchner Veröffentlichungen zur Musikgeschichte, hrsg. von Thr. G. Georgiades, Band II, Tutzing 1959.

[40] Angesichts der Verschiedenheit der modalrhythmisch orientierten Übertragungsergebnisse des *Confitemini* aus W_1 bezweifelt Zaminer sogar, daß selbst *„die rhythmisch scheinbar eindeutigen Stellen wirklich im Sinne der modalen Rhythmik zu verstehen sind"* (S. 99).

[41] Vgl. im vorliegenden Band auch die Berichte von Th. Göllner (S. 113), Marie Louise Martinez-Göllner (S. 134) und R. Bockholdt (S. 149).

[42] *„Jeder Versuch, das alte Notenbild durch ein modernes zu ersetzen, muß von der gemeinten Musik wegführen und sie somit verfälschen; denn jene Notenschrift und jene Musik bilden eine untrennbare Einheit"* (Zaminer, ebenda S. 100).

hier definiert wurde als Umschrift nicht ins moderne, sondern in ein dem heutigen Leser unmittelbar einleuchtendes Schriftbild, das sich von den fixierten Figuren und Zeichen der neuzeitlichen Notenschrift freihält, um sich dem zu übertragenden Text möglichst adäquat zu machen.

Der Schreiber dieses Berichts zweifelt nicht an Sinn und Notwendigkeit der Umschrift-Ausgaben[43] (und ob man sie noch Edition nennen soll oder nicht, ist Verabredung), und er ist der Auffassung, daß bei der wissenschaftlichen Behandlung von Fragen des Organum duplum je nach dem Blickpunkt der Fragestellung alle drei oben (S. 93) aufgeführten Grundarten der Edition Berechtigung haben. Eine vollständige Edition eines Organum duplum hätte sowohl eine photomechanische Wiedergabe der Quelle als auch eine Kon-stituierung des Textes in der originalen Notation und zudem eine interpretierende Über-tragung zu bieten, in der (als Vorschlag, als eine von mehreren oder vielen Möglichkeiten) auch eine Interpretation der Ausführungsweise durch besondere Schriftzeichen eingetragen werden kann. Ein kritischer Apparat unterrichtet über die Details der Quellen, der Text-konstituierung und der Übertragung. Auch für Varianten kann in diesem Rahmen ein Verfahren entwickelt werden. Ebensogut möglich und in vielen Fällen wohl einzig prakti-kabel ist es, das Repertoire in mehreren, verschiedenartigen Editionsbänden zur Verfügung zu haben: Faksimile-Edition — Textkonstituierende Edition — Umschrift-Edition.

---

[43] Mir persönlich geht es so, daß ich neben den Originalen auch die Umschrift-Editionen sozusagen täglich brauche, nicht nur, weil ich sehen möchte, wie ein Forscher, der sich intensiv mit einer Art von Musik beschäftigt hat, diese umschriftlich interpretiert, sondern auch, weil ich nicht fähig bin, in allen Notenschriften gleichzeitig mich so auf dem Laufenden zu halten, daß die Musik, die sie aufzeichnen, mir fürs Analyse- und Interpretationsverfahren jederzeit zugänglich ist, und weil ich dies auch nicht von anderen erwarten darf. Ich füge hinzu, daß ich selbst dort, wo ich Gelegen-heit hatte, mich lange mit einer Notationsart zu beschäftigen, im Interpretationsprozeß gleichwohl mir auch stets den Text als Umschrift klarmache.

Theodor Göllner

Frühe Mehrstimmigkeit in Choralnotation

Vor der Entstehung der modalen Rhythmik wurde mehrstimmige Musik zumeist ohne
Fixierung des Rhythmus aufgezeichnet. Die Notenschrift, deren man sich dabei bediente,
war allgemein diejenige der liturgischen Einstimmigkeit. Wie für diese so gibt es auch für
die frühe Mehrstimmigkeit schriftliche Aufzeichnungen in Form der verschiedenen Neumen-
typen, von denen bis in das 12. Jahrhundert hinein neben den linienlosen Neumen des
Winchester Tropars vor allem die aquitanischen (St. Martial) und die nordfranzösischen
Neumen (Codex Calixtinus) in Frage kommen. Auch die aus den letzteren entstandene
Quadratnotation, die einerseits das Mittel zur Fixierung modaler Rhythmen wurde,
andererseits aber die traditionelle rhythmisch unbestimmte Schrift der liturgischen Einstimmigkeit blieb, wurde noch jahrhundertelang zur Aufzeichnung einer älteren Mehrstimmigkeit verwendet. Eine ähnliche Rolle wie die Quadratnotation spielt besonders in Deutschland die sogenannte gotische Choralschrift. Auch sie dient gleichermaßen zur Aufzeichnung
von Ein- und Mehrstimmigkeit. Aufgrund der Notation kann man also von einer Mehrstimmigkeit sprechen, die außerhalb derjenigen mehrstimmigen Entwicklung steht, die mit
der Fixierung des musikalischen Rhythmus durch die modal angewandte Quadratnotation
einsetzt. Ebenso selbstverständlich wie die Tradition der liturgischen Einstimmigkeit noch
nach dem Aufkommen der Modalrhythmik anhält, bleibt auch die choralmäßig notierte
Mehrstimmigkeit weiterhin erhalten. Das Gebiet der frühen Mehrstimmigkeit in Choralnotation erstreckt sich also sowohl auf die Zeit vor als auch auf die Zeit nach dem Aufkommen der Modalnotation [1].
Die Grenzen zwischen choraler und modaler Notation sind oft nicht eindeutig erkennbar
und vielfach umstritten. Es kommt vor, daß im allgemein nicht rhythmisch fixierten
St.-Martial-Repertoire modal interpretierbare Stellen auftauchen [2]. Auf der anderen Seite
sind die zweistimmigen Notre-Dame-Organa besonders in den organalen Partien oft nur
gewaltsam modal zu deuten. Um das Gebiet der choralmäßig notierten Mehrstimmigkeit
nicht über fragwürdige Grenzen auszudehnen, möchte ich die modalen Deutungsversuche
des St.-Martial-Repertoires ebenso wie die nicht modalen Partien der Notre-Dame-Organa
hier unberücksichtigt lassen [3].

[1] Vgl. Th. Göllner, *Formen früher Mehrstimmigkeit in deutschen Handschriften des späten Mittelalters*, Münchner Veröffentlichungen zur Musikgeschichte, Bd. 6, Tutzing 1961; vgl. ferner meinen
Beitrag zum Symposium *Das Organum vor und außerhalb der Notre-Dame-Schule*, in: *Kongreßbericht der Internationalen Gesellschaft für Musikwissenschaft, Salzburg 1964*, Teil II, S. 74 ff.,
Kassel etc. 1966.
[2] Vgl. B. Stäblein, *Modale Rhythmen im Saint-Martial-Repertoire?* in: *Festschrift Friedrich Blume*,
Kassel etc. 1963, S. 340 ff.
[3] Zu letzteren vgl. im vorliegenden Band den Beitrag von H. H. Eggebrecht.

Bei der Übertragung von choralmäßig notierter Mehrstimmigkeit in moderne Notenschrift stellt sich folgendes Problem: Eine musikalische Schrift, die Ligaturen verwendet und im Hinblick auf die Tondauer unbestimmt ist, soll durch eine Notation wiedergegeben werden, die nur über Einzelnoten verfügt und unlösbar mit der Fixierung der Tondauer verbunden ist. Es gibt in der konventionellen Notenschrift kein außerhalb des Systems fester Notenwerte stehendes Zeichen. Dieser Umstand fördert das Bestreben, bei der Übertragung von rhythmisch nicht fixierter Musik einen hypothetischen Rhythmus anzuwenden, der sich unschwer durch moderne Zeichen wiedergeben läßt. Beruft man sich aber auf die Tatsache der ursprünglichen rhythmisch unbestimmten Fixierung und will somit eine Wiedergabe durch moderne Notenwerte vermeiden, so gebraucht man heute gerne künstliche Notenformen, die weder durch die historische Vorlage noch durch die moderne Notenschrift gegeben sind: Eine Viertelnote ohne Hals soll die rhythmisch unbestimmte Note darstellen. Eine weitere Möglichkeit zur Edition choralmäßig notierter Mehrstimmigkeit bildet weitgehende Annäherung an die originale Schrift, dadurch daß man etwa die Form der Quadratnotation beibehält oder eine andere Choralschrift in diese überträgt. In eine ähnliche Richtung zielen auch die jüngsten Versuche, die sich um eine kritische Nachzeichnung des Originals bemühen, um so den musikalischen Sinngehalt des überlieferten Noten b i l d e s zu bewahren [4].

Die Übertragungsversuche von choraliter notierter früher Mehrstimmigkeit beginnen 1774 mit M. G e r b e r t s zweibändigem Werk *De cantu et musica sacra* [5]. Die darin veröffentlichten mehrstimmigen Stücke stellen keine selbständige Edition dar, sondern sind wie auch fast alle späteren Übertragungen dieser Musik als einzelne Notenbeispiele in eine geschichtliche Abhandlung eingefügt. Den Beispielen Gerberts liegt eine Quelle zugrunde, die als *Codex San-Blasianus 400 circiter annorum* bezeichnet wird. Es handelt sich um eine Handschrift deutscher Provenienz aus dem späten 14. Jahrhundert, die sich zur Zeit Gerberts in Sankt Blasien befand und heute im British Museum, London, aufbewahrt wird [6]. Eine Handschrift aus dem Bereich der spätmittelalterlichen Organumtradition bildet also den Ausgangspunkt für neuere Übertragungen von choralmäßig notierter Mehrstimmigkeit. Die auf der Grundlage der Quadratnotation aufgezeichneten Stücke sind in der Quelle in Partituranordnung notiert. Um die in den beiden getrennten Systemen stehenden Notenzeichen miteinander zu koordinieren, hatte man in der Handschrift verbindende Gliederungsstriche durch jedes der beiden Systeme hindurchgezogen. Zur Aufzeichnung eines einzelnen ausgehaltenen Tons diente ein breiter Strich. Um einen länger liegenbleibenden Ton darzustellen, reihte man mehrere dieser Striche aneinander. Die Einheiten, die von den Gliederungsstrichen abgeteilt wurden, fielen bei syllabischen Partien mit einzelnen Wörtern, bei melismatischen Abschnitten mit einzelnen Ligaturen und Ligaturengruppen zusammen. In der Wiedergabe bei Gerbert wird zwar versucht, an der Quadrat-

---

[4] Vgl. zu diesem Fragenkomplex auch Th. Göllner, *Die mehrstimmigen liturgischen Lesungen*, Münchner Veröffentlichungen zur Musikgeschichte, Bd. 15, Tutzing 1969, Teil I, S. XI ff.
[5] *De cantu et musica sacra a prima ecclesiae aetate usque ad praesens tempus*, St. Blasien 1774, Tom. I, S. 515 f.; Tom. II, S. 109 f. u. ö.
[6] *Add. Ms. 27630*; vgl. Th. Göllner, *Formen früher Mehrstimmigkeit*, S. 15 ff.

notation und am originalen Notenbild festzuhalten, doch ergeben sich erhebliche, z. T. drucktechnisch bedingte Abweichungen, wie an einer Gegenüberstellung von Original[7] und Übertragung[8] zu sehen ist (Beispiel 1 u. 2).

Beispiel 1:

Beispiel 2:

Eine Zeile der Originalnotierung nimmt bei Gerbert mehr als zwei Zeilen in Anspruch. Die Vielzahl der Notenzeichen ist auf eine geringe Anzahl von Drucktypen reduziert. Offensichtlich verfügt Gerbert nur über zwei Grundtypen: die quadratische Note, die nach oben oder unten kaudiert werden kann, und die rhombische Note. Mit Hilfe dieser Zeichen müssen nicht nur die Einzelnoten, sondern auch die Ligaturen der Vorlage dargestellt werden. Dies führt notwendigerweise zur Auflösung und Entstellung der originalen Zeichen, wobei die Ligaturen, die in der Regel nur noch zwei quadratische Noten umfassen, als künstlich zusammengefügt erscheinen. Eigentümlich wirkt die notationsmäßige Um-

[7] London, Brit. Mus., *Add. Ms.* 27630, fol. 65; hier wiedergegeben aufgrund der kritischen Nachschrift des Stückes, in: *Kongreßbericht Salzburg 1964*, Teil II, S. 76.
[8] M. Gerbert, *De cantu* I, S. 515; vgl. auch Th. Göllner, *Formen früher Mehrstimmigkeit*, S. 37 f.

8 *

formung des Scandicus, der nicht als Folge Pes-Virga, sondern als Punctum (Rhombus)-Punctum-Virga übertragen wird. Mit der Auflösung der Ligaturen hängt auch die Normierung der Abstände zwischen den Noten und damit die Ausdehnung des Schriftbildes zusammen, wodurch die anschauliche Schreibung des liegenbleibenden Anfangstons in der Unterstimme verlorengeht. An die Stelle der ausgezogenen breiten Striche sind einzelne, von längeren Zwischenräumen unterbrochene Quadratnoten getreten. Auch die Gliederungsstriche, die im Original von verschiedener Länge sein konnten, werden jetzt einheitlich durch das ganze Liniensystem gezogen und unterscheiden sich graphisch nicht mehr von modernen Taktstrichen. Wie bei den Notenformen so zeigt sich auch in der Strichziehung die Tendenz zur Vereinheitlichung und Normierung.

Versucht die Wiedergabe durch Gerbert trotz einer weitgehenden Verfremdung das überlieferte Notenbild im Rahmen der gegebenen Möglichkeiten zu erhalten, so stellt der wenige Jahre später von Ch. B u r n e y aufgrund der Veröffentlichung Gerberts unternommene Übertragungsversuch eine entschiedene Abkehr von der Originalschrift dar[9]. Burney benutzt die allgemein gebräuchliche Notenschrift seiner Zeit und bringt somit eine rhythmische Deutung in die Übertragung hinein. Wieweit schon Gerbert den Notenzeichen einen gemessenen Wert zuerkennen wollte, läßt sich nicht mit Bestimmtheit sagen. Möglicherweise hat er die kaudierte Quadratnote als Longa, die unkaudierte als Brevis und die rhombische Note als Semibrevis aufgefaßt. Bei dieser Annahme lassen sich aber die beiden Stimmen an vielen Stellen nicht koordinieren, da die Werte der Oberstimme diejenigen der Unterstimme um ein Vielfaches übersteigen[10]. Burney dagegen schafft ein System von Takten mit wechselnder Länge, führt verkürzte Notenwerte ein und ersetzt die alten Schlüssel durch Violin- und Baßschlüssel[11] (Beispiel 3).

Beispiel 3:

Per Biscantum.

---

[9] Ch. Burney, *A General History of Music*, Vol. II, London 1782, S. 214.

[10] Vgl. z. B. den 4. Abschnitt in der Übertragung bei Gerbert: Unterstimme 3 Breven, Oberstimme 9 Breven.

[11] Ch. Burney, *A General History of Music*, Vol. II, London 1782, S. 214.

Im Gegensatz zu der noch auf dem Boden der kirchlichen Choraltradition stehenden und für einen engeren Kreis von Klerikern und Gelehrten bestimmten Veröffentlichung Gerberts wendet sich die Übertragung Burneys an ein breiteres musikinteressiertes Publikum, nämlich an die englische Gesellschaft der zweiten Hälfte des 18. Jahrhunderts. Die Noten sollen für jedermann verständlich sein. Zu diesem Zweck wird die noch dem Original verhaftete Übertragung umgedeutet und ein Bruch gegenüber der kirchlichen Notationspraxis vollzogen.

Ein neues kritischeres Verhältnis zwischen historischer Quelle und moderner Ausgabe zeigt sich in E. de C o u s s e m a k e r s 1852 erschienener *Histoire de l'harmonie* [12]. Hier taucht

Beispiel 4 (zu S. 118):

---

[12] E. de Coussemaker, *Histoire de l'harmonie au moyen âge*, Paris 1852.

erstmalig eine Faksimile-Wiedergabe auf, die durch eine Übertragung in moderne Notenschrift ergänzt wird. Zum erstenmal wird jetzt auch ein Stück aus dem mehrstimmigen
St.-Martial-Repertoire des 12. Jahrhunderts Gegenstand der Übertragung. Die zwei
Stimmen des in aquitanischen Neumen notierten *Mira lege* werden in der Handschrift
durch einen Trennungsstrich auseinandergehalten. Aus dem Original wird im Faksimile [13]
auch für jede Stimme eine einzige schlüssellose Orientierungslinie übernommen. Die
Übertragung [14] deutet diese Linie für die Oberstimme als f'-, für die Unterstimme als
f-Linie und fügt in beiden Stimmen dem Tenorschlüssel ein b-Vorzeichen hinzu, so daß das
Stück in d-moll erscheint. Obwohl die aquitanischen Neumen keinen Aufschluß über den
Rhythmus erlauben, wird in der modernen Notation ein ³/₂-Takt eingeführt und der Versrhythmus (fallende Acht- und Siebensilbler) als musikalischer Dreierrhythmus wiedergegeben (Beispiel 4, S. 117, u. 5).

Beispiel 5:

22. — MIRA LEGE.
(*Voir* le fac-similé, planche XXIII, n° 2.)

Mi - ra   le - ge,   mi - ro   mo - do,   De - us   for - mat   ho - mi -
Mi - ra   le - ge,   mi'- ro   mo - do,   De - us   for - mat   ho - mi -

- nem.   Mi - re   ma - gis   hunc re - for - mat;   vi - de   mi - rum   or - di -
- nem,   Mi - re   ma - gis   hunc re - for - mat;   vi - de   mi - rum   or - di -

- nem.   —   —   —   —   —   —   —   —   Re - for -
- nem.   —   —   —   —   —   —   —   —   Re - for -

Ein anderes Stück, die zweistimmige Sequenz *Verbum bonum et suave* aus der etwas
späteren Handschrift Douai 124, teilt Coussemaker mit denselben Schlüsseln und ebenfalls
im ³/₂-Takt mit [15]. Die Rhythmisierung der Übertragung richtet sich hier aber nicht nach
dem Versmaß, das wiederum auf fallenden Acht- und Siebensilblern beruht, sondern nimmt
für jede Silbe die Dauer eines Taktes an. Der Grund hierfür wird wohl in der gleich-

[13] *Histoire de l'harmonie*, Pl. XXIII, 2.
[14] Ebenda, Traduction des Fac-similés, S. XXI, Nr. 22.
[15] *Histoire de l'harmonie*, S. XXII, Nr. 23.

förmigen Schreibung von einzelnen Metzer Neumen liegen, die von Coussemaker im Faksimile[16] mitgeteilt werden. Abgesehen von einigen Durchgangsnoten besteht die Übertragung aus einer Folge gleichlanger, durch Taktstriche isolierter Klänge. Das Faksimile zeigt eine Vorlage mit einem viellinigen System, das durch f- und c′-Schlüssel in verschiedene Komplexe von je vier Linien aufgespalten ist. Nur die zwei unteren von insgesamt drei Komplexen sind benutzt, so daß möglicherweise eine dritte Stimme geplant war (Beispiel 6 u. 7).

Beispiel 6:

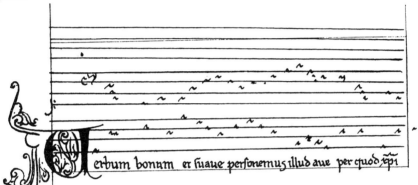

Beispiel 7:

[16] *Histoire de l'harmonie*, Pl. XXIV.

Die beiden Beispiele Coussemakers *Mira lege* und *Verbum bonum* werden 1901 von H. E.
W o o l d r i d g e in die *Oxford History of Music*[17] aufgenommen. Die schon bei Burney
festgestellte Tendenz zu einer leicht verständlichen, breite Schichten ansprechenden
Editionspraxis zeigt sich auch hier durch Verwendung moderner Schlüssel. Beide Stimmen
erhalten den in England üblichen doppelten (oktavierenden) Violinschlüssel. Die Takte
Coussemakers, die nach Auffassung von Wooldridge offensichtlich zu wenige Noten enthalten, verschwinden aus dem Notenbild. Übernommen werden lediglich die Notenwerte
(Ganze, Halbe), die in *Mira lege* nur an den Verszäsuren durch einen kleinen Vertikal-
strich eine Gliederung erhalten. Gegenüber dem wissenschaftlich korrekt anmutenden
Notenbild Coussemakers wirkt die Edition von Wooldridge einfacher und unmittelbar
verständlich, obwohl sie auf eine der modernen Notenschrift eigene Takteinteilung verzichtet (Beispiel 8).

Beispiel 8:

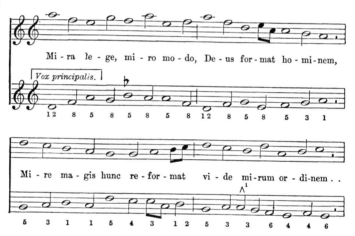

Eine eigentümliche Ausgabe, die einerseits dem modernen Notenbild verpflichtet ist,
andererseits doch Merkmale der Originalnotation erkennen läßt, liegt in den Übertragungen im Anhang einiger Bände der *Analecta hymnica* vor. Die mehrstimmigen Sätze,
die G. M. D r e v e s 1886 im ersten Band aus böhmischen Handschriften des späten
Mittelalters veröffentlicht[18], weisen neben modernen Schlüsseln als gebräuchliche Notenwerte wiederum Ganze und Halbe auf. Darüber hinaus kommt es zu einer Zusammen-
ziehung von mehreren Halben mittels eines Balkens, zu einer Notenverbindung also, die
in der modernen Schrift nicht üblich ist. Offensichtlich hat die Ligaturschreibung des
Originals den Anstoß zu dieser Neubildung gegeben. In rhythmischer Hinsicht hält sich

---

[17] Vol. I, Oxford 1901, S. 95 f. bzw. 107 ff.
[18] *Cantiones Bohemicae. Leiche, Lieder und Rufe des 13., 14. und 15. Jahrhunderts*, Leipzig 1886,
S. 197 ff.

Dreves bei einfachen Versvertonungen an das sprachliche Versmaß, das er in einem steigenden oder fallenden Dreierrhythmus ohne Takteinteilung, also ähnlich wie Wooldridge, wiedergibt. Die mit Balken verbundenen Halben unterscheiden sich in ihrem metrischen Wert nicht von den normalen Halben[19] (Beispiel 9).

Beispiel 9:

Mehrstimmige Stücke aus dem Codex Calixtinus werden erstmalig 1894, und zwar im 17. Band der *Analecta hymnica*, von Dreves veröffentlicht. Bei den melismenreichen Abschnitten kommt es zu Gruppen von drei bis sieben verbundenen Halben, wobei manchmal zwei Ligaturen zu einer Gruppe zusammengefaßt werden. Das mit zwei verschiedenen Zusatzstimmen versehene *Congaudeant catholici* wird hier dreistimmig aufgefaßt und in einer Partitur von drei Systemen wiedergegeben. Demgegenüber verwendet das Original zwei Systeme, wobei die zweite, einfachere Zusatzstimme nachträglich in das untere System hineingeschrieben wurde, also wohl als Alternative zur ersten im oberen System notierten Zusatzstimme zu verstehen ist. Die Gliederungsstriche, die in der Vorlage durch beide Systeme gezogen werden, bleiben in der Übertragung an die einzelnen Systeme gebunden. Sie folgen außerdem nicht konsequent der originalen Gliederung[20] (Beispiel 10).
Als weitere mehrstimmige Sätze des Codex Calixtinus veröffentlicht Dreves die zweistimmigen Conductus *Jacobe sancte* (Nr. VII), *Nostra phalanx* (Nr. XII) und *Gratulantes celebremus* (Nr. XIV), die nach denselben Prinzipien wie die angeführten Beispiele behandelt werden.
Hatte Gerbert zum erstenmal die spätmittelalterliche Organumüberlieferung berücksichtigt und Coussemaker die französischen Quellen des 12. Jahrhunderts (St. Martial) aus unmittelbarer Anschauung heraus ediert, so gebührt Dreves dieses Verdienst im Hinblick auf den

---

[19] *Anal. hymn.* I, S. 197, Nr. XXI.
[20] *Anal. hymn.* XVII, S. 230 f., Nr. XIII.

Beispiel 10:

Magister Albertus Parisiensis.

Con - gau - de - ant ca-tho - li - ci, Laeten-tur ci-

ves coe - li - - - ci Di - - e is - - -

- - - - - - - - - ta.

Codex Calixtinus des 12. Jahrhunderts. Durch die edierten Beispiele wurde auf neue, bis dahin unbekannte Quellen hingewiesen. Eine andere Gruppe von Historikern, wie etwa Burney und später Wooldridge, übernimmt diese Beispiele ohne erneute Einsicht in die Quellen, aber mit Veränderungen, die meist unter dem Aspekt der leichteren Verständlichkeit vorgenommen werden. Die fehlende Kenntnis der Quelle geht hier Hand in Hand mit einer popularisierenden Absicht, einer Anpassung an moderne Gepflogenheiten und somit an das gebräuchliche Notenbild. Am weitesten in dieser Richtung geht Hugo R i e m a n n 1905 im *Handbuch der Musikgeschichte*[21]. Bei ihm finden sich viele Beispiele aus den älteren Musikgeschichten wieder. Von den Übertragungen Gerberts aus dem sog. Codex San Blasianus[22] übernimmt er den zweistimmigen Responsoriumstropus *Quem ethera et terra*[23], aus Coussemakers *Histoire de l'harmonie* die Sequenz *Verbum bonum*[24], aus Dreves' Calixtinus-Beispielen (Anal. hymn. XVII) die Sätze *Jacobe sancte, Nostra phalanx* und *Gratulantes celebremus*[25]. Aus der 1897 veröffentlichten Faksimileausgabe von Wooldridges *Early English Harmony* überträgt Riemann die zweistimmige Sequenz *Amor patris et filii*[26]. Nur in diesem Falle und bei *Verbum bonum* aus Coussemakers *Histoire de l'harmonie* kann sich Riemann auf ein Faksimile des Originals stützen.

Beispiel 11 (zu S. 124):

[21] Band I, 2. Teil, Leipzig 1905, S. 147 ff.
[22] Siehe oben, Anm. 6.
[23] *Hb. d. Mg.* I, 2, S. 147.
[24] Ebenda, S. 148.
[25] Ebenda, S. 149 ff.
[26] Ebenda, S. 148.

Sämtliche Beispiele überträgt Riemann unter Vereinheitlichung der Schlüssel mit rhythmisch fixierten Notenwerten im modernen ⁴/₄-Takt. Damit wird die seit Coussemaker gebräuchliche Übertragung in längeren Werten (Ganze, Halbe) aufgegeben und auch in der Folgezeit nicht mehr angewandt. Als typisches Beispiel der Editionspraxis Riemanns sei das von Gerbert übernommene *Quem ethera et terra* hier angeführt. Der Anfangsklang wird bei Riemann zum Viertelauftakt, und die originalen Gliederungsstriche werden als uneinheitlich gezogene und somit zu korrigierende Taktstriche aufgefaßt[27] (Beispiel 11, S. 123, und 12).

Beispiel 12:

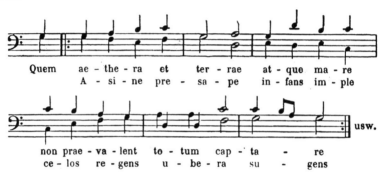

Zu dem Bestreben, die Musik in einer leicht verständlichen Form zu edieren, kommt bei Riemann der Anspruch auf die Allgemeingültigkeit des auftaktigen ⁴/₄-Taktes hinzu. Dieser Theorie muß sich jedes musikalische Gebilde fügen, wobei gewaltsame Eingriffe in den aus älteren Übertragungen oder Faksimileausgaben übernommenen Notentext unvermeidlich sind.
Wieder aus unmittelbarer Quellenkenntnis heraus sind die Übertragungen F. L u d w i g s entstanden. Dem Beispiel aus der Handschrift Engelberg 314 (datiert 1372), das 1908 im Kirchenmusikalischen Jahrbuch[28] veröffentlicht wurde, legt Ludwig die Betonungsordnung der Vagantenzeile als Rhythmus zugrunde, überträgt diesen in einen ⁶/₄-Takt, übernimmt die originalen c-Schlüssel auf der vierten Linie und führt für beide Stimmen ein generelles b-Vorzeichen ein (Beispiel 13, s. S. 125).
An einer rhythmischen Deutung der originalen Schrift hält Ludwig auch bei seinen späteren Übertragungen im *Handbuch der Musikgeschichte* von G. Adler fest[29]. Die melismatischen Stücke des St.-Martial-Repertoires und des Codex Calixtinus werden in kurzen Werten (Achtel, Sechzehntel, Zweiunddreißigstel) wiedergegeben, wobei auch bei rhythmischen Texten jede Silbe die gleiche Dauer, nämlich eine Viertelnote, einnehmen kann. Offenbar

---

[27] M. Gerbert, *De cantu* II, S. 109; H. Riemann, *Hb. d. Mg.* I, 2, S. 147; vgl. auch Th. Göllner, *Formen früher Mehrstimmigkeit*, S. 39.
[28] *Die mehrstimmigen Werke der Handschrift Engelberg 314*, in: KmJb, Jg. 21, S. 50.
[29] Wien 1924, 2. Aufl. 1930, Bd. I, S. 179 ff.

Beispiel 13:

De ce - lo pro . ho - mi - ne pro - di - it mes - sy - as,
Er - go tu pro - gre - de - re,   le - ctor prophe - ti - e,

quem pre-di - xit carmi - ne   va - tes Y - sa - y - as.
iu - be be - ne - di - ce - re   in lau-dem Ma - ri - e.

Beispiel 14 (zu S. 126):

III

Con - gau - de - ant ca -

tho - li - ci, le - ten - tur ci - ves ce - li - ci di - e i - -

sta.

im Interesse einer breiteren Leserschicht bedient sich Ludwig hier moderner Schlüssel
und führt eine wechselnde Taktgliederung mit punktierter Linierung durch, wie in dem
erstmalig von Dreves[30] publizierten *Congaudeant catholici* aus dem Codex Calixtinus [31]
(Beispiel 14, S. 125).
Ähnlich wie Ludwig überträgt J. H a n d s c h i n die syllabischen Vertonungen eines
rhythmischen Textes in fixierte gemessene Werte, so daß etwa die Vagantenzeile auch
bei ihm mit Hilfe eines ⁶/₄-Taktes wiedergegeben wird[32]. Bei nichtrhythmischen Texten,
also dort, wo die originale Aufzeichnung keinen Anhaltspunkt für eine rhythmische Deutung bietet, führt Handschin rhythmisch unbestimmte schwarze Notenköpfe ein. Hier also
begegnen wir zum ersten Male jenen halslosen Viertelnoten, die in der Folgezeit bei
wissenschaftlichen Übertragungen von choralmäßig notierter Mehrstimmigkeit häufig anzu-
treffen sind. Der Herausgeber gibt damit lediglich die rhythmische Unbestimmtheit der
Originalschrift zu erkennen, indem er die Ligaturen durch Bindebögen andeutet, ohne sich
mit einer eigenen rhythmischen Deutung zu identifizieren. Da die moderne Notenschrift
kein rhythmisch unbestimmtes Zeichen besitzt, andererseits aber die originale Schrift als
überholt und somit für eine moderne Ausgabe unbrauchbar angesehen wird, muß ein neues
Notenzeichen geschaffen werden. Eine weitere Eigentümlichkeit der Übertragung Handschins ist der doppelte (oktavierende) Violinschlüssel, der sich vorher nur in der englischen
Editionspraxis bei Wooldridge findet[33]. Dieses Verfahren zeigt z. B. die Wiedergabe der
dreistimmigen Weihnachtslektion *Primo tempore* aus der Handschrift Engelberg 314[34]
(Beispiel 15, S. 127).
Einen entscheidenden Bruch gegenüber sämtlichen seit Burney unternommenen Übertragungsversuchen stellt die 1931 erschienene Ausgabe des Codex Calixtinus von P. W a g n e r
dar[35]. Hier wird nicht nur ein vollständiges Handschriftenrepertoire zum erstenmal
zusammenhängend ediert, sondern die Übertragung selbst geschieht auf der Grundlage
einer historischen Notenschrift, nämlich der Quadratnotation. Wie die einstimmigen Stücke
dieser Handschrift, so werden jetzt auch die mehrstimmigen Sätze in dieser Schrift wiedergegeben. Damit wird an die restaurative liturgische Editionspraxis angeknüpft, wie sie seit
der *Editio Vaticana* von 1908 für den einstimmigen Choral verbindlich wurde. Zum erstenmal seit den Beispielen Gerberts[36], die noch aus unmittelbarer kirchlicher Tradition den
originalen Charakter der Notierung zu bewahren versucht hatten, wird jetzt wieder auf
eine ältere Notenschrift zurückgegriffen, und zwar diesmal von einem bewußt historischen

---

[30] Siehe oben, Beispiel 10.
[31] G. Adler, *Hb. d. Mg.*, 2. Aufl. 1930, Bd. I, S. 182.
[32] J. Handschin, *Angelomontana polyphonica*, in: SJbfMw III, 1928, Notenbeilage Nr. 11, u. ö.;
über weitere Übertragungen Handschins in dieser Art vgl. B. Stäblein, in: *Festschrift Fr. Blume*,
S. 341, Anm. 13.
[33] Siehe oben, Beispiel 8.
[34] *Angelomontana polyphonica*, in: SJbfMw III, 1928, Notenbeilage Nr. 8.
[35] *Die Gesänge der Jakobsliturgie zu Santiago de Compostela aus dem sog. Codex Calixtinus*,
Freiburg (Schweiz) 1931. Nach denselben Prinzipien ist auch die Ausgabe des Codex Calixtinus von
G. Prado (Santiago de Compostela 1944) angelegt, allerdings unter Hinzufügung des Faksimiles.
[36] Siehe oben, Beispiel 2.

Beispiel 15:

Eng1. octava quinta quarta

Ju _ be, do _ mi _ ne, be _ ne _ di _ ce _ re.

Primo tempore alleviata est terra Za_ bu _ lon
Et in novissimo aggravata est vi _ a ma _ ris
Populus gentium, qui ambulabat in te_ne_bris,
Habitantibus in regione um_ brae mor _ tis,
Multiplicas_ ti gen_tem,
Haec dicit domi_ nus de _ us:

et terra Nephta_ lim,
trans Jordanem Galileae genti _ um.
vidit lucem mag_ nam;
lux orta est e_ is;
magnificasti laetiti_ am
convertimini ad me et salvi eri _ tis.

Ansatz aus. Den modernen Übertragungsprinzipien stellt P. Wagner die Erhaltung der mittelalterlichen Aufzeichnung als die wesentliche editorische Aufgabe entgegen.

Die zur Norm erhobene Quadratnotation vermag im allgemeinen die nordfranzösische Choralschrift des Codex Calixtinus adäquat wiederzugeben. Als größere Abweichung von der Originalnotierung fällt etwa die dreisystemige Partiturform des *Congaudeant catholici* [37] gegenüber der zweisystemigen in der Handschrift auf, eine Umdeutung, die schon in der ersten Ausgabe dieses Stückes bei Dreves [38], nicht dagegen von Ludwig [39] vorgenommen wurde. Auch aus der Wiedergabe Wagners ist die wirkliche Funktion der dritten nachträglich notierten Stimme nicht ersichtlich, obwohl sie der Herausgeber im Nachwort eindeutig als Alternative zur ersten Oberstimme verstanden haben will [40] (Beispiel 16).

Beispiel 16:

Die Grundsätze P. Wagners fanden in der Folgezeit nur wenig Beachtung. Sie wurden allerdings ein Jahr später noch einmal von R. von F i c k e r bei den Beispielen aus dem Vatikanischen Organumtraktat angewandt [41]. Das zweistimmige *Cunctipotens genitor*, das auch v. Ficker aus dem Codex Calixtinus direkt überträgt, steht in fünflinigen Systemen; die Schlüsselsetzung wird geringfügig verändert, und die bei Wagner fehlenden kleinen Silbenstriche, die auch die klanglichen Zusammenhänge besser erkennen lassen, werden aus der Handschrift übernommen. Darüber hinaus fügt v. Ficker Accidentien dort hinzu, wo es ihm der Zusammenklang oder die Melodieführung erforderlich zu machen scheinen [42] (Beispiel 17 u. 18).

Beispiel 17:

---

[37] *Die Gesänge der Jakobusliturgie*, S. 112.
[38] Siehe oben, Beispiel 10.
[39] Siehe oben, Beispiel 14.
[40] *Die Gesänge der Jakobusliturgie*, S. 166.
[41] *Der Organumtraktat der Vatikanischen Bibliothek* (Ottob. 3025), in: KmJb 27, 1932, S. 65 ff.
[42] P. Wagner, *Die Gesänge der Jakobusliturgie*, S. 123; R. v. Ficker, KmJb 27, S. 73.

Beispiel 18:

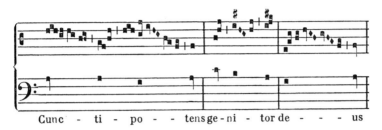

Cunc - ti - po - - tens ge - ni - tor de - - - us

Die Beispiele H. B e s s e l e r s im *Handbuch der Musikwissenschaft*[43], das etwa gleichzeitig mit der Publikation P. Wagners erschien, unterscheiden sich nicht wesentlich von den Übertragungen Handschins, da sie lediglich das halslose Viertel durch das Punctum der Quadratnotation ersetzen, wobei die Ligaturen wiederum durch Bindebögen angedeutet werden. Andere Herausgeber ziehen normale Viertel[44] oder Halbe[45] vor, ohne diesen Zeichen rhythmische Bedeutung beizumessen. In jüngster Zeit hat sich dagegen das halslose Viertel allgemein durchgesetzt[46].

Gegenüber dieser zurückhaltenden und einen Sachverhalt eher negativ umschreibenden Einstellung (die Originalschrift ist nicht rhythmisch) stellen die jüngsten Übertragungsversuche von W. K r ü g e r eine bewußte Abkehr dar. Krüger geht es weder um das originale Notenbild noch um dessen neutralisierende Umschreibung, sondern um die Erfassung einer vermeintlich authentischen Klanggestalt. Die Kluft zwischen der Aufzeichnung und der wirklichen Musik soll durch die Übertragung geschlossen werden. Das Ergebnis ist eine auf Hypothesen beruhende Edition, die trotz aller Neuerungsvorschläge am meisten Ähnlichkeit mit der als überwunden geltenden, unter den Voraussetzungen ihrer Zeit aber verständlichen Haltung Riemanns aufweist. Auch Riemann ging unbekümmert mit der

[43] *Die Musik des Mittelalters und der Renaissance*, Potsdam 1931, S. 96 ff.
[44] O. Ursprung, *Die Katholische Kirchenmusik*, Potsdam 1931, S. 141.
[45] J. Wolf, *Eine Quelle zur mehrstimmigen kirchlichen Praxis des 14. bis 15. Jahrhunderts*, in: *Festschrift Peter Wagner*, Leipzig 1926, S. 226 ff.
[46] Vgl. z. B. A. Geering, *Die Organa und mehrstimmigen Conductus in den Handschriften des deutschen Sprachgebietes vom 13. bis 16. Jahrhundert*, Bern 1952, Notenbeilagen S. 84 ff.; B. Stäblein, Art. *Saint Martial*, in: MGG XI, Sp. 1264 (Notenbeispiele). Die linienlosen Neumen des Winchester Tropars werden neuerdings als Nachzeichnung der Übertragung in schwarzen Notenköpfen hinzugefügt, vgl. E. Jammers, *Anfänge der abendländischen Musik*, Strasbourg 1955, S. 17 ff.; A. Holschneider, *Die Organa von Winchester*, Hildesheim 1968. Die mehrstimmigen Stücke aus den St.-Martial-Handschriften und dem Codex Calixtinus werden dagegen noch oft zum Gegenstand rhythmischer Übertragungsexperimente gemacht; vgl. etwa E. Jammers, *Anfänge der abendländischen Musik*, S. 27 ff.; H. Anglès, *Die Mehrstimmigkeit des Calixtinus und seine Rhythmik*, in: *Festschrift Heinrich Besseler*, Leipzig 1961, S. 95 ff.; B. Stäblein, *Modale Rhythmen im Saint-Martial-Repertoire?* in: *Festschrift Friedrich Blume*, Kassel etc. 1963, S. 340 ff. (daselbst auch Hinweise auf weitere Übertragungen).

Quelle um, um sie seiner eigenen musikalischen Theorie anzupassen. Man vergleiche daraufhin den Anfang des *Gratulantes celebremus* aus dem Codex Calixtinus in den Fassungen Riemanns[47] und Krügers[48] (Beispiel 19 u. 20).

Beispiel 19:

Beispiel 20:

[47] *Hb. d. Mg.* I, 2, S. 150.
[48] *Zum Organum des Codex Calixtinus*, in: Mf XVII, 1964. S. 230.

Einen Schritt weiter geht Krüger in einem anderen Beispiel, in dem er über die Rhythmisierung hinaus auch den möglicherweise beteiligten Aufführungsapparat und den Musziervorgang genau festzulegen versucht [49] (Beispiel 21, S. 132).
Die als unvollständig betrachtete Originalaufzeichnung soll hier durch ein perfekteres Notierungssystem ersetzt werden. Eine eindeutige Übersetzung des Originals in ein derartiges System, das die authentische historische Klanggestalt erfassen will, ist aber nicht möglich. Hier werden zwei grundverschiedene Einstellungen zur musikalischen Schrift gegeneinander ausgetauscht. Der mittelalterliche Schreiber fixiert lediglich den nach bestimmten Discantusregeln ausgeführten zweistimmigen Vorgang. Dies allein ist der als wesentlich angesehene und somit notierbare Kern des musikalischen Vortrags. Fragen der vokalen oder der instrumentalen Besetzung gehören nicht auf die Ebene dieser Schrift. Krügers Übertragung geht von der modernen Notierungsgepflogenheit aus, in der der faktisch vorhandene musikalische Klang in allen seinen Einzelheiten den Rang der Schriftlichkeit erhält. Deshalb kann man in einer solchen Übertragung nur einen unverbindlichen Aufführungsvorschlag erblicken, der aber nicht die Gültigkeit der ursprünglichen Notation und ihres besonderen Sinngehalts zu erreichen vermag. Ohne die Verbindung mit der originalen Notierungsform ist eine derartige Ausgabe trotz ihres Anspruchs auf Authentizität dazu angetan, den Weg zur historischen Wirklichkeit zu erschweren. Man sollte sie nur im Zusammenhang mit der Originalaufzeichnung als einen von vielen möglichen Versuchen klanglicher Realisierung verstehen.
Die musikalische Auseinandersetzung mit der historischen Gegebenheit kann aber sehr wohl bei der ursprünglichen Niederschrift beginnen. Auch die mehr zurückhaltenden, im Rahmen anerkannter Editionsmethoden bleibenden Übertragungen entfernen sich — wenngleich in verschiedenem Grade — von dem Faktum des überlieferten Notenbildes. Bis heute haben sich die schon von Gerbert auf der einen und Burney auf der anderen Seite bezogenen Grundpositionen kaum verändert. Der möglichst engen Anlehnung an das Original (Gerbert) steht die Umwandlung in ein modernes Notenbild (Burney) gegenüber. In späterer Zeit wurden dieselben Positionen noch einmal von P. Wagner und H. Riemann in der entschiedensten Form vertreten. Zwischen diesen beiden Fronten gibt es nun zahlreiche Zwischenstufen: Die Verbindung von Faksimile und Übertragung wie bei Coussemaker; die Vermeidung jeglicher rhythmischen Deutung durch Verwendung von künstlichen Notenzeichen wie zuerst bei Dreves (Darstellung der Ligaturen durch Halbe mit Balken) und später seit Handschin (halslose Viertel). Zur Darstellung rhythmisch unbestimmter Werte kann auch die Quadratnote (Besseler) dienen oder aber es werden moderne Zeichen ohne die ihnen zukommende rhythmische Bedeutung verwendet (Wolf, Ursprung). Mit Ausnahme der Editionen Gerberts, Wagners und Fickers gehen diese Übertragungsversuche von ein und derselben Grundhaltung aus: Es gibt nur eine Notenschrift, die absolute Gültigkeit besitzt und mit der wir deshalb eine musikalische Vorstellung verbinden können. Dies ist die moderne auf Einzelnoten und Takten beruhende Notation, wie wir sie seit dem 17. Jahrhundert kennen. In diese Schrift muß daher auch die choralmäßige Vokalnotation der frühen Mehrstimmigkeit übertragen werden, obwohl hier zwei sich gegen-

---

[49] *Ad superni regis decus*, in: Mf XX, 1967, Tafel nach S. 40 (aus dem Codex Calixtinus).

9 *

Beispiel 21:

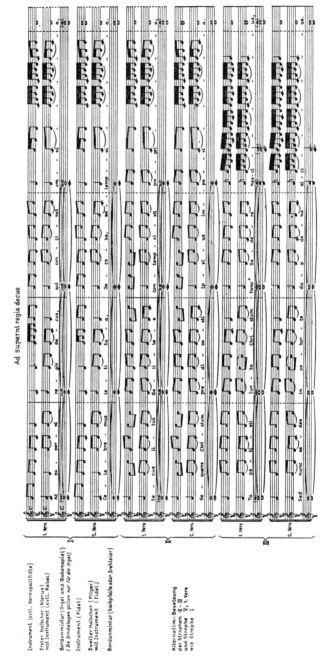

Ad superni regis decus

seitig ausschließende Notierungsformen vorliegen. Auch der Gegensatz von sogenannter wissenschaftlicher und praktischer Ausgabe bedeutet keine echte Alternative, denn er betrifft vielfach Äußerlichkeiten, wie z. B. die Verkürzung der Notenwerte, die Schlüsselwahl usw.; aber er bleibt ein Gegensatz innerhalb der als allgemeingültig anerkannten neueren Notenschrift. Die historische Schrift aber, das Notenbild einer vergangenen musikalischen Praxis, steht außerhalb dieses Gegensatzes. Die Frage nach der musikalischen Edition sollte deshalb heute nicht mehr um die Polarität wissenschaftlich-praktisch kreisen, sondern das Ganze der neueren Notenschrift mit ihrem Absolutheitsanspruch den anderen historischen Notierungsmöglichkeiten von Musik gegenüberstellen. Diese anderen Möglichkeiten haben dasselbe Recht auf Gültigkeit wie die spätere Schrift, die auch nur eine relative Größe ist und der Musik einer begrenzten, heute offensichtlich zu Ende gehenden Epoche entspricht. Von hier aus gesehen, erhalten die Ansätze Gerberts, Wagners und Fickers eine aktuelle Bedeutung, da sie auf die in jüngerer Zeit mehr und mehr erkannte Einheit von Musik und ihrer je besonderen historischen Notierungsform schon früh hingewiesen haben.

Marie Louise Martinez-Göllner

Musik des Trecento

Die erste Veröffentlichung eines Stückes aus dem Trecento stammt von F. J. F é t i s , der im Jahre 1827 den Anfang der Landini-Ballata *Non avrà pietà* in moderne Notenschrift übertrug und seiner Beschreibung der Handschrift Paris, Bibl. Nat. *it. 568* beifügte[1]. 1829 und 1834 übernahm K i e s e w e t t e r das Beispiel und vervollständigte es 1841 durch eine eigene Übertragung der zweiten Hälfte des Stückes. Auch er nahm die Pariser Handschrift zur Vorlage, ließ aber im Gegensatz zu Fétis den Text weg[2]. In dieser etwas seltsamen Form (der erste Teil textiert, der zweite nicht) fand das Stück in den folgenden Jahren weitere Verbreitung. Es war lange Zeit das einzige bekannte Beispiel für die Musik des Trecento[3]. Blieb aber im 19. Jahrhundert die Musik des Trecento fast unbekannt, so erweckte die Dichtung der Madrigale, Caccien und Ballaten das lebhafte Interesse der italienischen Philologen, die zahlreiche Texte aus den Musikhandschriften veröffentlichten[4]. So kam es auch, daß das zweite gedruckte Musikbeispiel — wiederum ist es eine Ballata von Landini, *Se pronto non serà* — im Anhang zu einem Aufsatz über italienische Gedichte erschien, und zwar wurde es im Faksimile und in der Übertragung von C o u s s e - m a k e r zusammen mit zwei Stücken aus späterer Zeit einer Textausgabe von Antonio Cappelli beigefügt[5]. Auch dieser Versuch vermochte freilich kein Interesse für die Musik zu wecken, denn wie Carducci dazu bemerkte: „*A sentire Giovanni da Prato le [die Gesänge] erano cose di paradiso: . . . se non che io dubito forte di tali miracoli, standomi a quel che un valent' uomo e di queste cose intelligentissimo mi affermo. Egli, veduta la traduzione in notazione moderna d'una ballata di Francesco Landini fatta dal sig. di Coussemaker . . .*

---

[1] *Revue Musicale* I, 1827, S. 111 f.

[2] R. G. Kiesewetter, *Die Verdienste der Niederländer um die Tonkunst*, Leipzig 1829, Beilage S. 8; ders., *Geschichte der europäisch-abendländischen oder unsrer heutigen Musik*, Leipzig 1834, Beilage S. III; ders., *Schicksale und Beschaffenheit des weltlichen Gesangs*, Leipzig 1841. In der zweiten Auflage seiner *Geschichte* von 1846 fügt Kiesewetter der „*Übersetzung in moderne Schrift*" noch das Faksimile des ganzen Stückes hinzu. Hier zeichnet er auch Akzidentien ein und macht auf parallele Quinten zwischen den Stimmen aufmerksam.

[3] Vgl. Fr. Ludwig, *Machaut Werke* 2, Sp. 27a, Anm. 2. Fétis selbst brachte seine Übertragung des ersten Teils noch einmal in seiner *Histoire Générale de la Musique*, Bd. 5, 1876, S. 312 f.

[4] Aus der Zeit vor 1900 sind besonders folgende Abhandlungen zu erwähnen: A. D'Ancona, *Studi sulla Letteratura Italiana de' primi secoli*, Ancona 1884; A. Cappelli, *Poesie musicali dei secc. XIV, XV e XVI*, Bologna 1868; G. Carducci, *Cantilene e ballate, strambotti e madrigali nei secc. XIII e XIV*, Pisa 1871; ders., *Musica e poesia nel mondo elegante ital. del sec. XIV*, in: *Studi letterari*, Livorno 1880 (wieder gedr. in *Opere* VIII, Bologna 1893, S. 299 ff.); ders., *Cacce in rima dei sec. XIV e XV*, Bologna 1896.

[5] A. Cappelli, *Poesie musicali*, 1. Beilage.

disse parergli duro a credere che i nostri padri cantassero di tal fatta musica, la quale a nessun gusto poteva o potrebbe saper buona e in nessun tempo piacere" [6]. Erst in den neunziger Jahren wurden mehrere Stücke in den Faksimiles von R. G a n d o l f i und den Übertragungen von J. W o l f, sämtlich noch in italienischen Publikationen, zugänglich gemacht[7]. Kurz nach der Jahrhundertwende wurde schließlich die Aufmerksamkeit der deutschen Musikforscher durch die beiden grundlegenden Aufsätze von Wolf und Ludwig in den Sammelbänden der Internationalen Musikgesellschaft und durch Wolfs *Geschichte der Mensural-Notation* auf die Musik des 14. Jahrhunderts gelenkt[8].

Merkmale der älteren Übertragungen (Beisp. 1) sind im allgemeinen die ungekürzten (oder höchstens auf die Hälfte reduzierten) Notenwerte, die Beibehaltung der alten Schlüssel und die Voranstellung eines Faksimiles oder zumindest einer Abschrift der alten Notenformen. Hier ist die Übertragung in erster Linie als Mittel zum Verständnis des (beigefügten) Originals und nicht als etwas Selbständiges gedacht, das an Stelle des Originals stehen soll. Diese Absicht geht aus der Übertragung Coussemakers besonders deutlich hervor. Er wählte ein Stück, das ständig zwischen Senaria (perf. u. imp.) und Quaternaria wechselt. Im Original wird dieser Wechsel durch Color angezeigt, die moderne Notenschrift kennt dagegen keine entsprechend einfache Lösung des Problems. Dadurch, daß Coussemaker die Noten stets nach dem geraden Takt ordnet, ohne die Dreiergruppen als Triolen zu kennzeichnen, wird die Wiedergabe zwar nicht durch Bindebögen und Triolenzeichen belastet, sie ist aber als moderne Notenschrift an vielen Stellen unlesbar, ja sogar fehlerhaft. Der $^4/_4$-Takt besteht abwechselnd aus vier, fünf oder sechs Vierteln. Die Übertragung kann nur mit Hilfe des vorausgehenden Faksimiles verstanden werden. Bei Wolf wird die reine Deutungsabsicht in eine pädagogische umgewandelt: Man soll sich die alte Notenschrift aneignen, um sie übertragen zu können. Die unmittelbare Abhängigkeit der Übertragung vom Faksimile ist aber für seine Beispielbände noch bestimmend; schon die gewählten Takteinheiten — $^{12}/_4$, $^3/_1$, $^6/_2$ usw. — stehen den alten italienischen Mensuren näher als den Taktzeichen der modernen Notenschrift.

Über Einzelheiten der Übertragungsmethode hatte man noch keine grundlegenden Erörterungen angestellt, sondern stets jene Form gewählt, die sich am wenigsten vom Original entfernte, auch wenn das Ergebnis der modernen Notenschrift nicht adäquat war. Der erste Forscher, der die Übertragung als ein eigenes Problem betrachtet und somit Fragen

---

[6] G. Carducci, *Musica e Poesia*, in: *Opere* VIII, S. 338 f.

[7] R. Gandolfi, *Illustrazioni di alcuni cimeli concernenti l'arte musicale in Firenze*, Firenze 1892; ders., *Di una ballata con musica del sec. XIV*, in: *La Nuova Musica* I, S. 12 (mit einer Übertragung von Wolf) sowie weitere Übertragungen von Wolf in: *La Nuova Musica* IV, S. 46 u. VI, S. 64. Veröffentlicht wurden ferner in dieser Zeit das Madrigal *Sotto l'imperio* von Jacopo da Bologna in: L. Torchi, *L'arte musicale in Italia*, Bd. I, 1897, Nr. 1, sowie einige Stücke aus dem späten 14. Jahrhundert in: J. Stainer, *Dufay and his contemporaries*, London 1898.

[8] J. Wolf, *Florenz in der Musikgeschichte des 14. Jahrhunderts*, in: SIMG 3 (1901—02), S. 599 ff.; Fr. Ludwig, *Die mehrstimmige Musik des 14. Jahrhunderts*, in: SIMG 4 (1902—03), S. 16 ff.; J. Wolf, *Geschichte der Mensural-Notation von 1250—1460*, Leipzig 1904; vgl. hier Beispiel 1.

nach der Methode stellt, ist Fr. L u d w i g. In seiner Besprechung von Wolfs *Geschichte der Mensural-Notation* kritisiert er vor allem das Notenbild der Beispiele[9]:
„*Nach meiner Auffassung ist das Notenbild in der Wolf'schen Übertragung ... ein unklares. Der musikalische Sinn der Kunst dieser Zeit verlangt durchaus die Reduzierung der Notenwerte in unserer heutigen Notenschrift, und zwar nicht bloß auf die Hälfte und Drittel, sondern auf den 4. bzw. 6. Teil ... Durch die caudae der minimae, die als Teile der semibrevis in den Codices eng nebeneinander stehen, braucht man sich nur einen oder zwei Balken gezogen zu denken, um das uns vertraute Notenbild mit Achteln und Sechzehnteln zu gewinnen. Die reichen Koloraturen der damaligen Zeit, die die kleinsten Notenformen reichlich verwenden, erscheinen dann auch in der Übertragung als das, was sie sind, lebhaftes, schnell vorüberrauschendes Figurenwerk, während sie bei Wolf so oft in halben Noten dahinschleichen ... Der in erster Linie stehende Zweck von Untersuchungen und Publikationen über die mittelalterliche Mehrstimmigkeit ist kein praktischer, sondern ein wissenschaftlicher. Und die Brauchbarkeit der Wolf'schen Übertragungen in dieser Hinsicht ist, wie jede Probe zeigt, durch die schwerfällige, das Original nur ganz entstellt wiedergebende Wolf'sche Übertragungsart überaus erschwert.*" Ludwig selbst fügt keine Beispiele hinzu, seine Vorschläge werden jedoch von den übrigen Forschern sofort übernommen, die großen Notenwerte verschwinden mit nur wenigen Ausnahmen aus den Übertragungen der Trecentomusik. Auch Wolf verwendet in seinen späteren Ausgaben stets verkleinerte Werte[10].
In den folgenden Jahren, in denen Probleme der Satztechnik (Suche nach einem Cantus firmus) und der Aufführung (vokal oder instrumental) im Vordergrund stehen, erhalten die Übertragungen der Trecentomusik immer mehr den Charakter einer freien Bearbeitung der handschriftlichen Vorlage. Sie dienen in erster Linie jeweils dem besonderen Anliegen des Übertragenden und nicht der Herausgabe der Musik. Als Beispiel möge das Madrigal *Nel mezzo a sei paon* von Johannes de Florentia betrachtet werden (Beisp. 2 u. 3). R i e m a n n[11] bringt die Oberstimme teils auf einem eigenen System, teils mit der Unterstimme zusammen auf einem System, um vokale und instrumentale Besetzung zu unterscheiden, und fügt eine herausgelöste Akkordfolge auf einem dritten System hinzu. S c h e r i n g[12] überträgt einmal nur die Oberstimme zusammen mit ihrem „*unkolorierten Melodiekern*", in einem späteren Versuch bringt er dann beide Stimmen unter Beigabe eines „*von Nebennoten entkleideten Cantus principalis*", wobei nur die Unterstimme textiert ist. In diesen Beispielen ist der Zweck der Übertragung ein anderer als bei den früheren Versuchen: Man hält die überlieferte schriftliche Fixierung für eine unzulängliche Darstellung der Musik und versucht, sie nach eigenen Vorstellungen und mit Hilfe der modernen Noten-

[9] SIMG 6 (1904—05), S. 619 f.
[10] Z. B.: *Die Rossi-Handschrift 215 der Vaticana und das Trecento-Madrigal,* in: JbP 45 (1938), S. 53 ff.; *Der Squarcialupi-Codex Pal. 87,* Lippstadt 1955.
[11] H. Riemann, *Handbuch der Musikgeschichte,* Bd. I, 2, Leipzig 1905, S. 309 ff.; vgl. Beispiel 2.
[12] A. Schering, *Das kolorierte Orgelmadrigal des Trecento,* in: SIMG 13 (1911—12), S. 193; ders., *Studien zur Musikgeschichte der Frührenaissance,* Leipzig 1914, S. 70 ff.; vgl. Beispiel 3.

schrift zu ergänzen. Auch die Textunterlegung erfolgt nach den subjektiven Gesichtspunkten des Herausgebers und nicht nach der handschriftlichen Vorlage. So versetzt Riemann z. B. jeweils die Anfangs- und Schlußsilben der Textzeilen, um eine klare Trennung in vokale und instrumentale Partien zu ermöglichen. Schering läßt die Oberstimme untextiert, da er sie für durchgehend instrumental hält. Da die handschriftliche Fassung nur bedingt als Vorlage benutzt wird, bleiben die Probleme ihrer Übertragung in die moderne Notenschrift auch weitgehend unberücksichtigt. Eine Verkürzung der Notenwerte gilt als selbstverständlich; moderne Schlüssel werden immer häufiger verwendet, auch dann, wenn die Lage für sie ausgesprochen ungünstig ist[13]. Längere Bögen verdeutlichen harmonische (Riemann) oder melodische (Schering) Zusammenhänge in der Unterstimme, die Ligaturen der alten Notenschrift werden dagegen gewöhnlich nicht angedeutet. Besonderes Interesse verdienen die wenigen veröffentlichten Übertragungen Fr. Ludwigs, wenn sie auch vereinzelte Versuche ohne Einfluß auf die spätere Praxis geblieben sind. In seinen Übertragungen der Landini-Werke *Gram piant' agl' occhi* (Beisp. 4) und *Musica son, che mi dolgo*[14] versucht er, die melodischen Zusammenhänge hervorzuheben, indem er die untextierten melodischen Kolorierungen durch markante Horizontalstriche hervorhebt. Die metrischen Einheiten deutet er dagegen lediglich durch dünne Vertikalstriche innerhalb des einzelnen Systems an. Schon die angebliche Übernahme der Ludwigschen Übertragung von *Gram piant'* in zwei verschiedenen Bänden von Bückens *Handbuch der Musikwissenschaft*[15] unterscheidet sich gerade in diesen Punkten von der ursprünglichen Fassung Ludwigs. Sowohl Haas wie auch Besseler ziehen die Taktstriche durch beide Systeme durch und verwenden entweder dünnere Horizontalstriche oder lösen diese überhaupt in kleinere Phrasierungsbögen auf.
Völlig außerhalb der bisher beschriebenen Gepflogenheiten steht die erste größere Ausgabe der Trecentomusik, nämlich die Übertragung der Werke Landinis durch Leonard E l l i n - w o o d[16] (Beisp. 5). Hatten sich bisher alle Forscher stets an *eine* handschriftliche Fassung eines Stückes gehalten, so verwendet Ellinwood Elemente aus allen ihm bekannten Fassungen, ohne seine Wahl im einzelnen immer anzugeben. Das Ergebnis ist oft ein neu zusammengesetztes Stück, das in dieser Form überhaupt nicht überliefert ist. Auch hier bildet also die einzelne Handschrift nur mittelbar die Vorlage zur Übertragung. Auffallend sind ferner die Verwendung gestrichelter Vertikallinien als Taktstriche, die Kennzeichnung der Ligaturen durch eckige Klammern und die Wiederverwendung ungekürzter Notenwerte. Da außer den Ligaturenklammern jegliche Horizontalstriche fehlen, wird

[13] Vgl. besonders Riemann, a. a. O. (Beispiel 2), der die Oberstimme teils im Violin-, teils im Baßschlüssel notiert und in beiden Fällen mehrere Hilfslinien benötigt.
[14] Fr. Ludwig, *Musik des Mittelalters in der Badischen Kunsthalle Karlsruhe*, in: ZfMw 5 (1922/23), S. 459 f.; ders., *Die geistliche nichtliturgische, weltliche einstimmige und die mehrstimmige Musik des Mittelalters*, in: Adler-Handbuch, 2. Aufl. Bd. I, Berlin 1930, S. 287 ff.
[15] R. Haas, *Aufführungspraxis der Musik*, Potsdam 1931, Beisp. Nr. 75, S. 96 f.; H. Besseler, *Die Musik des Mittelalters und der Renaissance*, Potsdam 1931, S. 160.
[16] L. Ellinwood, *The Works of F. Landini*, Cambridge (Mass.) 1939; vgl. auch ders., *F. Landini and his Music*, in: MQ 22 (1936), S. 190 ff.; vgl. hier Beispiel 5.

das Bild in auffallender Weise durch lauter Einzelnoten (Viertel, Halbe und Ganze)
bestimmt. Selbst enge Aneinanderreihung der Töne und durchbrochene Taktstriche vermögen nicht, diesen Eindruck zugunsten der melodischen Einheit zu ändern, sondern
lassen ein Bild entstehen, das weder der alten noch der neuen Notenschrift angepaßt ist.
G l e a s o n [17] übernimmt teilweise die Übertragungen von Ellinwood, versucht sie aber
den Gewohnheiten der modernen Notenschrift anzupassen, indem er Phrasierungsbögen
einfügt, die Noten weiter auseinanderschreibt und in einigen Fällen sogar die Notenwerte
kürzt. Bei den dreistimmigen Stücken fügt er noch eine auf zwei Systeme reduzierte
(Klavier-)Fassung hinzu, in der auch die Taktstriche durchgezogen sind. Vor jeder Stimme
gibt er schließlich die originalen Schlüssel und eine Note der handschriftlichen Vorlage an.
Mit Ellinwood setzt eine neue Art der Ausgabe ein, die bis heute für die Trecentomusik
bestimmend geblieben ist und die den Zweck hat, die Werke einzelner Musiker, Handschriften oder Gattungen zusammenzustellen und als Einheit zu veröffentlichen. An die
Stelle von einzelnen ausgewählten Beispielen tritt nun die „kritische Gesamtausgabe" [18].
Das heißt aber: Ein Editionsverfahren, dessen Ursprung und Rechtfertigung in der Musik
des späten 18. und 19. Jahrhunderts zu suchen ist, wird für eine gänzlich anders geartete
Musizierpraxis des Mittelalters übernommen. Damit wird nicht nur das Ziel, sondern
weitgehend auch die Methode festgelegt. Stillschweigend vorausgesetzt wird nämlich die
Existenz einer ursprünglichen oder authentischen Fassung des Stückes; die Hauptaufgabe
des Herausgebers besteht nun darin, diese Fassung aus der mehrfachen Überlieferung
herauszufinden oder wie bei Ellinwood zu rekonstruieren. Der Vollständigkeit halber
werden Abweichungen in einem kritischen Apparat, gewöhnlich getrennt vom Notenbild, festgehalten. Jetzt gilt es also, die handschriftliche Fassung durch eine selbständige
und vollwertige Übertragung für den p r a k t i s c h e n Gebrauch zu ersetzen. Dieser
Zweck hat wiederum die Anpassung an die Gepflogenheiten der modernen Notenschrift
in allen Einzelheiten zur Folge. Es ist deshalb kein Zufall, daß die Übertragungen der
letzten zwei Jahrzehnte in allen wesentlichen Merkmalen gleich sind und selbst in den
Einzelheiten nur geringfügige Unterschiede aufweisen. Baß- und (oktavierte) Violinschlüssel, moderne Taktzeichen und in regelmäßigen Abständen gezogene Taktstriche
gelten als selbstverständlich. Dem Übertragenden bleibt lediglich noch zu unterscheiden,
ob z. B. die Taktzeichen in Klammern gesetzt und die Taktstriche durch alle Systeme oder
nur innerhalb der einzelnen Systeme gezogen werden sollen. Selbst auf kurze Incipits in
Originalnotation wird in den meisten Fällen verzichtet. Am schwierigsten ist wohl die
Frage nach der Takteinheit und ihrem Verhältnis zu den Mensuren der Trecentonotation.
Hier scheint noch keine allgemein befriedigende Lösung gefunden worden zu sein, wie

---

[17] H. Gleason, *Examples of Music before 1400*, New York 1942.
[18] Außer Ellinwood, a. a. O., seien noch folgende Ausgaben erwähnt: W. Th. Marrocco, *Fourteenth-Century Italian Cacce*, Cambridge (Mass.) 1942, 2. verbesserte Ausg. 1961; ders., *The Music
of Jacopo da Bologna*, Berkeley and Los Angeles 1954; J. Wolf, *Der Squarcialupi-Codex Pal. 87*,
Lippstadt 1955; S. Clercx, *Johannes Ciconia*, Bruxelles 1960; N. Pirrotta, *The Music of Fourteenth-
Century Italy*, Amsterdam 1954 ff. (Corpus Mensurabilis Musicae 8); L. Schrade, *Polyphonic Music
of the Fourteenth Century*, Monaco 1956 ff.

die in sich widersprüchliche Feststellung Schrades zu seiner eigenen Methode zeigen mag[19]: „*The meters we have used for the transcription clearly indicate the rhythm and notation of the original; 3 x 1/4 and 2 x 1/4 are always indicative of French modus notation, but 3/4, 6/8, 2/4, 9/8 do not clarify whether the original is in French or Italian notation; this clarification, however, can be found in the Notes.*"
Als einziger selbständiger Versuch unter den Übertragungen von größeren Sammlungen der Trecentomusik darf die Ausgabe Nino P i r r o t t a s[20] gelten (Beisp. 6). Da Pirrotta gerade von den frühesten Überlieferungen der Trecentomusik ausgeht, ist er auf die starken Abweichungen unter verschiedenen Fassungen desselben Stückes aufmerksam geworden, die in dieser Zeit besonders häufig auftreten. Indem er die Möglichkeit einer gewissen Freiheit in der Ausführung der Einzelheiten einräumt, stellt er in diesen Fällen alle überlieferten Fassungen des Stückes in seiner Ausgabe nebeneinander, um einen Vergleich herzustellen. Mit Rücksicht auf die melodischen Zusammenhänge der kolorierten Oberstimmen bricht er in einem weiteren Punkt mit den Gepflogenheiten der Übertragungspraxis: Er verzichtet auf eine regelmäßige Takteinheit und zieht Taktstriche nur in größeren Abständen, die je nach der Beschaffenheit der Melodie zwei oder mehr Breviseinheiten umfassen können. Hier ist die Kritik Schrades allerdings nicht ganz ohne Berechtigung[21]: Gerade die frühe Trecentomusik beruht eindeutig auf einer regelmäßig wiederkehrenden Einheit, nämlich der Brevis, kennt aber darüber hinaus nicht einmal die Longa als Maßeinheit. Mit den Großtakten täuscht die Ausgabe Pirrottas einerseits eine Mensuraleinheit vor, die in der Vorlage nicht existiert, übergeht aber andererseits die tatsächlich vorhandene Breviseinheit. Außerdem ist er gezwungen, den Takt häufig zu wechseln, wodurch das Bild unnötig kompliziert wird[22]. Es bleibt Pirrottas Verdienst, zum ersten Male feste Gewohnheiten der Übertragungspraxis zugunsten besonderer Eigenheiten der Trecentomusik geändert und damit überhaupt auf das Problem der Übertragung dieser Musik hingewiesen zu haben.
Besonders ein Merkmal, das für alle Trecentohandschriften charakteristisch ist, wurde in den Übertragungen bisher völlig übergangen: die Beherrschung des Notenbildes durch schlanke, zierliche Noten, die in zusammengehörigen Gruppen eng aneinandergereiht sind. Alle modernen Editionen brauchen zumindest das Zweifache, häufiger sogar das Vier- bis Sechsfache an Raum, um die Noten der Handschrift wiederzugeben. Auch die Notengruppen der Melodie werden nach den Gepflogenheiten der modernen Notenschrift stets

---

[19] L. Schrade, *Polyphonic Music*, Commentary to Vol. IV, S. XIII. Vgl. auch Pirrotta, a. a. O., Bd. I, S. II.
[20] N. Pirrotta, a. a. O.
[21] L. Schrade, *Polyphonic Music*, Commentary to Vol. IV, S. XIII f. Zu Pirrottas Rechtfertigung seiner Methode s. a. a. O., Bd. I, S. II f.
[22] Auch in bezug auf Mensurwechsel stimmt die Übertragung häufig nicht mit der Vorlage überein. Es kommt sowohl vor, daß ein Taktwechsel in der Übertragung kein Vorbild in der Handschrift hat, als auch, daß ein Mensurwechsel der Handschrift in der Übertragung nicht beachtet wird (vgl. z. B. *Nel mezzo a sei paon*, Bd. I, Nr. 10, T. 22 und 36 bzw. *Nascoso el viso*, Bd. I, Nr. 9, T. 23, der in *FP* und *Sq* als Novenaria notiert ist).

in Einzelnoten aufgelöst, die in annähernd gleichen Abständen aufeinanderfolgen[23]. Daß das handschriftliche Bild in dieser Hinsicht keinesfalls rein äußerlich ist, haben Aufführungsversuche gezeigt, bei denen gerade das Auseinanderfallen der Kolorierungen in lauter Einzeltöne das Hauptproblem bildet. Hier bietet die Handschrift für die Aufführung wichtige Hinweise, die bei einer Übertragung nicht verlorengehen dürften. Ein weiteres Element der Trecentonotation, das in den Übertragungen bisher keine Beachtung gefunden hat, ist die charakteristische Verwendung des Sechsliniensystems. Dies mag eher eine Äußerlichkeit sein, es stellt aber bekanntlich eine Verbindung der Trecentomusik zu einer spezifisch italienischen Tradition her, die besonders für die Notierung der Instrumentalmusik bestimmend war[24]. Diese Verbindung läßt sich auch in der Musik feststellen, besonders in den Kolorierungen der Oberstimme; sie deutet wohl auf eine volkstümliche weltliche Praxis, die in Italien neben der kirchlichen Tradition bestand und sich von dieser deutlich unterschied[25]. Auch in diesem Fall liefert also die Notenschrift einen Hinweis auf wichtige Eigenschaften der Musik selbst.

Überblickt man die verschiedenen Übertragungen der Trecentomusik, so fallen vor allem zwei Tatsachen auf:

1. Für die Übertragung in moderne Notenschrift bestehen keine grundsätzlichen Schwierigkeiten, wie sie sich bei anderen Formen der älteren Musik ergeben. Rhythmus, Tondauer und -höhe sind im allgemeinen eindeutig fixiert, und die regelmäßig wiederkehrenden, in sich abgeschlossenen Breviseinheiten lassen sich notationsmäßig leicht in moderne Takte umwandeln. Allein das metrische Verhältnis der verschiedenen Mensuren bietet einige Probleme, da schon die alte Notation offenbar keine festen Regeln dafür kannte[26]. Auch dies läßt sich jedoch relativ leicht durch jeweilige Angabe der gemeinten Äquivalente in moderner Notenschrift lösen[27].

2. Abgesehen von dem Editionsverfahren Pirrottas ist nicht versucht worden, eine eigene Übertragungsart für die Trecentomusik zu finden. Die Ausgaben übernehmen vielmehr

---

[23] Diese Auseinanderziehung der Noten bemängelt Ludwig an Wolfs Beispielen in der Originalnotation, nicht aber an dessen Übertragungen aus der *Geschichte der Mensural-Notation* (SIMG 6, S. 607): „*Ein sehr wichtiges praktisches Mittel verschweigt Wolf freilich überall, nämlich die Gewohnheit der ganzen Zeit, rhythmisch zusammengehörige Noten auch zusammenhängend zu schreiben; und es ist ein schwerer Fehler von Wolfs Beispielen in der Originalnotation, daß das . . . nirgends geschieht. Es gibt nichts Übersichtlicheres als z. B. die koloraturreichen italienischen Madrigale in der alten Schreibung und nichts Unübersichtlicheres als deren Wiedergabe bei Wolf.*" Auch Schrade (a. a. O., S. XIII f.) weist auf die Zusammengruppierung der Breviseinheiten hin, will aber damit deren Übertragung in moderne Takte rechtfertigen (s. u. Anm. 29).

[24] Man denke z. B. an die Instrumentalstücke des Codex Faenza sowie an italienische Lauten- und Orgeltabulaturen aus dem frühen 16. Jahrhundert.

[25] Vgl. M. L. Martinez, *Die Musik des frühen Trecento*, Münchner Veröffentlichungen zur Musikgeschichte, Bd. 9, Tutzing 1963, S. 135 ff. Scherings Versuch, die Trecentostücke als primär instrumental zu deuten, ist dagegen wohl nicht gerechtfertigt.

[26] Vgl. M. L. Martinez, S. 96 ff.

[27] Pirrotta versucht, genaue Angaben zu machen ($\quad = \quad$, $\quad = \quad$. usw.), die meisten anderen Editionen lassen die Frage offen.

stets Methoden, die für andere Musik ausgearbeitet wurden. Im übrigen wird das Bestreben nach einer möglichst vollständigen Assimilation an die moderne Notenschrift immer deutlicher. Die Hauptsorge gilt deshalb gerade der Anpassung der Vorlage an die neue Schrift und nicht umgekehrt. Dabei wird aber übersehen, daß diese Schrift mit einer Musik zusammenhängt, die der Trecentomusik genau entgegengesetzt ist: der einzelnen, in sich abgeschlossenen und einmaligen Komposition. Im Trecento dagegen ist das einzelne Stück eher als Bestandteil einer allgemeinen Musizierpraxis zu verstehen, dessen Einzelheiten dem Ausführenden oft überlassen wurden und dessen besonderes Merkmal im Grunde genommen das Gedicht und nicht die Vertonung ist. Anstatt also die Musik durch die Übertragung erst zugänglich zu machen, wie so oft behauptet wird, erschwert man im Fall des Trecento gerade dadurch den Zugang zu ihr.

Es müßte vielmehr ein Schriftbild angestrebt werden, das schon äußerlich diese Musik von den Kompositionen des 19. Jahrhunderts deutlich unterscheidet. Zur Realisierung dieses Ziels könnte man etwa an folgende Möglichkeiten denken:

1. Man übernimmt jeweils die Notenschrift der Vorlage und benutzt die Mittel der modernen Notation höchstens zur Klärung einzelner Punkte, d. h. man geht genau den umgekehrten Weg wie bisher. Das Hauptproblem dieses Verfahrens, wie es sich bei meinen eigenen Versuchen in dieser Richtung (Beisp. 7) herausgestellt hat[28], liegt in der Umschrift einer in Stimmen notierten Vorlage in Partitur. Zur Verdeutlichung der vertikalen Zusammenhänge lassen sich neutrale Trennungsstriche kaum umgehen, doch verwandeln sich diese für den modernen Leser fast unvermeidlich in Taktstriche[29] und unterbrechen außerdem den melodischen Zusammenhang. Bei diesem Verfahren muß man ferner auf eine einheitliche Lösung verzichten, denn die überlieferten Handschriften enthalten verschiedene Notationsarten. Gerade das Vorhandensein solcher Unterschiede weist allerdings auf den beweglichen Charakter dieser Musizierpraxis und ist somit nicht unwesentlich.

2. Man schließt sich den Anregungen Pirrottas an und versucht, innerhalb der modernen Notation ein Bild zu finden, das den spezifischen Gegebenheiten der Trecentomusik angepaßt ist und sich von der Notierungsweise der späteren Musik deutlich abhebt.

---

[28] M. L. Martinez, *Die Musik des frühen Trecento*; vgl. hier Beispiel 7.

[29] Ich kann Schrade (a. a. O., S. XIII f.) nicht beistimmen, wenn er im Zusammenhang mit Pirrottas Übertragungsmethode schreibt: "*The argument that a melodic phrase is cut into unorganic pieces by employing frequent barlines according to brevis units is not really convincing. For after all, the barlines are no more than a visual matter, of no concern to the structure of the melody . . . Does the Italian division point not also cut the melodic phrase into groups, like any barline? The original manuscripts very often show the individual brevis groups set off, not only by division points of the notation itself, but also by spacing the groups slightly apart from each other so that each group, hence the basic rhythmic form, can be recognized, at once and easily, as a separate entity. Thus, from a visual point of view, the manner of writing in the Italian original makes the brevis groups even more obvious than the modern barline.*"

Beispiel 1: J. Wolf, *Geschichte der Mensuralnotation von 1250—1460*, Leipzig 1904, Teil III, S. 92

Madrigal (»Der weiße Pfau«) von Johannes de Florentia
(ca. 1330).

Beispiel 3: A. Schering, *Das kolorierte Orgelmadrigal des Trecento*, in: SIMG 13 (1911—12), S. 193

Joh. de Florentia (Wolf, a. a. O. № 38).

A. Schering, *Studien zur Musikgeschichte der Frührenaissance*, [Leipzig] 1914, S. 70 f.

Joh. de Florentia, *Nel mezzo a sei paon.*

Beispiel 4: Fr. Ludwig, *Musik des Mittelalters in der Badischen Kunsthalle Karlsruhe*, in: ZfMW 5 (1922/23), S. 459

C. Ballata von Francesco Landini.

Beispiel 5: L. Ellinwood, *Francesco Landini and his Music*, in: MQ 22 (1936), S. 206

I
Madrigal

S. 129; B. 11v-12r.

1. This represents the signature *octonaria* (*cf.* Wolf, *Geschichte der Mensuralnotation*, I, 28 ff.).   In these transcriptions, the bars are made solid at all places where points of division are used.   Ligatures are indicated by means of brackets.   The original uses *c* and *f* clefs in the same positions in which they appear here.

2. *Senaria perfecta.*

Beispiel 6: N. Pirrotta, *The Music of Fourteenth-Century Italy*, CMM 8, I, 1954, Nr. 9, S. 20 (von Johannes de Florentia)

N. Pirrotta, *The Music of Fourteenth-Century Italy*, CMM 8, II, 1960, Nr. 11, S. 19 (aus Codex Vatican Rossi 215)

10 *

Beispiel 7: M. L. Martinez, *Die Musik des frühen Trecento*, MVM 9, 1963, Anhang III (aus Codex Vatican Rossi 215)

Rudolf Bockholdt

Französische und niederländische Musik des 14. und 15. Jahrhunderts

Im zweiten Band seiner *Allgemeinen Geschichte der Musik* (1801) schreibt J. N. F o r - k e l : „*Von den allerältesten Praktikern, nehmlich von Wilhelm Dufay und Binchois, die nach Tinctors Nachricht den Contrapunkt zuerst in Frankreich ausgeübt haben sollen, ist nach aller Wahrscheinlichkeit keine einzige Note mehr vorhanden*" [1]. Die Kenntnisse über Dufay und spätere niederländische Komponisten bezieht Forkel, ebenso wie etwa zur gleichen Zeit H a w k i n s , B u r n e y und E. L. G e r b e r , aus musiktheoretischen Schriften: Tinctoris, Gaffurius, Glarean, Sebald Heyden. Von Ockeghem, Obrecht, Josquin und anderen nach Dufay geborenen Komponisten erscheinen auch schon die ersten Musik- beispiele (s. unten); die erste Veröffentlichung von Kompositionen Dufays dagegen erfolgt erst 1834, durch R. G. K i e s e w e t t e r in der 1. Auflage seiner *Geschichte der euro- päisch-abendländischen oder unserer heutigen Musik* [2]. (In Kiesewetters Preisschrift von 1829, *Die Verdienste der Niederlaender um die Tonkunst*, ist auch von Dufay die Rede, aber es erscheint noch keine Musik von ihm.)
Anders verläuft die Geschichte der Wiederentdeckung der französischen Musik des 14. Jahrhunderts. J. G. W a l t h e r s *Musicalisches Lexikon* von 1732 enthält schon einen — auf Sebald Heyden basierenden — kurzen Artikel über Dufay (*„ein alter Frantzösischer Musicus"*) sowie einen längeren über Ockeghem, kennt aber weder Machaut noch Philippe de Vitry. Hawkins erwähnt Machaut nicht — ebensowenig wie Dufay und Binchois —; dagegen heißt es bei ihm über Vitry: „*. . . it is expressly asserted by Morley that the minim was invented by Philippus de Vitriaco, a famous composer of motets, who must have lived long after Walter (Odington)*" [3]. Vitry ist also als Theoretiker bekannt. (Auch Burney erwähnt ihn in erster Linie als Theoretiker.) In der Tat finden sich in dieser älteren Literatur ausgedehnte Erörterungen über die Musik*theorie* des 13. und 14. Jahrhunderts, z. B. über Franco und Johannes de Muris; die Musik selbst ist unbekannt. Burney teilt mit, daß im Jahre 1746 der Abbé L e B e u f eine Handschrift mit Dichtungen und Musik Machauts beschrieben habe; ihm selber jedoch habe keine einzige Handschrift vorgelegen [4]. Forkel, der sehr ausführliche Erläuterungen der Mensuraltheorie gibt — 1784 waren Martin

---

[1] J. N. Forkel, *Allgemeine Geschichte der Musik*, Band II, Leipzig 1801 (Neudruck Graz 1967), S. 515.
[2] Für die bis etwa 1870 erschienenen Editionen vergleiche: Robert Eitner, *Verzeichniss neuer Aus- gaben alter Musikwerke aus der frühesten Zeit bis zum Jahre 1800*, Berlin 1871.
[3] J. Hawkins, *A General History of the Science and Practice of Music*, London 1776, Band II, S. 41, bzw. 3/1875, Band I, S. 184.
[4] Ch. Burney, *A General History of Music from the Earliest Ages to the Present Period*, Band II, 1782, S. 303 ff., bzw. Ausgabe von 1935, Band I, S. 614 ff.

G e r b e r t s *Scriptores ecclesiastici* ... erschienen — erwähnt Machaut nur an einer
Stelle[5]. 1802 veröffentlichte C. K a l k b r e n n e r — der Vater des bekannten Pianisten —
von Machaut eine Chanson in alter Notation nebst Übertragung sowie in alter Notation
den Anfang des Gloria der Messe[6]. Diesen Gloria-Anfang druckte dann 1831 (in der
Allgemeinen musikalischen Zeitung) und 1834 (in seiner *Geschichte* . . .) Kiesewetter
wieder ab und gab eine Übertragung. In der ersten Auflage der *Geschichte* . . . ergoß
Kiesewetter seinen Spott über Machaut — das Gloria habe er zunächst für das Werk eines
„kecken Dilettanten" gehalten[7]. Auch er glaubte noch, daß im 14. Jahrhundert in Frankreich zwar die Theorie große Fortschritte gemacht habe, in der Musik selbst jedoch nichts
Nennenswertes hervorgebracht worden sei (vgl. auch den anfangs zitierten Ausdruck
Forkels *„von den allerältesten Praktikern"*, Dufay und Binchois). Dann aber heißt es:
*„Wir werden sogleich sehen, wie zu derselben Zeit, als man in Frankreich noch déchantirte,
und ein Machaud dort für einen Compositeur galt, die musikalische Kunst in den benach-
barten Niederlanden getrieben wurde"* [8].
Kiesewetters Hypothese einer von Frankreich unabhängigen, in der 2. Hälfte des 14. Jahrhunderts entstandenen „niederländischen" Kunst wurde gestützt durch die alte, auch
von ihm noch nicht korrigierte Annahme, Dufay habe noch im 14. Jahrhundert gewirkt.
Er glaubte, der „Niederländer" Dufay sei 1380 in Rom tätig gewesen und 1432 dort
gestorben[9]. Erst 1885 hat Fr. X. H a b e r l diesen Irrtum aufgeklärt und eine Menge von
tatsächlichen Lebensdaten Dufays festgestellt[10].

*

Als Beispiel für die ältesten Übertragungen von Musik aus unserem Zeitraum wählen wir
die bei Hawkins, Burney und Forkel erscheinende, aus Glarean entnommene *Fuga in
epidiapente*[11] von Ockeghem (vgl. Notenbeispiele 1 a—e). Hawkins schreibt statt des richtigen tempus perfectum fälschlich tempus imperfectum diminutum vor (Beispiele 1 a—b),
ein Fehler, der bei Burney und Forkel beseitigt ist (1 c—d und e). Hawkins' Partitur
enthält in der ersten Ausgabe (1776) Taktstriche, die durch alle drei Notensysteme durchgezogen sind; die Neuausgabe von 1875 hat Taktstriche für jedes System einzeln. Die
Gepflogenheiten in dieser Hinsicht sind, sofern echte Taktstriche verwendet werden, bis in

---

[5] Band II, S. 447 (Wiedergabe von Äußerungen Gaffurius' über Machaut).
[6] C. Kalkbrenner, *Histoire de la musique*, 2 Bände, Straßburg 1802. Das Werk war mir nicht
zugänglich; die Angabe entnehme ich F. Ludwigs Machaut-Ausgabe, zweiter Band („Einleitung..."),
S. 6.
[7] Kiesewetter, 1. Auflage 1834, S. 40 f.
[8] Kiesewetter, 1. Auflage 1834, S. 44.
[9] Kiesewetter, 1. Auflage 1834, S. 46. In E. L. Gerbers *Neuem Tonkünstlerlexikon*, 1812—1814,
heißt es: *„Dufay (Guilelmus) einer der ältesten Graubärte unter den Kontrapunktisten, lebte zur
Zeit des Binchois, d. h. ums J. 1350."*
[10] Fr. X. Haberl, *Wilhelm Dufay*, VfMw I, 1885, S. 397 ff. sowie gesondert als *Bausteine zur
Musikgeschichte* I, 1885.
[11] Nur Forkel schreibt, richtiger, *„epidiatessaron"*. In der Auflösung setzen die Beantwortungen
aber auch nicht in der Oberquart, sondern in der Unterquint ein.

die neueste Zeit uneinheitlich. Bei Burney z. B. verhält es sich gerade umgekehrt: die Erstausgabe, 1782, hat — ebenso wie Forkel, 1801 — separate, der Neudruck von 1935 durchgezogene Taktstriche[12].
Etwas anderes in diesen alten Übertragungen dagegen ist interessanter: In den Originalausgaben von Hawkins sowohl wie Burney erscheinen die um die Hälfte ihres Wertes verlängerten Noten, auch wenn sie sich über eine Taktgrenze hinweg erstrecken, immer als punktierte, nicht als übergebundene Noten, also z. B. erscheint │ ○ ○ │ . ♩ ○ │ statt │ ○ ○ │ ♩♩ ○ │. Diese Schreibweise ist eine auch bei Komponisten des 18. Jahrhunderts manchmal noch anzutreffende Gepflogenheit; wir finden sie z. B. in Autographen von Bach und Mozart. Wie mir scheint, handelt es sich hier nicht nur um eine Angewohnheit, die schnelleres Notenschreiben erleichtern soll, sondern um den letzten Rest eines typischen Merkmals der Mensuralnotation, die ja Bindungen und Taktstriche ausschloß[13]. In der Notierungsweise von Burney und Hawkins, d. h. einer dem 18. Jahrhundert geläufigen Notierungsweise, die sich durch besonderes Einfühlungsvermögen in die alte Notenschrift gerade *nicht* auszeichnet — nicht auszeichnen kann —, ist somit noch eine Eigenart dieser alten Notenschrift selbst, als Relikt, zu erkennen[14]. In den späteren Ausgaben der beiden englischen Werke, von 1875 bzw. 1935, treten an die Stelle solcher Punktierungen über den Taktstrich hinweg überall Bindungen. Auch Forkel schreibt Bindungen; dagegen finden wir sogar im späteren 19. Jahrhundert hier und dort ebenfalls noch die Punktierung (z. B. bei Rochlitz, 1835, und bei Ambros, 1864).
In den Übertragungen — Burney nennt sie „*solution*", Forkel „*Übersetzung*" oder „*Entzifferung*" oder „*Auflösung*" — aller drei genannten Werke werden die Notenwerte nicht verkürzt. Überhaupt erfolgt in den ältesten Übertragungen von Musik nach etwa 1400 meistens keine Verkürzung; anders jedoch in den Übertragungen älterer Musik (vgl. z. B. den Sommerkanon bei Forkel, II, 490 ff.). Diese Verkürzungen aber erfolgen aus einer unreflektierten Einstellung heraus, nicht auf Grund von Überlegungen über die Tempoverhältnisse. Die folgenden Äußerungen Forkels kennzeichnen die Einstellung jener Zeit

---

[12] Mit der Frage der Mensuren und Mensurzeichen, ihrem Verhältnis zu modernen Taktarten und Taktzeichen und ihrer Wiedergabe in modernen Editionen beschäftigt sich in der vorliegenden Sammlung eingehend der Beitrag von C. Dahlhaus.

[13] Dies gilt für die in Einzelstimmen (in Chorbüchern, Stimmbüchern) notierte Musik. In den wenigen frühen Partiturnotierungen kommen stets Orientierungsstriche (nicht = Taktstriche), zuweilen auch Bindungen vor. Vgl. Th. Göllner, *Notationsfragmente aus einer Organistenwerkstatt des 15. Jahrhunderts*, AfMw 24, 1967, S. 170 ff., Abb. 2 (ein sehr frühes Beispiel von Partiturnotierung für Mensuralmusik; auf Grund der rhythmischen Struktur des Satzes — er ist von Dufay — hier keine Bindungen) sowie Edw. E. Lowinsky, *Early Scores in Manuscript*, JAMS 13, 1960, S. 126 ff., Tafelbeispiele 8, 10, 15 usw. (hier Bindungen). Vgl. die folgende Anmerkung.

[14] Hawkins hat sogar ♩♩ ♩ statt ♩ ♩│ ♩ ♩; ebenso Burney in anderen Sätzen, und ebenso noch A. W. Ambros, *Geschichte der Musik*, Band 2, 1864, Musikbeilagen (Kyrie von Faugues). Sogar in sehr frühen Partiturniederschriften kommen neben Bindungen auch Punktierungen über den Orientierungsstrich hinweg sowie die soeben gekennzeichneten, durch den Strich „halbierten" Noten vor. Vgl. Lowinsky, a. a. O., Tafelbeispiel 7 u. ö.

zur alten Notenschrift: „*Um fernere Untersuchungen über diese verwickelte Materie zu erleichtern, die genau genommen die Grundlage der Notenschrift bis spät ins siebenzehnte Jahrhundert geblieben ist, deren Kenntniß daher noch immer wenigstens nicht ganz entbehrt werden kann, wenn wir Tonstücke aus den Jahrhunderten nach Franco bis zum Anfang des achtzehnten entziffern, und ihren Werth gehörig kennen lernen wollen, mag ein Versuch die bisher gegebenen Beyspiele, nach dessen eigenen Regeln in neuere Noten zu übersetzen, vielleicht nicht undienlich seyn. Wenn eine Longa auf die andere folgt, so soll nach Franco's Regel die erste in einem Accent drey Tempora bekommen. Das gegebene Beyspiel:*

Tu   Beth – le – hem.

würde demnach in neueren Noten folgendes Ansehen und Verhältniß haben müssen:

Tu   Beth – le – hem.

Forkel geht von der Überzeugung aus, daß man es mit einer noch unvollkommenen Musik zu tun habe, die in einer ebenfalls noch unvollkommenen, unnötig komplizierten Notenschrift überliefert ist. Seine Wendung: „*die Beyspiele nach dessen* (Francos) *eigenen Regeln in neuere Noten übersetzen*" enthüllt seinen Standpunkt: die alten Regeln sind nur ein Notbehelf, ein Ersatz für diejenigen Eigenschaften, die die neuere Notenschrift von sich aus aufweist, weshalb sie solcher Regeln nicht mehr bedarf, die aber in der alten, unvollkommenen Notation noch fehlten. Um der alten Musik habhaft zu werden, ist es also lediglich nötig, die alte Notenschrift mit Hilfe der Regeln zu „entziffern" und durch die geläufige eigene zu ersetzen. „*Ist es nicht verwunderlich*", fragt Forkel einige Zeilen später, „*daß man in so einfache Dinge so viele Verwirrung gebracht hat?*" Daß in einer Regel, wie etwa derjenigen von der Dreizeitigkeit der zwischen Longen stehenden Longa und ihrer Zweizeitigkeit im Falle der Imperfizierung durch eine Brevis, ein musikalischer Sinn sich ausdrücken könnte, der in der neueren Notenschrift *verloren* gegangen ist, tritt noch nicht ins Bewußtsein. Entsprechendes gilt für andere Merkmale der Mensuralmusik, wie z. B. die Notierung in getrennten Stimmen oder das Fehlen von Taktstrichen, Merkmale, die man später als wesentlich für die Musik selbst begriff; sie werden kaum auch nur erwähnt. Wir müssen uns allerdings hüten, einen um 1800 schreibenden Musikhistoriker auf Grund solchen Fehlens von „historischem Einfühlungsvermögen" — einer Bewußtseinshaltung, deren Entstehen ja wesentlich erst dem 19. Jahrhundert angehört — zu tadeln oder zu belächeln. Denn noch weit ins 19., ja ins 20. Jahrhundert hinein — und deshalb sind diese ältesten Übertragungen exemplarisch — bleibt die Auffassung vorherrschend,

---

[15] Forkel, *Allgemeine Geschichte der Musik*, Band II, S. 400.

es gehe alter Notenschrift gegenüber lediglich um „Entzifferung", d. h. im wesentlichen: um die Feststellung der Höhe und der relativen Dauer der Einzeltöne. — Daß die Musik des 15. (und 16.) Jahrhunderts im allgemeinen in den originalen Werten übertragen wurde, hängt einmal damit zusammen, daß die Noten aus dieser Zeit sowohl in ihrer graphischen Form wie in ihrer Bedeutung der modernen Notenschrift verwandter sind als die Notenschrift der älteren Zeit. Andererseits verband man mit der Polyphonie des 15. und 16. Jahrhunderts bekanntlich gerne die Vorstellung eines besonders „getragenen" Tempos. F. R o c h l i t z sagt in seiner *Sammlung vorzüglicher Gesangstücke*[16] (1835) zum Tempo der an die Spitze gestellten beiden Sätze von Dufay („*geb. um 1360, gest. um 1440*"), die im tempus perfectum stehen, sie seien „*nicht langsamer zu nehmen als wenn sie zu unsrer Zeit im Dreivierteltakt geschrieben wären*", fährt dann aber fort: „*mit dem Zusatze: Andante sostenuto, oder besonders das zweite: Adagio, ma non troppo*".

Gerade Rochlitz aber sagt, von seinem Gefühl als Musiker geleitet, über das Tempo auch Dinge, die uns noch heute als treffend erscheinen: „*Die (nach jetziger Tonschrift) grossen Noten dürfen den Director nicht irren*", sie geben nur die relative Zeitdauer innerhalb ein und desselben Stückes an; das Tempo sei abhängig von dem „*Ausdruck der Composition*" und von Besetzungs- und Raumverhältnissen, grundsätzlich dürfe es nicht zu langsam sein. Rochlitz' umfangreiche Sammlung, die Werke aus der Zeit von Dufay bis Pergolesi enthält, ist nicht als „Beispielsammlung zur Musikgeschichte", sondern für die Praxis gedacht; ihr Zweck ist, daß das Vorgelegte „*unmittelbar praktisch — mithin, daß es g e s u n g e n werde*". Das Notenbild (alte Schlüssel, durchgezogene Taktstriche, Originalwerte) ist übersichtlich und klar, nicht unnötig weiträumig angelegt wie in manchen neueren Editionen[17]. Akzidentien, ob vom Herausgeber hinzugefügt oder nicht, erscheinen konsequenterweise immer vor — nicht über — der Note; daß sie zuweilen fehl am Platze sind, ist für das Jahr 1835 nicht verwunderlich (z. B. in Kadenzen scheinbare Terzquartakkorde, mit Tritonus und fehlender „Dominante", statt doppelten Leittons). Rochlitz bringt Vorbemerkungen zu den einzelnen Sätzen; etwas dem späteren „Revisionsbericht" Vergleichbares gibt es noch nicht.

Waren die von Hawkins, Burney, Forkel und Kiesewetter abgedruckten Stücke oder Fragmente als illustrierende Beispiele zur Musikgeschichte gedacht, so ist die Sammlung von Rochlitz eine der frühesten „praktischen Ausgaben älterer Musik"[18]. Beide Typen, die lehrhafte Illustration — die meist nicht als „Edition" im eigentlichen Sinne gelten will —

---

[16] *Sammlung vorzüglicher Gesangstücke der anerkannt-grössten . . . Meister der für Musik entscheidendsten Nationen, . . . herausgegeben von F. Rochlitz. Erster Band. Mainz, Paris und Antwerpen (1835).

[17] Vgl. Notenbeispiel 2. Der Satz ist das 1. Kyrie der Missa *Se la face ay pale*; der von Rochlitz an zweiter Stelle veröffentlichte Dufay-Satz das 1. Kyrie der *L'homme armé*-Messe.

[18] Es sei auch die von Jos. Sonnleithner, Forkel und Röllig um 1803 geplante Ausgabe erwähnt: *Geschichte der Musik in Denkmälern von der ältesten bis auf die neueste Zeit . . . , unter der Leitung der Herrn Georg Albrechtsberger, Joseph Haydn und Anton Salieri*. Sie war auf 50 Bände berechnet, kam aber infolge von Kriegsereignissen nie zustande. Ein Korrekturabzug der vernichteten Platten befand sich in Berlin, eine hs. Kopie dieses Abzugs befindet sich in Brüssel.

und die für die Praxis gedachte Ausgabe, haben sich bis in die neueste Zeit erhalten. Beispiele für den ersten Typ finden sich in den meisten Musikgeschichten sowie in den Beispielsammlungen zur Musikgeschichte (wie etwa von E i n s t e i n , S c h e r i n g , D a v i - s o n - A p e l usw.); als zum zweiten Typ gehörig sei etwa F. B l u m e s Reihe *Das Chorwerk* genannt. Während jedoch ein Herausgeber wie Rochlitz naiv eingestellt war und glaubte, die Musik in ihrer originalen Gestalt der Öffentlichkeit unmittelbar zugänglich machen zu können, beruhen die modernen praktischen Ausgaben auf Überlegungen, die das Verhältnis der neueren Musik, insbesondere der neueren Notenschrift, zur älteren betreffen. Sie wollen das „fremdartige" alte Notenbild durch ein auch dem Laien geläufiges ersetzen und gehen also von der Voraussetzung aus, daß dies möglich sei. Den Vorstellungen „Praxis" und „für den Laien" aber entsprechen „Forschung" und „für den Fachmann"; das Pendant zur neueren „praktischen" Ausgabe ist daher ein weiterer Typ: die „wissenschaftliche" Ausgabe. Diese beiden Typen können auch eine Verbindung miteinander eingehen, d. h. eine Ausgabe kann zugleich wissenschaftlichen und praktischen Bedürfnissen dienen wollen.

Aus der sehr großen Anzahl von „wissenschaftlichen" und „praktischen" Ausgaben wähle ich einige, charakteristische aus[19].

1926—1929 erschienen die ersten 3 Bände der ersten Machaut-Gesamtausgabe von F. L u d w i g (den vierten, letzten Band gab 1954 H. B e s s e l e r aus Ludwigs Nachlaß und nach Ludwigs Übertragungsprinzipien heraus; nachdem er ihn schon 1943 abgeschlossen hatte, wurde die gesamte Auflage durch Bomben vernichtet). Die Ausgabe, mit ihren philologisch erschöpfenden Kommentaren, ist eine wissenschaftliche Meisterleistung allererersten Ranges. Aus dem Notenbild in Verbindung mit den begleitenden Anmerkungen lassen sich alle erforderlichen philologischen Rückschlüsse ziehen (Rückschlüsse auf die originalen Notenwerte, die originale Schlüsselung, die cantus firmus-Quellen, die handschriftlichen Varianten, usw.); der isorhythmische Aufbau der Motetten ist durch die Anordnung und Bezifferung der Notensysteme mit einem Blick zu übersehen[20].

Die Ausgabe ist das Musterbeispiel einer streng wissenschaftlichen, minutiösen, im wesentlichen äußerst zuverlässigen Edition. Einen Eindruck vom Erscheinungsbild der originalen Notierung will sie nicht vermitteln und vermittelt sie nicht. In dieser Hinsicht zeigt sich also eine überraschende Ähnlichkeit mit den Musikbeispielen aus der Frühzeit der Editionstätigkeit (Forkel); auch der in der gewissenhaften Anwendung aller modernen kritisch-philologischen Mittel mustergültigen Ausgabe Ludwigs liegt die — unausgesprochene — Überzeugung zugrunde, die Musik Machauts sei in den Quellen in einer Notenschrift fixiert, die unvollkommen oder doch für uns ungeläufig, aber glücklicherweise *entzifferbar*,

---

[19] Zu den aufgezählten Typen von Edition könnte noch ein weiterer genannt werden: die Übertragungen in den Lehrbüchern zur Notationskunde (z. B. Bellermann, Wolf, Apel, Parrish). Da es diesen Werken jedoch in erster Linie — rechtens — um Entzifferung, nicht um Edition geht, bleiben sie hier unberücksichtigt.

[20] Vgl. Notenbeispiel 3 (Guillaume de Machaut, *Musikalische Werke*, dritter Band, *Motetten*, herausgegeben von Friedrich Ludwig, Leipzig 1929, S. 6 [110]).

und das heißt nichts anderes als durch eine uns geläufigere Notation *austauschbar* sei; die
Überzeugung somit, die Musik verhalte sich zur Notenschrift wie Sprache zur Sprachschrift.
Denn es leuchtet ein, daß der Begriff des „Entzifferns" seine volle Legitimität im Bereich
der *Sprachschrift* besitzt. (Ob der Vokal *a* durch eine Unziale, eine Minuskel, durch
irgendeine der vielen vorhandenen Drucktypen oder durch ein künstlich geschaffenes neues
Zeichen wiedergegeben wird, ist für den Sprachlaut *a* in der Tat unerheblich.)
So gut wie alle neueren Editionen spätmittelalterlicher Musik, wissenschaftliche sowohl wie
praktische, beruhen auf der — vom jeweiligen Herausgeber oft sehr wohl mit Argumenten
gestützten — Überzeugung, die originale Notenschrift lasse sich durch eine heute geläufige
genauso ersetzen wie die Schriftzeichen, etwa des der Musik in den Quellen unterlegten
Textes, durch moderne Drucktypen. Am Schluß des vorliegenden Überblicks werden einige
Überlegungen angestellt zu den sich hieraus ergebenden Fragen.
Ludwig verkürzte die Noten im Verhältnis 1:4 (zuweilen 1:8). Die neuere Machaut-
Ausgabe von L. S c h r a d e (1956) unterscheidet sich im Notenbild von Ludwigs Ausgabe
nur in Details[21]. Sie will jedoch, wie der Herausgeber im Vorwort sagt, eine wissenschaftliche und zugleich praktische Ausgabe sein. Dementsprechend erscheinen statt der originalen Schlüssel moderne Schlüssel, womit sich das Notenbild von der *alten* Praxis freilich
noch weiter entfernt als die Ausgabe Ludwigs[22].
Wie oben gesagt, werden in älteren Ausgaben von Musik besonders des 15. Jahrhunderts
die Notenwerte meistens nicht verkürzt. So z. B. die älteren Bände der DTÖ mit Musik
aus den (von Fr. X. Haberl entdeckten, 1885 in seinem Dufay-Aufsatz zuerst beschriebenen) Trienter Codices[23]. Auch hier ist das Notenbild ein ganz anderes als das originale,
da an die Stelle von Semibreven, Minimen usw. moderne ganze und halbe Noten treten,
die ja ebenso sehr von ihren „Vorfahren" verschieden sind wie Viertel- und Achtelnoten.
Auch das meist sehr weiträumig angelegte Partiturbild und die Taktstriche stehen zu
spezifischen Eigenarten der Mensuralmusik in Widerspruch. Zu diesem Typ von Edition
gehören auch die alte Obrecht-Gesamtausgabe von J. W o l f (keine Notenverkürzung),
die von A. S m i j e r s herausgegebenen Bände der neuen Obrecht-Ausgabe (Verkürzung
1:2) und die Josquin-Ausgabe von Smijers (1:2).
Einen anderen, eigenwilligen Weg geht dagegen M. v a n C r e v e l in den von ihm
herausgegebenen Lieferungen der neuen Obrecht-Ausgabe[24]. Wir sehen hier: einen langen
Abschnitt des jeweiligen Satzanfangs in der originalen Notierung in sehr schönen Drucktypen — dieser Vorspann vermittelt einen so plastischen Eindruck vom Auf und Ab der
Stimmen innerhalb des Fünfliniensystems (infolge der originalen Schlüsselung erscheinen

---

[21] *Polyphonic Music of the 14th Century*, Volume II and III: *The Works of Guillaume de
Machaut*, Monaco (1956). Vgl. Notenbeispiel 4.
[22] Das Prinzip, die originalen Schlüssel durch moderne Violin- und Baßschlüssel zu ersetzen, hat
sich heute auch in wissenschaftlichen Ausgaben fast allgemein durchgesetzt.
[23] *Denkmäler der Tonkunst in Österreich*, Jg. VII (Bd. 14/15): *Sechs Trienter Codices*, 1. Auswahl,
bearbeitet von G. Adler und O. Koller, Wien 1900 (Neudruck Graz 1959). Vgl. Notenbeispiel 5.
[24] Vgl. Notenbeispiel 6: Jacobus Obrecht, *Opera Omnia*, Vol. I (*Missae*), fasc. 6, Amsterdam 1959.
(Die älteren Bände dieser Ausgabe wurden noch nicht von van Crevel, sondern von A. Smijers
herausgegeben.)

keine Hilfslinien), daß man es bedauert, nicht den ganzen Satz in diesem Notenbild vor sich zu haben. In der Partitur selber folgen dann moderne Schlüssel, originale Notenwerte (aber moderne Formen; im tempus diminutum halbierte Werte); Taktstriche fehlen. Die Eigenart der Übertragung liegt darin, daß sie die rhythmischen Verhältnisse zu erfassen versucht: unmittelbar vor denjenigen Noten, die nach Meinung des Herausgebers den tactus tragen — welche Noten dies sind, ist jedoch musikalisch keineswegs immer eindeutig —, sind in jeder Stimme kleine Akzentzeichen gedruckt, zwischen denen die Abstände im jeweiligen Satz immer genau gleich groß sind. Der Eindruck ist der eines sichtbar gemachten Metronomtickens. Als bemerkenswert an dieser Ausgabe erscheint, daß der Herausgeber die für diese Musik so wesentliche Frage des integer valor aufgreift und versucht, die rhythmischen Schwerpunkte in der Übertragung kenntlich zu machen. Für das Musizieren, schon für das Nachvollziehen des musikalischen Ablaufs aber wirkt sich die hierdurch entstehende Starrheit des Notenbildes eher störend aus. Der im Original sich so plastisch zeigende große Bogen, das lebendige Fluktuieren des Rhythmus, die rhythmischen Stauungen und Lösungen: all dies ist in dem in starre Maßeinheiten zerlegten Partiturbild nicht mehr gegenwärtig[25].

Einen Versuch engster Anlehnung an die originale Notenschrift, der so gut wie keine Nachfolge gefunden hat, stellt der letzte Band mit Musik aus den Trienter Codices der DTÖ, herausgegeben von R. v o n F i c k e r, dar[26]. Der Herausgeber verwendet die alten Notenformen und an Stelle von Taktstrichen nur ganz unauffällige, das Notenbild nicht unnötig belastende Gliederungszeichen (zwei Punkte in der Mitte der Systeme). Die Noten sind räumlich nicht auseinandergezerrt, sondern so eng wie mit der Lesbarkeit verträglich, aneinandergerückt, damit der kontinuierliche Fluß der Einzelstimmen, wie in den Handschriften, auch in der Ausgabe optisch gewahrt bleibt. Ohne umblättern zu müssen, überblickt man große Abschnitte eines Satzes.

Ficker war der erste, der die Bedeutung des Notenbildes für die *Musik* erkannt und gesehen hat, daß das originale Notenbild eine Seite der Musik selbst darstellt, und der diese Einsicht in seine Übertragungsarbeit hat einfließen lassen (schon 1930 in seiner Ausgabe des *Sederunt principes* von Perotin). Vom Standpunkt des heutigen Betrachters aus zeigt sich allerdings folgendes: in Fickers Edition von 1933 wird zwar das originale Noten*bild* nachgezeichnet. Aber inkonsequenterweise verkürzt Ficker dennoch die Notenwerte. So wird der Fauxbourdon-Anfang der Dufay-Motette *Supremum est mortalibus* — vgl. Notenbeispiel 7 — trotz des vorgezeichneten tempus perfectum diminutum im tempus imperfectum cum prolatione majore notiert — eine Mensur, die in Wirklichkeit beim Fauxbourdon äußerst selten erscheint, da sie ihm wesensfremd ist[27]. Die unlösbare Verbindung zwischen

---

[25] Vgl. in der vorliegenden Sammlung den Beitrag von C. Dahlhaus, wo von einer anderen Seite her — in Hinblick auf den tactus — Kritik an van Crevels Ausgabe geübt wird; ebenso Dahlhaus' Rezension der Ausgabe in Mf XX, 1967, S. 425 ff.

[26] *Denkmäler der Tonkunst in Österreich*, Jg. XL (Bd. 76): *Sieben Trienter Codices*, 6. Auswahl, bearbeitet von R. von Ficker, Wien 1933 (Neudruck Graz 1960). Vgl. Notenbeispiel 7.

[27] Vgl. R. Bockholdt, *Die frühen Messenkompositionen von Guillaume Dufay*, Tutzing 1960, S. 72 ff. und Anm. 89.

dem musikalischen Satz und der diesen jeweils fixierenden Noten*schrift* ist somit noch nicht berücksichtigt.

Ich selbst habe bei der Übertragung von Dufays frühen Messenkompositionen den Versuch gemacht, die alten Notenformen nachzuzeichnen und außerdem immer die originalen Notenwerte, als Bestandteil des musikalischen Satzes, beizubehalten. Obwohl ich diesen Weg prinzipiell nach wie vor für den angemessensten halte, erscheint mir heute das völlige Fehlen von Gliederungs- oder Orientierungszeichen irgendwelcher Art — etwa in Form von dünnen punktierten Linien — in dieser drucktechnisch nicht sehr gelungenen Ausgabe als die Lesbarkeit unnötig erschwerend [28].

*

Obgleich eine Erörterung der Frage, wie eine Edition von Mensuralmusik aussehen *sollte*, streng genommen nicht in einen Überblick über *bisherige* Editionsformen hineingehört, möchte ich zum Schluß dennoch zu begründen versuchen, warum ich eine enge Anlehnung an die Originalnotation — wie oben gesagt — für den angemessensten Weg halte. Denn in jede, wenn auch noch so objektiv und sachlich gemeinte „bloße" Beschreibung bereits vorliegender Editionsformen fließt die subjektive — und wiederum historisch entstandene — Einstellung eines gegenwärtig darüber Schreibenden ohnehin ein.

Zunächst sei einem möglichen Mißverständnis vorgebeugt. Man begegnet zuweilen dem Einwand, eine Edition, die streng das mensurale Notenbild beibehält, wolle das Original selbst vortäuschen, ohne es in Wirklichkeit zu sein, oder sie wolle an die Stelle des Originals treten, dieses ersetzen, was doch keine — wie immer geartete — Edition leisten könne.

Mit einem solchen Zweck verbinde ich eine „originalgetreue" Ausgabe jedoch nicht. Kein Herausgeber mittelalterlicher Musik darf glauben, die Kluft zwischen der Notierung in der Handschrift und einer Neuausgabe der dort notierten Musik könne durch irgendein Verfahren der Anähnelung überbrückt oder zugeschüttet werden; jede Edition (jede, die etwas anderes sein will als reines Faksimile), auch die „originalgetreue", ist eine Deutung des Originals durch den Edierenden, sieht das Original unter bestimmten, von ihm für wesentlich gehaltenen Aspekten. Schon die scheinbar selbstverständlichsten Dinge, wie das Emendieren von Schreibfehlern, die graphische Vereinheitlichung der Notenformen, die meist unumgängliche Auflösung der Ligaturen, oder — vor allem — das In-Partitur-Bringen, stellen eine Interpretation der originalen Notenschrift dar, verändern diese.

Geht man von dieser Einsicht aus, so könnte man auch gegen eine Edition, die eine weitere Veränderung vornimmt und das originale Notenbild aus bestimmten Gründen durch ein

---

[28] R. Bockholdt, a. a. O., Editionsteil, S. 58; vgl. Notenbeispiel 8. Dieses Beispiel wurde direkt nach der Vorlage hergestellt, die auch jener Edition zugrunde lag. Ein Vergleich des Beispiels 8 mit der Edition möge den Leser überzeugen, daß die beim Benutzen der Edition entstehenden Leseschwierigkeiten durch den undeutlichen Druck und nicht durch die Übertragungsprinzipien verursacht werden. — Zum Vergleich in Notenbeispiel 9 der Beginn desselben Kyrie in H. Besselers älterer, praktischer Ausgabe, *Das Chorwerk*, Heft 19, 1932. Ferner vergleiche man Besselers Edition des Satzes in der Dufay-Gesamtausgabe: *Guillelmi Dufay Opera Omnia, Tomus IV (Fragmenta missarum)*, Rom 1962, S. 72.

modernes ersetzt, keine grundsätzlichen Bedenken haben — sofern freilich in ihr über das Verhältnis zum Original in allen Einzelheiten unmißverständlich Rechenschaft gegeben wird. Nur fragt sich: warum muß ausgerechnet dieser Umweg gemacht werden? Jede Edition, so läßt sich sagen, liegt auf einem Weg, der vom originalen Gegenstand (d. h. der uns *fremden* Musik) herkommt und zu diesem Gegenstand (der uns fremden Musik, die *zugänglich* gemacht werden soll) zurückführt. Wird nun dieser Weg, der Weg also von einem in mensuraler Notation fixierten Satz zu diesem zurück, über ein modernes Notenbild geführt, so wird die Edition gleichsam an einer vom Ausgangs- und Zielpunkt sehr weit abgelegenen Wegstelle stationiert. Der Editor zwingt sich selber und den Benutzer zu einem Umweg, der erstens unnötig und zweitens so groß ist, daß Gefahr besteht, daß dabei der Gegenstand selbst aus den Augen verloren wird.

Unnötig groß ist der Umweg deshalb, weil das Lesen von Mensuralnotenschrift und das vorgestellte oder tatsächliche Realisieren der in ihr fixierten Musik — zumal angesichts einer Partitur, in der die Einzelstimmen in deutlich erkennbare Korrespondenz zueinander gesetzt sind — keine echte Schwierigkeit darstellt. Beständiges Umgehen mit dieser Notenschrift, die die Tonhöhe und, im Verein mit den theoretischen Regeln, die rhythmischen Verhältnisse ja in für uns eindeutigem Sinn anzeigt, führt bald zu einer Vertrautheit, auf Grund deren eine Umschrift in moderne Noten nach kurzer Zeit sogar als erschwerend empfunden wird.

Nicht nur unnötig, sondern auch problematisch ist der Umweg deshalb, weil die mensurale Notenschrift und die durch sie notierte Musik in einer unzertrennlichen Verbindung miteinander stehen. Die Notenschrift des 14. oder 15. Jahrhunderts ist für die Musik, die mit ihr notiert wurde, die adäquateste Notenschrift. Diese Tatsache ließe sich auf vielerlei Weise belegen; hier sei sie nur an einem einzigen Detail beleuchtet: Im tempus perfectum (◯) hat je nach dem Kontext eine Brevis die Dauer entweder von 3 Semibreven (etwa im Falle ◻ ◻ ◻ ...) oder von 2 Semibreven (etwa im Falle ◻ ◊ ◻ ◊ ...). Das heißt, es gilt:

$$\text{(a)} \quad \overline{◻} = ◊\,◊\,◊ \qquad\qquad \text{oder (b)} \quad \overline{◻\;◊} = ◊\,◊\,◊$$

In der trotz kürzerer Dauer unveränderten Schreibung der Brevis als ◻ auch im Falle (b) spiegelt sich, daß die Brevis auch hier der das Tempus konstituierende Wert bleibt: Die Dreizeitigkeit der Brevis (Perfectio) ist die Regel (a), und die Notenschrift drückt aus, daß die Brevis auch im Falle ihrer Imperfizierung durch eine Semibrevis (b) der übergeordnete Wert bleibt. Die Semibrevis hat ihr gegenüber lediglich eine *einschränkende* Funktion, die Brevis nimmt sie gleichsam in sich hinein. Im Falle (a) ist ◻ = 3, im Falle (b) ist $\overline{◻\;◊}$ = 3 und ◻ = 3−1 (nicht „2"). Die oben dargestellten Fälle (a) und (b) lassen sich aber in der modernen, durchgängig auf Zweizeitigkeit beruhenden Notenschrift schlechterdings nicht adäquat wiedergeben. Denn wenn ich schreibe:

$$(^3/_4) \text{ (a) } | \, ♩. \, | = | \, ♪\,♪\,♪ \, | \text{ und (b) } | \, ♩\,♩ \, | = | \, ♪\,♪\,♪ \, |$$

so verhält es sich genau umgekehrt: der Prolongationspunkt ist es, der den Sonderfall bezeichnet, und die halbe Note ist das Primäre: ♩ = 2 (b) und ♩. = 2 + 1 (a). Die Viertelnote hat hier nicht, wie oben die Semibrevis, eine einschränkende, sondern eine selbständige, *additive* Funktion. Diese Notierungsweise verdeckt also gerade den tatsächlichen Sachverhalt, verkehrt ihn in sein Gegenteil. Zwar hat in gewissem Sinne der gleichbleibende Takt die Rolle des gleichbleibenden Tempus und graphisch der gleichbleibende Taktstrich-Rahmen die der gleichbleibenden Brevisform übernommen. Aber der musikalische Sinn ist ein anderer geworden. Die aus der mensuralen Notenschrift in einem Prozeß allmählicher Verwandlung hervorgegangene moderne Notenschrift hat im Verlauf dieses Prozesses — der ja mit der Verwandlung der Musik selbst einherging — die Möglichkeit eingebüßt, bestimmte wesentliche Merkmale der Mensuralmusik adäquat, d. h. optisch evident, darzustellen[29].

Freilich ist diese Wesensverschiedenheit von moderner und alter Notenschrift dem mit der Mensuralnotation Vertrauten bekannt, und in einem Kommentar zur Edition kann auf sie hingewiesen werden. Aber warum einen für das Verständnis wichtigen Sachverhalt zuerst, durch ein mißverständliches Notenbild, verdecken, um ihn erst dann, mit Hilfe umständlicher Erläuterungen, wieder bewußt zu machen? Das Evidente, der Musik Adäquate der mensuralen Notenschrift sollte in einer Edition jener Musik vielmehr so weitgehend wie irgend möglich herübergerettet werden.

Welche konkreten Vorschläge ließen sich darüber hinaus machen? Lassen wir die Alternative „wissenschaftliche" oder „praktische" Edition einmal beiseite und fragen uns, was eine musikalische Edition überhaupt leisten will. Was wir Edition nennen, ist eine Verfahrensweise, ein Versuch, gemeinsam mit anderen Verfahrensweisen — des Erforschens und des Beschreibens — Musik der Vergangenheit zu vergegenwärtigen. Nun gilt für die Musik des 14. und 15. Jahrhunderts, daß sie zwei verschiedene Seiten hat, die beide wesentlich zu ihr gehören: einerseits ist sie musikalischer *Satz*, der aber für sich genommen eine Abstraktion ist; denn andererseits ist die Musik erst im wirklichen — oder auch vorgestellten — *Erklingen* überhaupt gegenwärtig. Will eine musikalische Edition den musikalischen Satz — die Konzeption des Komponisten — greifbar machen, so benötigt sie die Partitur, welche hier etwas Künstliches, aber für das Verständnis des Satzes Unumgängliches ist. Die Vergegenwärtigung der Musik im realen Erklingen aber, das durch Zusammenwirken einzelner Musiker entsteht, spiegelt sich nirgends so plastisch wie in der nach Einzelstimmen getrennten Notierung der Handschriften. Will eine Edition also diese Seite der Musik, die ebenso wesentlich ist wie der „Satz", zugänglich machen, so sollte sie getrennte Einzelstimmen so getreu wie im Hinblick auf gute Lesbarkeit möglich wiedergeben; eine solche Edition hätte den Zweck, zu Musizierversuchen verwendet zu werden. An die Stelle einer „wissenschaftlichen" und einer „praktischen" Ausgabe würde damit einerseits eine Ausgabe treten, die den Satz verdeutlichen will, andererseits eine solche, die für die Vergegenwärtigung im Musizieren bestimmt ist. Beide Ausgaben müßten, da die Vergegenwärtigung der Musik nur die Vergegenwärtigung dieser ihrer *beiden* Komponenten sein kann, jeweils zusammen vorgelegt werden[30]. Beide Arten — wie auch jede

---

[29] Für Grundsätzliches zu der hier speziell in Hinblick auf die Mensuralnotation angeschnittenen Frage nach dem Verhältnis von Musik und Notenschrift vgl. auch: Thr. Georgiades, *Die musikalische Interpretation*, Studium Generale, 7. Jg., 1954, S. 389 ff. sowie ders., *Musik und Schrift*, München 1962, bes. S. 22 ff.

[30] Die Alternative „wissenschaftliche" oder „praktische" Ausgabe dagegen beruht, auch wenn beide Gesichtspunkte in ein und derselben Ausgabe Berücksichtigung finden, auf der — angenommen

andere Art — von Edition aber wären auch dann nicht identisch mit dem Gegenstand selbst, sondern nur Hilfsmittel für den Zugang zu ihm.

oder tatsächlichen — Zerspaltenheit des ins Auge gefaßten Publikums in Forschende und Ausübende. Die nicht spaltbare Einheit von Satz und klanglicher Erscheinung aber fordert von der Vergegenwärtigung, gleichgültig durch wen, *ständig* ein Doppeltes: das fortwährende Hin- und Hergehen zwischen theoretisch-reflektierendem Eindringen *und* praktischen Realisierungsversuchen.

Beispiel 1a: J. Hawkins, A General History of the Science and Practice of Music, 1776, Band II, S. 471/472 (Verkleinerung etwa 3:4)

Beispiel 1b: J. Hawkins, A General History . . ., Ausgabe 1875, Band I, S. 338 (etwa Originalgröße)

Beispiel 1c: Ch. Burney, A General History of Music, Band II, 1782, S. 474/475 (Verkleinerung etwa 4:5)

Beispiel 1d: Ch. Burney, A Genral History . . ., Ausgabe 1935, Band I, S. 728/729 (etwa Original-größe)

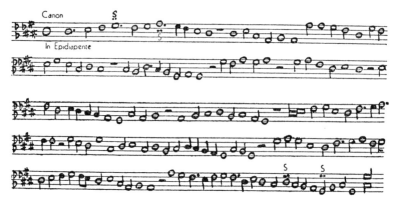

SOLUTION.

Beispiel 1e: J. N. Forkel, Allgemeine Geschichte der Musik, Band II, 1801, S. 528 und 530 (Verkleinerung etwa 3:4)

Beispiel 2: F. Rochlitz, Sammlung vorzüglicher Gesangstücke, Band 1 (1835), S. 1 (Verkleinerung etwa 1:2)

Beispiel 3: F. Ludwig, G. de Machaut, Musikalische Werke, Band 3, 1929, S. 6 (110) (Verkleinerung etwa 3:4)

Beispiel 4: L. Schrade, The Works of G. de Machaut (Polyphonic Music of the 14th Century, Vol. II, 1956, S. 112) (Verkleinerung etwa 3:4)

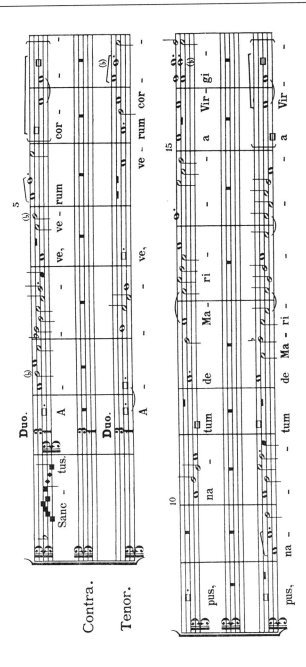

Beispiel 5: DTÖ VII (Band 14/15), hrsg. v. G. Adler u. O. Koller, 1900, S. 148 (Verkleinerung etwa 3:4)

Beispiel 6: Jacobus Obrecht, Opera Omnia, Vol. I, fasc. 6, hrsg. v. M. van Crevel 1959 (Verkleinerung etwa 4:5)

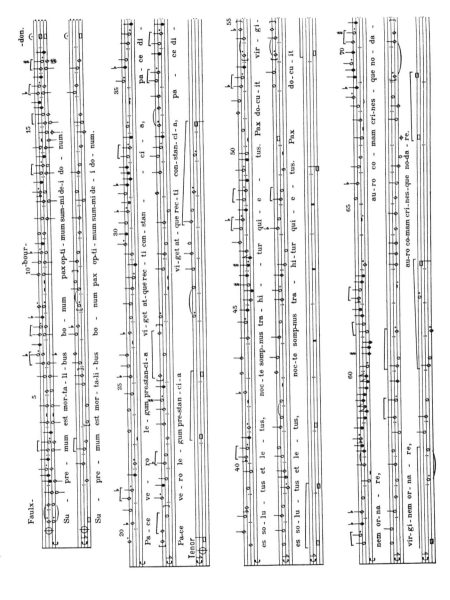

Beispiel 7: DTÖ XL (Band 76), hrsg. v. R. v. Ficker, 1933, S. 24 (Verkleinerung etwa 2:3)

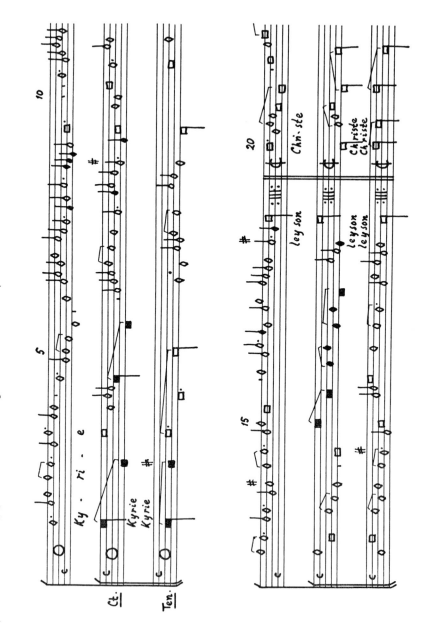

Beispiel 8: R. Bockholdt, Die frühen Messenkompositionen von G. Dufay, 1960, Editionsteil S. 58 (gegenüber dem Druck etwa 3:2 vergrößert, gegenüber der Druckvorlage etwa 5:6 verkleinert)

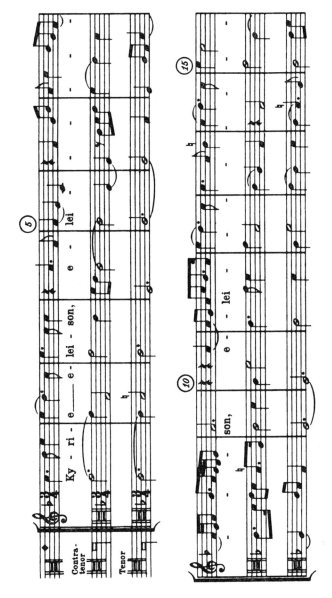

Beispiel 9: Das Chorwerk, Heft 19, 1932, hrsg. v. H. Besseler, S. 13 (fast Originalgröße)

Carl Dahlhaus

Die Mensurzeichen als Problem der Editionstechnik

Übertragungen musikalischer Texte, Transkriptionen aus einer vergangenen Schrift in die gegenwärtige, sind stets Kompromisse. Und sie nur darum zu verwerfen, weil sie eine vollkommene Äquivalenz nicht erreichen, wäre sinnwidrig. Das naive Selbstbewußtsein, mit dem John Hawkins 1776 die moderne Notation als eine universal brauchbare empfand, die sämtlichen Möglichkeiten der Musik, auch den entlegensten, gerecht werde [1], ist geschwunden. Die musikalische Schrift wurde, nicht anders als die Werke, die sie überliefert, als geschichtliches Phänomen erkannt. Eine Notation zielt nicht nur auf die akustische Außenseite der Musik, sondern auch oder sogar primär auf deren kategoriale Struktur, und sie ist darum kein neutraler Zeichenvorrat für Sachverhalte, die aller Musik gemeinsam sind, sondern Ausdruck einer musikalischen Vorstellungsweise von begrenzter Geltung. Musikalische Schriften sind sogar enger mit dem Sinn der Texte verwachsen als sprachliche, sofern es sich um Buchstabenschriften und nicht um Ideogramme handelt; und die Übertragung einer musikalischen Notation gleicht eher einer Übersetzung in eine fremde Sprache als einem bloßen Austausch sprachlicher Schriftzeichen. Kriterium einer Übersetzung aber ist außer der Nähe zum Original der Grad der Angemessenheit an die Sprache, in die der Text übertragen wird; auch ist der Sinn einer Übersetzung von der Funktion, die sie erfüllen soll, nicht unabhängig. Versucht man also zu beschreiben, wie ein Teil einer alten Notenschrift, der Komplex der Mensurzeichen aus der Zeit um 1500, in den letzten Jahrzehnten übertragen worden ist, so genügt es nicht, das Ausmaß zu bestimmen, in dem Geist und Buchstabe des Originals gewahrt worden sind. Zu fragen wäre auch, ob den neuen Zeichen, die an die Stelle der alten gesetzt wurden, eine Bedeutung anhaftet, die über den Sinn der Originalnotation hinausgeht, so daß es sich weniger um eine Übertragung der Schrift als um einen zusätzlichen Kommentar zur Musik handelt, der legitim oder illegitim sein mag, aber jedenfalls die Übersetzung zu einer Paraphrase erweitert.

Mensur und „Mensurstrich"

Eine Mensur ist ein Maß an Zeit, das einer Note oder Notengruppe zugemessen wird, oder eine Regel, die den Zeitwert der Noten innerhalb eines Systems von Relationen bestimmt. *„Quid est mensura musica? Est norma qua unius cuiusque notae ac pausae quantitas, pro*

---

[1] J. Hawkins, *A General History of the Science and Practice of Music*, London 1776, Band II, S. 191: *„Other methods of diminution are here also mentioned, but the practice has now become not only obsolete, but so totally unnecessary, the modern system of notation being abundantly sufficient for expressing every possible combination of measure, that it would be lost time to inquire farther about it."*

signorum varietate, per tactum definitur" [2]. Der Terminus Mensur meint den Sachverhalt, daß eine Note, etwa die Semibrevis, im Tempus imperfectum diminutum ein anderes Maß an Zeit erhält als in der — als Augmentation verstandenen — Prolatio maior.

Nach Meinung der Alten, schrieb Andreas Ornitoparch 1517, bedeute die Diminution des Tempus perfectum eine Verminderung der Mensur um ein Drittel. *„Diminutio: ut veteres sensere: est tertiae partis ab ipsa mensura abstractio"* [3]. Die Mensur ist demnach die Dauer, die dem Tempus zugemessen wird, nicht der Inbegriff der Noten, die es umfaßt. Und sie ist eher mit dem Tempo als mit dem Takt des modernen Rhythmus- und Notationssystems vergleichbar. Durch ein Tempo erhält ein Takt, eine Gruppierung von Noten, zeitliche Realität. Das Tempo verwirklicht die Notenwerte als Zeitwerte; und nichts anderes war die Funktion der Mensuren.

Unter einer Mensur eine Gruppierung von Noten zu verstehen, ist demnach ein Irrtum, der aus der Gewohnheit, Mensur und Takt zu vergleichen, entstanden ist. Und fragwürdig ist auch die Bezeichnung „Mensurstrich" [4]. Denn die Gruppe von Noten, die durch Striche zwischen den Systemen abgegrenzt wird, ist im diminuierten Tempus perfectum die gleiche wie im nicht diminuierten — sie umfaßt drei Semibreven —, während unter Mensur gerade das wechselnde, durch die Diminution verminderte Maß an Zeit, das einem Tempus zukommt, verstanden worden ist.

Ungewiß ist jedoch nicht nur der terminologische, sondern auch der sachliche Rechtsgrund des Mensurstrichs. Daß er *„die Taktierbewegungen des alten Chorleiters"* andeutet [5], ist eher die Ausnahme als die Regel: Im Tempus perfectum umfaßt der Tactus nicht drei Semibreven, wie sie der Mensurstrich abgrenzt, sondern eine. Andererseits wäre es gewaltsam, den Mensurstrich einfach als Tempusstrich zu erklären; denn nicht selten ist statt des Tempus der Tactus oder der Modus minor gemeint: der Tactus, wenn in der Proportio tripla drei Semibreven, der Modus minor, wenn im Tempus imperfectum diminutum vier Semibreven zusammengefaßt werden.

Dem Mensurstrich, der abwechselnd Tactus-, Tempus- und Modusstrich ist, entspricht in der Mensuralnotation und deren Theorie weder ein Zeichen noch ein fester Begriff; er ist weder explizit noch implizit in der originalen Schrift begründet. (Die „Orientierungs-

---

[2] G. Faber, *Musices praticae erotematum libri duo*, Basel 1552, lib. II, cap. 1.

[3] A. Ornitoparch, *Musicae activae micrologus*, Leipzig 1517, lib. II, cap. 8.

[4] H. Besseler, *Grundsätzliches zur Übertragung von Mensuralmusik*, StzMw XXV, Festschrift für Erich Schenk, Graz—Wien—Köln 1962, S. 32: *„Um das Andersartige der Mensuralmusik zu kennzeichnen, benutzte ich seit 1922 den Mensurstrich. Er wird nicht durchgezogen, sondern zwischen die Systeme gesetzt, aber regelmäßig, in dem durch die Mensur vorgezeichneten Abstand."* Vorgezeichnet ist das Tempus; Mensurstriche aber sind nicht immer Tempus-, sondern manchmal auch Modusstriche: In seiner Edition der Missa Mi Mi von Ockeghem (*Das Chorwerk* 4, Wolfenbüttel 1930) verkürzt Besseler die Notenwerte des Tempus imperfectum diminutum im Verhältnis 1:4 und faßt zwischen zwei Mensurstrichen jeweils zwei halbe Noten, die zwei Breven, also einem Modus minor imperfectus entsprechen, zusammen. Auch ist er an Satzschlüssen, wegen der Stellung der Schlußklausel im Tempus, manchmal gezwungen, von der Regelmäßigkeit des Abstands der Mensurstriche abzuweichen.

[5] H. Besseler, *Von Dufay bis Josquin*, ZfMw XI, 1928/29, S. 17.

striche" in den Partituren, die beim Komponieren benutzt wurden, sind, da sie in den publizierten Notentexten nicht erscheinen, irrelevant.) Eine faßliche Bedeutung würde dem Mensurstrich also erst zuwachsen, wenn sich zeigen ließe, daß er ein Teilmoment der Mensuralmusik kenntlich macht, das in den Werken enthalten ist, ohne in der Notation ausgedrückt zu sein. Eine Eigenschaft des mensuralen Rhythmus nachzuweisen, die in manchen Mensuren am Tactus, in anderen dagegen am Tempus oder am Modus haftet, dürfte jedoch schwierig, wenn nicht unmöglich sein. Und es ist denn auch gar nicht erst versucht worden, obwohl die musikalische Legitimität des Mensurstrichs — nicht die auf-führungspraktische Nützlichkeit, die niemand leugnet — davon abhängt.

Mehrdeutig ist allerdings auch der moderne Taktstrich; er grenzt „kleine", „normale" oder „große" Takte voneinander ab und ist bei einer Gliederung des Satzes in „kleine" Takte weniger ein Takt- als vielmehr ein Artikulationszeichen, das eine nachdrücklichere Dar-stellung der einzelnen Zählzeiten, des Inhalts der „kleinen" Takte, fordert. Und es dürfte als unbewußte Anlehnung an die variable Praxis der Taktstrichsetzung zu verstehen sein, daß der Mensurstrich, der gleichsam ein Schatten des Taktstrichs ist, abwechselnd als Tactus-, Tempus- und Modusstrich — in Analogie zum „kleinen", „normalen" und „großen" Takt — benutzt wird. Während aber dem Wechsel der Größenordnung beim Taktstrich ein Wechsel der Funktion — eine Umdeutung vom Takt- zum Artikulations-zeichen — entspricht, ist er beim Mensurstrich ohne erkennbaren Sinn.

Der Mensurstrich ist nichts anderes als ein Surrogat des Taktstrichs, den man weder missen möchte noch rechtfertigen zu können glaubt. Waren die Taktstriche, die Hugo Riemann in Ausgaben von Mensuralmusik zog[6], eine Darstellung oder Verdeutlichung des rhyth-mischen Sachverhalts, wie ihn Riemann verstand, so sind die Mensurstriche Zusatzzeichen, deren musikalische Relevanz ebenso zweifelhaft ist wie die philologische.

Zur Bedeutung der Mensurzeichen

Mensurzeichen erfüllen zwei Funktionen, die in der modernen Notation voneinander getrennt sind, so daß es uns schwer fällt, sie als zusammengehörig zu begreifen. Erstens bestimmen sie, ob eine Brevis oder Semibrevis zwei- oder dreizeitig ist; und zweitens setzen sie, wenn auch nicht immer deutlich, ein Zeitmaß fest. Ob sie außerdem — in Analogie zum Takt — eine feste, gleichmäßige Gruppierung der Notenwerte andeuten, ist ungewiß und kann nicht zum Ausgangspunkt einer Übertragung gemacht werden.

Mensurzeichen durch Taktzeichen wiederzugeben oder zu ersetzen, ist verfehlt, da ein Taktzeichen über den relativen Zeitwert der Noten — deren Zwei- oder Dreizeitigkeit — und über das Tempo nichts besagt (abgesehen von den Zeichen c und ¢, die aus der Mensuralnotation stammen). Takt und Mensur sind divergierende Begriffe.

Die zwei- oder dreizeitige Messung wird in Übertragungen von Mensuralmusik durch Notenwerte ausgeschrieben, das Tempo dagegen von manchen Editoren vernachlässigt, sei es aus Scheu vor Tempowörtern, die anachronistisch wirken würden, oder weil unsere

---

[6] H. Riemann, *Handbuch der Musikgeschichte* II 1, 2. Auflage Leipzig 1920, S. 185, 187, 236 und 347.

Kenntnisse nicht ausreichen, um das Zeitmaß, das um 1500 gemeint war, zureichend genau
zu bestimmen.

Ein Herausgeber, der überzeugt ist, die durch die Originalnotation angedeuteten Temporelationen rekonstruieren zu können, kann sie durch proportionale Verkürzungen — durch
Übertragung des Tempus non diminutum im Verhältnis 1:2 und des Tempus diminutum im
Verhältnis 1:4 —, durch Gleichungen, welche die Relation eines Zeitmaßes zum voraus-
gegangenen oder folgenden bezeichnen, oder durch Vorschriften in Worten ausdrücken.
Taktzeichen sind jedenfalls ein ungeeignetes Mittel. Ist man dagegen unsicher — und es
fällt schwer, es nicht zu sein —, so muß man die Mensurzeichen in der Übertragung stehen
lassen und ist zugleich gezwungen, auf eine Verkürzung der originalen Notenwerte zu verzichten, wenn die Mensurzeichen nicht sinnlos werden sollen. Einer Übertragung, die eine
Gewißheit zur Schau stellt, über die wir nicht verfügen, ist ein Kommentar vorzuziehen,
der in die Problematik einführt und die Argumente aufzählt, die für und gegen die verschiedenen Lösungsversuche sprechen.

So begreiflich die Scheu vor Tempowörtern ist: Das Wort „Adagio", das als Vokabel aus
dem Kontext einer Übertragung von Mensuralmusik befremdend hervorsticht, dessen Sinn
jedoch durch die Originalnotation indirekt bezeichnet wird, ist ein geringeres Übel als das
Taktzeichen c, das graphisch an das Zeichen des Tempus imperfectum, von dem es her-
stammt, erinnert, das aber in der modernen Notation eine rhythmisch-dynamische Bedeutung hat, für die es in der mensuralen kein Äquivalent gibt.

Die Teilmomente der Rhythmusnotation sind im mensuralen System gleichsam anders
gruppiert und miteinander verbunden als im modernen. Das Tempo wird nicht unmittelbar,
durch ein Wort, sondern indirekt vorgeschrieben oder angedeutet. Ein Mensurzeichen setzt
ein relatives Zeitmaß fest, das auf ein absolutes, den Pulsschlag, bezogen werden muß, um
zu einem Tempo zu werden. Und die Relation zum Pulsschlag ist kein explizites, sondern
ein implizites Moment; sie wird nicht notiert, sondern mitgedacht. Anderseits ist der
Wert einer Note, einer Brevis oder Semibrevis, nur zum Teil von deren Zeichen ablesbar,
das vielmehr der Ergänzung durch ein Mensurzeichen bedarf, damit die Note als zwei- oder
dreizeitig kenntlich wird.

Die Vorstellung aber, daß der Begriff des Tempos oder der des Notenwertes durch die
Mensuralnotation aufgespalten werde und daß umgekehrt der Terminus „Mensur" ein
Sammelname für Teilmomente verschiedener Begriffe — Tempo und Notenwert — sei, wäre
unhistorisch: ein Vorurteil aus Befangenheit in der Sprache, in der wir musikalisch denken
gelernt haben. Nichts berechtigt uns dazu, den Begriff des Tempos, wie er sich im 17. Jahrhundert gebildet hat, für einfach und natürlich, den der Mensur dagegen für zusammen-
geflickt und künstlich zu halten. Die alte Notation wäre erst dann wahrhaft begriffen,
wenn es gelänge, sich den Sinn eines Wortes wie Mensur nicht nur philologisch zu vergegenwärtigen, sondern auch musikalisch zu eigen zu machen.

Verkürzung der Notenwerte

1. Das moderne Rhythmus- und Notationssystem hat mit dem mensuralen die Annahme
einer mittleren Zählzeit, die als Bezugseinheit gilt, gemeinsam. Und zwar ist eine Zählzeit
dadurch eine mittlere, daß ein mittlerer Notenwert in einem mittleren Zeitmaß erscheint.

(Ein extremer Notenwert, das 32stel oder die ganze Note, wäre selbst als Zählzeit eines Andante, als die er theoretisch denkbar ist, keine mittlere Zählzeit.)

Als mittleres Zeitmaß ist sowohl um 1500 als auch um 1900, von Gafurius[7] nicht anders als von Hugo Riemann[8], das Tempo des Pulsschlags empfunden worden. Mittlerer Notenwert ist um 1500 die Semibrevis, in der modernen Notation die Viertelnote. (Ein zweizeitiges Andante nicht im $^2/_4$-, sondern im $^2/_2$- oder im $^2/_8$-Takt zu notieren, ist zwar möglich, wäre jedoch ungewöhnlich.)

Es scheint demnach nahezuliegen, die Semibrevis der nicht diminuierten Tempora, die mittlere Zählzeit der Mensuralnotation um 1500, durch eine Viertelnote wiederzugeben, also die originalen Notenwerte im Verhältnis 1:4 zu verkürzen, um die Dehnung des Zeitwertes der Noten auszugleichen. Zur Norm ist jedoch, mindestens in Deutschland, die Reduktion auf die Hälfte geworden, die als Kompromiß zwischen entgegengesetzten Tendenzen erscheint. Einerseits wird ein graphisches Moment der Originalnotation, das Überwiegen hohler Noten, in der Übertragung gewahrt, andererseits der Bedeutungswandel der Noten, die Dehnung ihres Zeitwertes, wenigstens halb berücksichtigt. Man versucht dem Sinn der Originalnotation gerecht zu werden, zugleich aber den Schein zu wahren, daß der Buchstabe kaum angetastet werde.

Das Hauptzeitmaß der Musik des 18. und 19. Jahrhunderts — das Zeitmaß der Hauptsätze — ist allerdings nicht das mittlere, das Andante, sondern ein rascheres, das Allegro. Und es ist nicht ausgeschlossen, daß die Beschränkung der Reduktion von Mensuralmusik auf das Verhältnis 1:2 insofern auf unbewußter Orientierung am Hauptzeitmaß beruht, als man fürchtet, die Viertelnote, die primär Viertelnote von Allegrosätzen ist, suggeriere als Äquivalent der Semibrevis ein zu schnelles Tempo.

2. In der musikalischen Schrift des 18. und 19. Jahrhunderts ist die bloße Notationsdifferenz zwischen einem Andante $^2/_4$ und einem Andante $^2/_2$ schwerlich mit dem Tempounterschied zwischen einem Andante $^2/_4$ und einem Adagio $^2/_4$ verwechselbar, mag auch das Notenbild des Andante $^2/_2$ eine geringe Verlangsamung gegenüber $^2/_4$ nahelegen. Dagegen sind Maß und Bedeutung der mensuralen Diminution, der Verkürzung des Tempus imperfectum zum Tempus imperfectum diminutum, ungewiß und umstritten. Daß eine Reduktion auf die Hälfte gemeint war, gilt als Lehrbuchnorm, ist aber schon darum unwahrscheinlich, weil die Diminution dann nichts als eine Umschrift ohne musikalische Relevanz wäre; sie entspräche dem Notationswechsel von einem Andante $^2/_4$ zu einem Andante $^2/_2$. Bei einer Diminution im Verhältnis 1:2, verbunden mit einem Übergang der Zählzeit von der Semibrevis zur Brevis, ist ¢ ◻ ◊ ◊ musikalisch identisch mit c ◊ ◖ ◗ . Nur bei einer geringeren Beschleunigung ist die Diminution, paradox ausgedrückt, überhaupt eine Beschleunigung.

Es ist demnach zweifelhaft, in welchem Maße das Verfahren, die Notenwerte des Tempus non diminutum im Verhältnis 1:2 und die des Tempus diminutum im Verhältnis 1:4 zu

---

[7] F. Gafurius, *Practica musicae*, Mailand 1496, lib. III, cap. 4: „*Semibrevis enim recta plenam temporis mensuram consequens in modum scilicet pulsus aeque respirantis.*"
[8] H. Riemann, *System der musikalischen Rhythmik und Metrik*, Leipzig 1903, S. 4 f.

verkürzen, die Diminution also in der Übertragung auszuschreiben, der geschichtlichen Wirklichkeit gerecht wird: ob die Vergröberung der Differenz durch eine im Verhältnis 1:2 abgestufte Reduktion der Notenwerte oder aber die Nivellierung durch eine gleichmäßige Verkürzung das geringere Übel darstellt. (Daß im Tempus non diminutum im allgemeinen ein Tactus alla Semibreve und im Tempus diminutum ein Tactus alla Breve geschlagen wurde, besagt wenig über das Maß der Diminution; denn der Tactus alla Semibreve, der dem Pulsschlag entspricht, ist als Schlag mit bloß ordnender Funktion so rasch, daß es auch bei einer geringen Beschleunigung durch die Diminution zweckmäßig erscheinen mochte, zum Tactus alla Breve überzugehen; auch braucht der Schlag, der aus praktischen Gründen gewählt wird, nicht mit der realen, als Maß der Musik empfundenen Zählzeit übereinzustimmen.)

3. Das entgegengesetzte Verfahren, die unverkürzte Bewahrung der originalen Notenwerte, war im 19. Jahrhundert weniger durch philologische Bedenken gegen Übertragungen als durch musikalischen Enthusiasmus für das Alte, das es zu restaurieren galt, motiviert. Daß man auf eine Umschrift verzichtete, entsprach der Vorstellung, daß einzig ein langsames Zeitmaß, das man als seraphisch empfand, der „heiligen Tonkunst", als die man die Kirchenmusik des 16. Jahrhunderts verehrte, angemessen sei. Nicht, daß man die Semibrevis des 16. Jahrhunderts naiv der ganzen Note des 19. gleichgesetzt hätte: Die Zerdehnung wäre unerträglich gewesen. Man war sich der geschichtlichen Differenzierung der Notation halb bewußt, scheute aber davor zurück, sie durch eine Übertragung zu verringern, da es gerade das Fremde, der Gegenwart Entrückte war, das man in der vergangenen Musik suchte.

War demnach die alte Notenschrift im 19. Jahrhundert Gegenstand einer Pietät, in der religiöse Andacht und historischer Rekonstruktionseifer ineinanderflossen, so ist in Editionen des 20. Jahrhunderts[9] die unverkürzte Bewahrung der originalen Notenwerte eher negativ, in einer wissenschaftlichen Verlegenheit, begründet: Wer überzeugt ist, daß eine adäquate Übertragung der Mensurzeichen nicht möglich ist, muß die Notenwerte unverkürzt lassen, wenn Widersinniges — das Zeichen eines Tempus perfectum, bezogen auf Viertel- oder halbe Noten — vermieden werden soll.

In Ausgaben alter Musik, die vom Geist der Singbewegung geprägt sind[10], haftet dem Festhalten am originalen Notenbild ein gewaltsam archaisierender Zug an. Ein musikalisches Motiv fehlt: Die Dehnung des Zeitmaßes, zu der man sich im 19. Jahrhundert von der Originalnotation inspirieren ließ, ist als historischer Irrtum durchschaut und als romantische Verzerrung verpönt. Und auch philologische Gründe sind offenbar nicht entscheidend: Über die Unterschiede der Mensuren — deren Unübertragbarkeit in wissenschaftlichen Editionen die unverkürzte Bewahrung der originalen Notenwerte motiviert — setzt man sich achtlos hinweg. Die einfache Ziffer 3, die nichts anderes besagt, als daß eine Mensur dreizeitig ist, repräsentiert sowohl das Tempus perfectum diminutum oder non

---

[9] *Johannes Ockeghem, Sämtliche Werke*, hg. von D. Plamenac, Band I, Leipzig 1927 (*Publikationen älterer Musik I 2*): „*Außer den originalen Schlüsseln wurden, wo nur angängig, die originalen Notenwerte (so auch Finallongen usw.) beibehalten, um einen möglichst genauen Ersatz der Originalvorlage zu bieten*" (S. XIV).

[10] *Josquin des Prés, Missa Pange lingua*, hg. von F. Blume, *Das Chorwerk* 1, Wolfenbüttel 1929.

diminutum als auch die Proportio tripla. Ohne sich auf philologische Probleme einzulassen, sucht man die Esoterik und den Reiz eines Notenbildes, das Distanz zum Musikbetrieb der Gegenwart zu verbürgen scheint.

Temporelationen

1. Die Regel, daß die Diminution des Tempus perfectum oder imperfectum als Proportio dupla zu verstehen sei, ist von Simultanverbindungen diminuierter und nicht diminuierter Mensuren abstrahiert worden; wenn c und ¢ übereinandergeschichtet sind, müssen zwei Semibreven des Tempus diminutum gegen eine Semibrevis des Tempus non diminutum gesungen werden. Über Temporelationen in der Aufeinanderfolge besagt jedoch die Schichtung wenig oder nichts; von der Simultaneität umstandslos auf die Sukzession zu schließen, wäre gewaltsam schematisch, obwohl man sich auf das Vorbild von Theoretikern des 16. Jahrhunderts, die sich mehr um feste Normen als um eine Beschreibung der differenzierteren Wirklichkeit bemühten, berufen könnte.

So ist es weder Zufall noch bloße Befangenheit in Äußerlichkeiten — gedankenloses Festhalten an der Idee eines gleichmäßigen Notenbildes[11] —, daß die meisten Herausgeber von Mensuralmusik davor zurückscheuen, die Temporelation zwischen c und ¢ durch eine abgestufte Verkürzung der Notenwerte — 1:2 gegenüber 1:4 — als Proportio dupla zu interpretieren. Die Differenz zwischen c und ¢ ist, jedenfalls in der Zeit um 1500, im rhythmischen Charakter der Sätze zu schwach ausgeprägt, als daß ein abrupter Wechsel des Zeitmaßes sinnvoll wäre.

Dagegen war die Beschleunigung der Proportio tripla um 1500 zweifellos so drastisch, daß eine Verkürzung im Verhältnis 1:4 — gegenüber einer Verkürzung 1:2 des Tempus non diminutum — naheliegt. Andererseits aber ist eine Abhebung der Proportio tripla fragwürdig, wenn man auf die des Tempus diminutum verzichtet. Der Sachverhalt, daß das Zeitmaß des Tempus diminutum geringfügig und das der Proportio tripla wesentlich schneller war als das des Tempus non diminutum, ist durch einen Wechsel zwischen den Verkürzungen 1:2 und 1:4 nicht adäquat darstellbar. Man ist gezwungen, entweder einen wesentlichen Unterschied — den zwischen c und c 3 — zu unterdrücken (c ◊ = ♩, c 3 ◊ = ♩)[12] oder eine geringe Differenz — sei es die zwischen c und ¢ oder die zwischen ¢ und c 3 — zu übertreiben (c ◊ = ♩, ¢ ◊ = ♩ oder ¢ ◊ = ♩, c 3 ◊ = ♩)[13].

---

[11] W. Apel, *The Notation of Polyphonic Music 900—1600*, Cambridge/Massachusetts, 4. Auflage 1949, S. 189 f.; vgl. dazu C. Dahlhaus, *Zur Theorie des Tactus im 16. Jahrhundert*, AfMw XVII, 1960, S. 22 f.

[12] *Pierre de la Rue, Requiem*, hg. von F. Blume, *Das Chorwerk* 11, Wolfenbüttel 1931.

[13] H. Besseler (*Johannes Ockeghem, Missa Mi Mi, Das Chorwerk* 4, Wolfenbüttel 1930) reduziert die Notenwerte im Tempus imperfectum non diminutum im Verhältnis 1:2 und im Tempus imperfectum diminutum im Verhältnis 1:4, pointiert also den Unterschied zwischen diminuiertem und nicht diminuiertem Tempus. Dagegen reduziert L. Finscher (*Loyset Compère, Opera Omnia*, Band II, Rom 1959, *Corpus Mensurabilis Musicae* 15) das diminuierte Tempus imperfectum, nicht anders als das nicht diminuierte, im Verhältnis 1:2 und nur die Proportio tripla im Verhältnis 1:4, so daß die Differenz zwischen diminuiertem Tempus und Tripla allzu schroff erscheint, vor allem dann, wenn die Mensuren innerhalb eines Satzes ineinander übergehen (S. 8).

2. Manche Editoren[14] übertragen, bei gleichmäßiger, schematischer Verkürzung der Notenwerte in sämtlichen Mensuren auf die Hälfte, das Tempus perfectum als ³/₂ und das Tempus
perfectum diminutum (oder den Modus minor beim Tempus perfectum diminutum) als ⁶/₂
oder das Tempus imperfectum als ²/₂ und das Tempus imperfectum diminutum (oder den
Modus minor beim Tempus imperfectum diminutum) als ⁴/₂. Das Verfahren ist zweifellos
primär als Versuch gemeint, im Notenbild auszudrücken, daß diminuierte Mensuren eine
großzügigere Gliederung nahelegen, so daß eher der Modus als das Tempus eine dem Takt
vergleichbare und durch Striche abgegrenzte Einheit darstellt. Andererseits aber scheint es,
als werde eine Eigentümlichkeit des Systems der Taktarten ausgenutzt, um anzudeuten,
daß die diminuierten Tempora schneller als die nicht diminuierten sind, ohne allerdings
doppelt so schnell zu sein.

Im Widerspruch zu der Regel, daß ein Notenwert, wenn kein Tempo vorgeschrieben ist, in
sämtlichen Taktarten den gleichen Zeitwert habe, wird die halbe Note des ⁶/₂-Taktes
unwillkürlich rascher geschlagen als die des ³/₂-Taktes. Der Grund ist in der Geschichte des
⁶/₂-Taktes zu suchen, wie denn überhaupt die Taktarten weniger ein geschlossenes und
widerspruchsloses System als vielmehr einen Komplex bilden, der aus verschiedenen und
zum Teil divergierenden historischen Voraussetzungen zusammengewachsen ist. Zählzeit
des ⁶/₂-Taktes war ursprünglich, im 17. Jahrhundert, nicht die halbe, sondern die punktierte ganze Note; und gleichsam als Spur ihrer Herkunft haftet der Taktart auch dann,
wenn halbe Noten geschlagen werden, eine Tendenz zu einem rascheren Zeitmaß an.

3. Daß in manchen Übertragungen[15] trotz genereller Verkürzung der Notenwerte im Verhältnis 1:2 die Zeichen c und ¢ aus der Originalnotation übernommen wurden, wäre widersinnig, wenn sie als Mensurzeichen gemeint wären, denn die Mensur ist durch die Verkürzung aufgehoben. Es ist jedoch nicht ausgeschlossen, daß sie als Taktzeichen aufzufassen
sind und daß das raschere Tempo der Taktart ¢ als Äquivalent für die Beschleunigung der
Mensur ¢ gelten soll:

$$c \; \diamond \; \diamond \; = \; c \, \textrm{\textsurd} \; \textrm{\textsurd} \quad ; \quad \textrm{\textcent} \; \diamond \; \diamond \; = \; \textrm{\textcent} \, \textrm{\textsurd} \textrm{\textsurd}$$

Die Übertragung der Mensur ¢ durch die Taktart ¢ wäre demnach ein Reflex oder Nach-
vollzug der geschichtlichen Entwicklung, in der aus dem Tactus alla Breve der ²/₂-Schlag
hervorgegangen ist (der immer noch „alla Breve" genannt wird, obwohl er es längst nicht
mehr ist).

Dem Tactus alla Semibreve des Tempus imperfectum c entspräche der ⁴/₄- oder doppelte
²/₄-Schlag der Taktart c. (Der „Tactus" der mensuralen Notation ist ein doppelter, der
„Schlag" der modernen ein einfacher Schlag.) Doch wird zugleich das Tempus perfectum
als ³/₂ wiedergegeben, und die Annahme, daß in der Übertragung des Tempus perfectum die
halbe, in der des Tempus imperfectum dagegen die Viertelnote Schlagzeit sei, ist so
widersinnig, daß man an der Auslegung der Bruchzahl ³/₂ als Taktart und des Zeichens c
als ⁴/₄-Takt zu zweifeln beginnt. Entweder ist in beiden Mensuren die Viertelnote als

---

[14] *Werken van Josquin des Prez*, hg. von A. Smijers, Motetten, Band IIII, Amsterdam 1955.
[15] *Thomas Stoltzer, Ostermesse*, hg. von L. Hoffmann-Erbrecht, *Das Chorwerk* 74, Wolfenbüttel
1958.

Schlagzeit gemeint, in der perfekten jedoch scheinbar, durch das Zeichen $^3/_2$, die halbe Note vorgeschrieben, weil $^6/_4$, der Ersatz für $^3/_2$, als $\frac{3+3}{4}$ und nicht als $\frac{2+2+2}{4}$ aufgefaßt werden würde. Oder es soll in beiden Mensuren die halbe Note als Zählzeit gelten, und ¢, das Zeichen des $^2/_2$-Taktes, ist nur darum durch c ersetzt, weil c den Schein einer Übernahme der Originalmensur wahrt. Um der graphischen Übereinstimmung willen wird sachlich Widersinniges in Kauf genommen.

4. Das einfachste Mittel, um Temporelationen darzustellen, sind Gleichungen[16]. Bei einer Verkürzung sämtlicher Notenwerte auf die Hälfte drückt die Gleichung ♩. = ♩ aus, daß die dreizeitige Brevis der Proportio tripla die gleiche Zeit ausfüllt wie die zweizeitige des Tempus imperfectum diminutum. Allerdings krankt das Verfahren, so einleuchtend es zunächst erscheint, an dem Mangel, daß es eine mathematische Genauigkeit vortäuscht, die in der musikalischen Wirklichkeit selten gegeben ist: einem Mangel, der es zwar nicht unbrauchbar macht, aber in seiner Geltung einschränkt. Nur zu einem Teil, und vielleicht dem geringsten, lassen sich Temporelationen durch Gleichungen ausdrücken. Daß das Tempus diminutum etwas rascher als das Tempus non diminutum ist, ohne doppelt so schnell zu sein, ist ohne Worte nicht adäquat formulierbar: Gerade daß sie vage sind, wird einem Sachverhalt gerecht, der es gleichfalls ist.

Taktzeichen

1. Taktzeichen werden in Editionen von Mensuralmusik in wechselnder Bedeutung gebraucht. Nicht immer haben sie den Sinn, den ein unbefangener, mit den gegenwärtig geltenden Schriftkonventionen aufgewachsener Leser vermutet, und manchmal haben sie gar keinen.

Es bleibt, wie erwähnt, nicht selten im Ungewissen, ob mit c der $^4/_4$-Takt oder das Tempus imperfectum non diminutum gemeint ist, dessen Zeichen als graphisches Relikt der Originalnotation festgehalten wird, obwohl es den Sinn, eine Temporelation anzudeuten, verloren hat. Die Unklarheit ist jedoch ein Mangel, der Philologen unerträglich sein müßte. Daß Herausgeber, die es sich nicht verzeihen würden, eine geringfügige Abweichung vom Notentext in einer sekundären Quelle übersehen zu haben, sich über die Mensurzeichen achtlos hinwegsetzen, ist kaum begreiflich.

2. Als Ausweg aus dem Dilemma, daß Mensurzeichen in einer Übertragung ihre ursprüngliche Bedeutung einbüßen und Taktzeichen der mensuralen Rhythmik inadäquat sind, erscheint einigen Editoren der Gebrauch von Ziffern, die weder Mensur- noch Taktzeichen sind. (Was sie sind, bleibt offen.)

Die Ziffer 3 besagt manchmal[17] nichts anderes, als daß die Mensur dreizeitig ist, ohne daß zwischen dem Tempus perfectum — diminutum oder non diminutum — und der Proportio tripla unterschieden würde: Schroff kontrastierende Mensuren erscheinen, bei unverkürzten Notenwerten, unter dem gleichen Zeichen 3. Die Ziffer ist also keine Übertragung der

---

[16] A. a. O.; die Gleichungen, durch die L. Hoffmann-Erbrecht die Temporelationen bestimmt, leuchten nicht immer ein.

[17] *Josquin des Prés, Missa Pange lingua,* hg. von F. Blume, *Das Chorwerk* 1, Wolfenbüttel 1929.

Mensurzeichen, denn deren Sinn, ein Tempo festzusetzen oder anzudeuten, wird durch sie unterdrückt. Andererseits bezeichnet sie aber auch keine Schlagart, jedenfalls nicht die originale, denn das Tempus perfectum fordert den Tactus alla Semibreve ($\diamond_\downarrow \diamond_\uparrow$), nicht den Tactus proportionatus alla Breve ($\diamond_\downarrow \diamond \diamond_\uparrow$).

In anderen Editionen[18], deren wissenschaftlicher Charakter eindeutiger ist, sind die Ziffern 3 und 2 als Ersatz der Zeichen $\bigcirc$ und c gemeint, ohne daß sie, streng genommen, als Übertragungen gelten könnten, denn die Funktion der Mensurzeichen, Temporelationen auszudrücken, erfüllen sie nicht. (Die Temporelationen werden durch abgestufte Verkürzungen der Notenwerte dargestellt.) In den Mensuren $\bigcirc$ und c, bei einer Verkürzung im Verhältnis 1:2, sind die Ziffern 3 und 2 als Tempuszeichen, in den Mensuren $\bigcirc$ 3 und c 3, bei einer Verkürzung im Verhältnis 1:4, als Moduszeichen zu verstehen:

$$\bigcirc \diamond \diamond \diamond = 3\,\text{♩♩♩}, \quad c \diamond \diamond = 2\,\text{♩♩}, \quad \bigcirc 3\,\square\square\square = 3\,\text{𝅗𝅥.𝅗𝅥.𝅗𝅥.}, \quad c3\,\square\square = 2\,\text{𝅗𝅥.𝅗𝅥.}$$

(c 3 ist nach Ramos de Pareia[19] das Zeichen eines zweizeitigen Modus minor mit dreizeitigem Tempus, vorgetragen im Zeitmaß eines zweizeitigen Tempus mit dreizeitiger Prolatio; oder anders ausgedrückt: der Notenwert des c, die Longa, ist der eines Modus minor, das Zeitmaß des c, ein doppelter Tactus, das eines Tempus.)

3. Daß Taktzeichen unmißverständlich, also in der Bedeutung verwendet werden, die sie in der modernen Notation haben, ist eher die Ausnahme als die Regel[20]. Sind z. B. die originalen Notenwerte in den nicht diminuierten Tempora im Verhältnis 1:2 und in den diminuierten Tempora im Verhältnis 1:4 verkürzt, so steht an der Stelle des Tempus imperfectum non diminutum der durchstrichene Halbkreis und bedeutet nichts anderes als $^2/_2$-Takt und an der Stelle des Tempus imperfectum diminutum der nicht durchstrichene Halbkreis, also der $^4/_4$-Takt. Die Zeichen des nicht diminuierten und des diminuierten Tempus imperfectum sind in der Übertragung miteinander vertauscht:

$$c \diamond \diamond = \math혼 \text{♩♩}, \quad \math혼 \diamond \diamond \diamond \diamond = c\,\text{♩♩♩♩}$$

Der originale Sinn der Mensurzeichen, die Temporelation, ist bereits durch die abgestufte Verkürzung der Notenwerte ausgedrückt; und die Schlagart des $^2/_2$-Taktes stimmt mit der originalen, dem Tactus alla Semibreve des Tempus imperfectum non diminutum, nicht überein. Die Taktzeichen sind also keine Übertragung des expliziten oder eines impliziten Sinns der Mensurzeichen, sondern ein zusätzlicher Kommentar des Herausgebers zur Musik: ein Kommentar, der irrig sein mag, aber eindeutig ist und nicht die wissenschaftliche Verlegenheit angesichts der Originalnotation durch äquivoke Zeichen maskiert, von denen nicht ablesbar ist, ob sie als Mensur- oder als Taktzeichen gemeint sind.

Gruppierung

In welchem Maße die Mensurzeichen eine feste und gleichmäßige Gruppierung der Zeitwerte ausdrücken oder andeuten sollten, ist ungewiß, und es wäre verfehlt, eine Regel fest-

[18] *Loyset Compère, Opera Omnia*, hg. von L. Finscher, Band II, Rom 1959, *Corpus Mensurabilis Musicae* 15.
[19] J. Wolf, *Musica Practica Bartolomei Rami de Pareia*, Beihefte der IMG I 2, Leipzig 1901, S. 83.
[20] *Capella, Meisterwerke mittelalterlicher Musik*, hg. von H. Besseler, Band I, Kassel 1950.

setzen zu wollen, die sämtliche Fälle umfaßt. Wenn Herbert Birtner schrieb, das Tempus sei *„lediglich eine Summierung, keine Synthese zu einer wirklichen Strukturganzheit"* gewesen[21], meinte er vermutlich, daß es zwar als rhythmisches Muster fühlbar war, aber als so lockere Einheit empfunden wurde, daß es jederzeit zerbrochen und durch irreguläre Gruppierungen ersetzt werden konnte. (Der Ausdruck „Summierung" ist unglücklich gewählt, denn die Brevis des Tempus perfectum war weniger eine Summe von Semibreven als vielmehr eine vorausgesetzte Einheit, die sekundär durch eine Semibrevis imperfiziert werden konnte.)

Zu behaupten, zwischen dem Tempus perfectum und dem Tempus imperfectum habe bloß eine notationstechnische, keine musikalische Differenz bestanden, wäre eine grobe Übertreibung. Zweifellos drängte sich einem Sänger, der perfizieren und alterieren mußte, die notationstechnische Einheit, an der er sich orientierte, auch als musikalische auf. Und die Beobachtung, daß manchmal das Tempus perfectum vorgeschrieben ist, ohne daß es notationstechnisch relevant wäre[22], läßt nur die Erklärung zu, daß es als musikalische Gliederung gemeint war.

Andererseits zeigen die häufigen Widersprüche zwischen der vorgezeichneten Mensur und der realen musikalischen Gliederung, daß die Bedeutung der Mensurzeichen, Gruppierungen festzusetzen, schwach ausgeprägt war. Strikt nachzuweisen ist die Divergenz allerdings nur, wenn Phrasen wiederholt werden und bei der Wiederholung ihre Stellung in der Mensur wechseln, wenn sie, anachronistisch ausgedrückt, „im Takt verschoben" werden. Isaac faßt im Kyrie der Missa Carminum[23] fünf Semibreven zu einer die Mensur überschneidenden Phrase zusammen, die er unmittelbar repetiert (T. 58—61); und im Sanctus der Messe von Heinrich Finck[24] bildet eine irreguläre Gruppe von fünf Minimen das Modell einer lang ausgesponnenen Sequenz (T. 6—9). Wiederholungen, die gleichsam quer zur Mensur stehen, sind zwar nicht häufig, aber von um so größerem Gewicht, als Wiederholungen, und zwar auch solche, die sich der Mensur einfügen, in der niederländischen Chorpolyphonie im allgemeinen vermieden wurden. Heinrich Besseler sprach von einer *„Prosamelodik"*, die *„immer Neues bringt"*[25].

Daß die Mensurzeichen nur in geringem Maße ein rhythmisches Muster vorschrieben, zeigt sich auch an der auffälligen Tatsache, daß das Tempus perfectum im späteren 16. Jahrhundert veraltete, ohne daß man auf dreizeitige Gruppierungen verzichtet hätte[26]. Und es

---

[21] H. Birtner, *Die Probleme der spätmittelalterlichen Mensuralnotation und ihrer Übertragung,* ZfMw XI, 1928/29, S. 542.

[22] Wenn im Tempus perfectum weder eine Brevis perfiziert noch eine Semibrevis alteriert wird, kann der Satz im Tempus imperfectum notiert werden, ohne daß sich die Geltung der Notenwerte ändert (*Heinrich Isaac, Missa Carminum, Kyrie II und Osanna,* hg. von R. Heyden, *Das Chorwerk* 7, Wolfenbüttel 1930).

[23] A. a. O.

[24] Cappella I, a. a. O., S. 18.

[25] H. Besseler, *Singstil und Instrumentalstil in der europäischen Musik,* Kongreßbericht Bamberg 1953, S. 225 ff.

[26] C. Sachs, *Rhythm and Tempo,* New York 1953, S. 243 ff.

scheint, als sei die Unlust am Perfizieren und Alterieren, also ein notationstechnisches und aufführungspraktisches Motiv, der Grund zur Verdrängung des Tempus perfectum gewesen. Daß die Mensur auch eine rhythmische Gliederung andeutete, genügte nicht, um sie vor dem Veralten zu bewahren.

Es ist demnach nicht erstaunlich, daß in manchen Editionen von Mensuralmusik die Gliederungsstriche — seien es Takt- oder Mensurstriche — in unregelmäßigen Abständen gesetzt werden. Das Verfahren ist allerdings doppeldeutig. Wenn Hugo Riemann Taktstriche verschob[27], so war der Eingriff als Korrektur einer mangelhaften Originalnotation gemeint: bei Musik des 15. Jahrhunderts nicht anders als bei Werken aus dem 18. oder 19. Jahrhundert. Riemann war überzeugt, daß einzig die Scheu, gegen die Schreibkonvention des gleichmäßigen Taktes zu verstoßen, die Komponisten daran hinderte, den Taktwechsel, den sie empfanden, auch zu notieren. Und er sah es als Ziel des Edierens an, das musikalisch Gemeinte von der Kruste einer Notationsgewohnheit, durch die es verdeckt wurde, zu befreien.

Stammt dagegen die unregelmäßige Gliederung von einem Herausgeber, der niemals Mozarts oder Beethovens Taktstrichsetzung antasten würde, so beruht sie auf der Prämisse, daß Mensurzeichen keine feste Gliederung vorschreiben, daß also die Gruppierung der Zeitwerte zu Phrasen Sache des Interpreten sei, der sich, als Musiker des 20. Jahrhunderts, zur Verdeutlichung der Hilfszeichen bedienen dürfe, die ihm die moderne Notation zur Verfügung stellt. Die Takt-, Mensur- oder Artikulationsstriche, die Otto Gombosi zu einem differenzierten System entwickelte[28], sind dann als zusätzlicher Kommentar des Herausgebers zur Musik, nicht als Übertragung oder Korrektur originaler Zeichen zu verstehen.

Sowohl Takt- als auch Mensurstriche werden einerseits zu unregelmäßiger, andererseits zu regelmäßiger Teilung benutzt[29]. Die unregelmäßige, der in der Originalnotation nichts entspricht, ist zweifellos als Interpretation der Musik gemeint, als Darstellung von deren Gliederung, wie sie der Herausgeber auffaßt. Dagegen ist die regelmäßige doppeldeutig. Sie kann als Aufzeichnung einer musikalisch realen Gruppierung, aber auch als bloßes System von Markierungen erklärt werden, das den Überblick erleichtern soll, ohne einen musikalischen Sachverhalt auszudrücken. Und die Entscheidung zwischen einer Teilung, die auf musikalisch Wirkliches zielt, und einem bloßen System von Markierungen ohne musikalische Relevanz, die Bedeutung also, die der Herausgeber den Strichen zumißt, dürfte von größerem Gewicht sein als die Wahl zwischen Takt- und Mensurstrich. Der Streit über bloße Mittel droht manchmal die Reflexion über deren Zwecke in den Hintergrund zu drängen.

[27] Vgl. oben, Anmerkung 6.
[28] O. Gombosi, Rezension von Johannes Ockeghem, Collected Works II, hg. von D. Plamenac, New York 1947 in JAMS I, 1948, S. 51 f.
[29] Instruktiv ist der Vergleich zwischen zwei Editionen der Missa Mi Mi von Ockeghem: D. Plamenac (a. a. O., Band II) verwendet Taktstriche in starr regelmäßigen Abständen, H. Besseler (Chorwerk 4, Wolfenbüttel 1930) Mensurstriche in manchmal unregelmäßigen Abständen.

Tactus, Tempus, Modus

1. Mensurzeichen sind primär Tempuszeichen. Der Tactus, die Unterteilung des Tempus, ist nicht explizit bezeichnet, sondern nur mitgemeint: Im Tempus non diminutum galt der Tactus alla Semibreve, im Tempus diminutum der Tactus alla Breve als Norm, die allerdings Ausnahmen duldete.

Ob Mensurzeichen — außer dem Tempus, das sie vorschreiben — einen Modus, also eine übergeordnete Gliederung, implizieren, ist ungewiß. Denkbar wäre, daß der zweizeitige Modus minor imperfectus gemeint war, aber nicht notiert wurde, weil er als selbstverständlich galt. Doch ist niemals untersucht worden, ob es Sätze gibt, die durchgehend im Modus minor imperfectus stehen oder in denen wenigstens die rhythmischen Muster und die Stellung der Klauseln einer Zusammenfassung von je zwei Tempora nicht widersprechen. In Armen Carapetyans Ausgabe von Brumels Missa *L'homme armé*[30] sind die Mensurstriche primär Modusstriche. Carapetyan sah sich jedoch durch den „Prosarhythmus", der sich keinem festen Schema fügt, dazu gezwungen, zwischen dem Modus minor imperfectus und dem Modus minor perfectus zu wechseln oder isolierte Tempora, die sich nicht zu einem Modus minor ergänzen, einzuschieben. Das Verfahren, Modus- statt Tempusstriche zu ziehen, setzt demnach nicht voraus, daß einem Satz oder Satzteil ein gleichmäßig durchgehender Modus zugrundeliegt, und es impliziert nicht einmal, daß ein bestimmter Modus als Norm vorherrscht, von der sich die übrigen Gruppierungen als bloße Ausnahme abheben. Der Modus war, wenn er überhaupt eine rhythmische Realität darstellte, eine schwach ausgeprägte.

2. Daß es, wie erwähnt, möglich war, das Zeichen c in den Kombinationen c2 und c3 als Moduszeichen zu verstehen, besagt nichts anderes, als daß eine Beschleunigung des Zeitmaßes die umfassendere rhythmische Einheit prägnanter hervortreten läßt. Da man die übergeordnete Gruppierung, die Zusammenfassung von zwei perfekten Breven zu einer Phrase, bei der Proportio tripla deutlich empfand, während sie beim Tempus perfectum kaum spürbar war, interpretierten manche Theoretiker den Halbkreis c als Modus- und die Ziffer 3 als Tempuszeichen. (Nach der entgegengesetzten, häufigeren Erklärung ist das zweizeitige Tempus zwar die Voraussetzung der dreizeitigen Proportio, wird aber durch die Proportio aufgehoben; der Halbkreis c bezeichnet die Bezugseinheit der Tripla, nicht eine übergeordnete Gruppierung.)

3. Die Editionsmethode, statt der Grenzen des Tempus oder des Modus die des Tactus zu markieren[31], stützt sich auf die Hypothese, daß der Tactus in allen Mensuren von gleicher Dauer gewesen sei, daß also die Verschiedenheit der Mensuren keine Tempodifferenz bedeutete, sondern nichts anderes besagte, als daß der immer gleiche Tactus, das Maß der Musik, durch wechselnde Notenwerte ausgefüllt wurde. Doch ist erstens die Voraussetzung brüchig und durch Theoretikerzeugnisse widerlegbar[32], obwohl bereits die Theo-

---

[30] *Antoine Brumel, Opera Omnia* Band I, Rom 1951, hg. von A. Carapetyan.
[31] *Jacobus Obrecht, Opera omnia, Editio altera, Missae VII: Maria zart*, hg. von M. van Crevel, Amsterdam 1964; vgl. dazu C. Dahlhaus, Mf XX, 1967, S. 425 ff.
[32] C. Dahlhaus, *Zur Theorie des Tactus im 16. Jahrhundert*, AfMw XVII, 1960, S. 22 ff.

retiker des 15. und 16. Jahrhunderts zur Simplifizierung neigten und sich um eine Unterwerfung der musikalischen Wirklichkeit unter einfache und feste Normen bemühten. Zweitens bestand bei einigen Mensuren eine Alternative zwischen zwei Schlagarten; das Tempus imperfectum diminutum konnte entweder im Tactus maior alla Breve oder im Tactus minor alla Semibreve geschlagen werden. Ein Mensurzeichen impliziert also keinen bestimmten Tactus, so daß die Tactusmarkierung nicht als Übertragung der Bedeutung eines originalen Zeichens gelten kann: Der Tactus alla Breve war zwar die normale, aber nicht die einzig mögliche Schlagart im Tempus imperfectum diminutum. Drittens muß nach der Hypothese des immer gleichen Tactus dem Tempus perfectum diminutum ein Tactus alla Breve zugrundegelegt werden, der sich mit den Tempusgrenzen überschneidet:

$$\Phi \qquad \overline{\diamond \quad \diamond \quad \diamond} \quad \overline{\diamond \quad \diamond \quad \diamond}$$
$$\downarrow \quad \uparrow \quad \downarrow \quad \uparrow \quad \downarrow \quad \uparrow$$

Der verquere Tactus, der Sesquitactus genannt wurde, mag manchmal geschlagen worden sein, war aber zweifellos nicht als reale musikalische Gliederung gemeint, denn sonst wäre es unverständlich, warum ein dreizeitiges Tempus notiert worden ist. Der Irrtum des Verfahrens, statt des Tempus den Tactus zu markieren, besteht demnach in nichts anderem, als daß ein Hilfsmittel der Aufführungspraxis zum fundierenden Prinzip der Übertragung des musikalischen Textes erhoben wird.

Schluß

Von den Funktionen, die ein Mensurzeichen erfüllt, ist die im engeren Sinne notationstechnische, die Unterscheidung zwischen zwei- und dreizeitigen Breven und Semibreven, kaum problematisch: Die Werte der Noten werden in sämtlichen Editionen, auch den archaisierenden, ausgeschrieben.

Die Temporelationen der Mensuren sind selten so eindeutig, daß das grobe Mittel einer abgestuften Verkürzung der Notenwerte — der Wechsel zwischen den Reduktionen 1:2 und 1:4 — genügt, um dem, was gemeint ist, gerecht zu werden. Andererseits ist eine Entscheidung über das Tempo unumgänglich; denn die Festsetzung eines Zeitmaßes war eine der Funktionen der Mensurzeichen, und eine Edition, die dem Problem der Temporelationen ausweicht, ist nicht nur musikalisch, sondern auch philologisch unvollständig: Sie vernachlässigt ein Teilmoment der Originalnotation.

Der Streit um Takt- und Mensurstriche und um regelmäßige und unregelmäßige Gruppierungen der Notenwerte wäre weniger verworren, wenn die Arten von Editionen und deren Charakter und Zweck deutlicher unterschieden würden. (Daß man in der editorischen Praxis manchmal gezwungen ist, nach einem Ausgleich zwischen auseinanderstrebenden Tendenzen zu suchen, braucht die Theorie nicht zu trüben; so unvermeidlich Kompromisse sein mögen, so überflüssig ist es, sie zu Synthesen zu stilisieren.) Teilungsstriche in regelmäßigem Abstand, die der Orientierung dienen, ohne als Ausdruck einer musikalisch realen Gliederung gemeint zu sein, charakterisieren eine Edition als praktische Ausgabe — daß eine Lesehilfe Polemiken und Apologien herausforderte, die sich als philologische Auseinandersetzungen drapierten, ist kaum begreiflich. Philologisch relevant und gerechtfertigt wären die Teilungsstriche erst, wenn sich zeigen ließe, daß die Tempora als feste und gleichmäßige Gruppierung — als Analogon zu Takten — gemeint waren, daß also die Mensurzeichen in der Originalnotation eine Bedeutung hatten, die sich in der Übertragung nur durch Gliederungsstriche adäquat darstellen läßt. Bei Teilungsstrichen in unregelmäßigem Abstand handelt es sich weder um eine bloße Lesehilfe noch um die Übertragung eines Zeichens der Originalnotation, sondern um einen Kommentar zur Musik: um die Notierung der musikalisch realen Gliederung, wie sie der Herausgeber versteht. Und die Edition wäre, im Unterschied zu einer praktischen einerseits und einer ausschließlich philologischen andererseits, als Interpretationsausgabe zu bezeichnen.

Kurt Dorfmüller

Die Edition der Lautentabulaturen

Die in Tabulatur aufgezeichneten Lautenkompositionen J. S. Bachs und seines Zeitgenossen
S. L. Weiss sind letzte bedeutende Zeugnisse einer alten Kunstübung. Lautenspiel und
Tabulaturschrift gerieten nach ihnen rasch in Vergessenheit. Immerhin finden sich noch
einige Belege aus der Zeit um und nach 1800: so die in der Deutschen Staatsbibliothek
Berlin erhaltene Tabulatur des schon anachronistisch anmutenden, bis 1814 nachweis-
baren Lautenisten J. Ch. G. Scheidler (Variationen über das Champagnerlied aus Mozarts
Don Giovanni) oder die in Süddeutschland überlieferten Mandola- und Calichon-Tabula-
turen[1].
Es gab also vermutlich noch Musiker, die aus der Tabulatur spielten, als 1831 R. G.
Kiesewetter in der Allgemeinen Musikalischen Zeitung[2] diese Notationsform als eine
historische Kuriosität wieder ans Licht zog. Kiesewetter stand den Musikaufzeichnungen
ohne Noten fremd gegenüber. Er nennt die deutsche Orgeltabulatur eine *„lächerliche Buch-
stabentabulatur"*, eine *„wunderliche Schrift"*, die man unverständlicherweise benützte in
„einer Zeit, wo die herrliche Note schon bekannt gewesen". Daß vortreffliche Organisten,
„die doch das Bessere erlernt haben mussten", daran festhielten, kann er sich nur mit
ihrem Hang zu Geheimniskrämerei erklären, um die Unberufenen abzuschrecken. Er macht
sogar neben anderen Faktoren die *„abschreckende Tabulatur"* dafür verantwortlich, daß
die Laute außer Gebrauch kam. Denn diese Lautennotation konnte *„bei dem Beschauenden
ganz und gar keine musikalische Idee erwecken"* und *„nur mit den Fingern gelesen werden"*.
Bei der italienischen Lautentabulatur sei *„höchst sonderbarer Weise und aller sonst
gebräuchlichen Stimmen-Ordnung entgegen die Sangsaite unten und die Bässe . . . oben"*
aufgezeichnet. Daß dies der Haltung der Laute entspricht, wird nicht erwähnt. Weiter
wird beanstandet, daß die Stimmführung intavolierter Vokalwerke nicht rekonstruierbar
sei: *„Man muß froh sein, wenn man den Gang des Basso continuo erkennt."*
Kiesewetters Äußerungen blieben, wie es scheint, von seinen Zeitgenossen unwidersprochen.
Man darf ihnen also einige Verbindlichkeit für diese Jahre zuschreiben. Aus ihnen spricht
Fremdheit gegenüber der Laute (obwohl Kiesewetter mit Gitarre und Gitarrenmusik
vertraut war) und noch mehr gegenüber improvisatorischem Musizieren. Daß die *„herrliche
Note"* durch ihre eindeutige Präzision auch einengt, wird nicht gesehen. Es herrscht das
abstrakte Idealbild der vollkommenen „klassischen" Polyphonie, wie es sich in den
kirchenmusikalischen Reformbestrebungen dieser Jahre ausdrückt. Damals suchten Männer

---

[1] Vgl. u. a. Rudolf Lück, *Ein Beitrag zur Geschichte des Colascione und seiner süddeutschen Tondenkmäler im 18. Jahrhundert.* Diss. Erlangen 1954, maschinenschr.
[2] R. G. Kiesewetter, *Die Tabulaturen der älteren Praktiker . . . aus dem Gesichtspunkt der Kunst-
geschichte betrachtet.* AMZ Jg. 33 (1831), S. 33 ff.

wie Proske, Thibaut und Aiblinger in den alten Quellen die verlorene „*Reinheit der Tonkunst*" (Thibaut), und auch Kiesewetter bezeichnete „*als das Kostbarste*" seiner reichen musikhistorischen Sammlung³ jenen Teil, den er „*Galerie der alten Contrapunktisten*" nannte.

Es dauerte fast 50 Jahre, bis eine veränderte Betrachtungsweise Platz griff und eine lebhafte Diskussion sich um objektives Verständnis des Gegenstandes bemühte. In der Allgemeinen Musikalischen Zeitung (Leipzig) von 1879 besprach Friedrich Chrysander die Tabulaturen in seinem *Abriß einer Geschichte des Musikdruckes vom 15. bis zum 19. Jahrhundert*. Die Natur der Tasten- und Zupfinstrumente bedinge „*im Harmonischen mehr oder weniger eine freie, nicht künstlich kontrapunktistische Musik*". Daher sei auch „*der Vortrag frei, gleichsam improvisiert, und die Aufzeichnung beschränkt sich auf kurze, möglichst übersichtliche Andeutungen*" (Sp. 209). Die Lautentabulatur sei „*die sonderbarste und zugleich die am meisten berechtigte*" Notation. Sie gebe die Mehrstimmigkeit wieder, die im 15. Jahrhundert auf andere Weise sehr schwer zu bezeichnen gewesen sei, und biete zugleich „*eine bildliche Anleitung zum Lautenspiel*". Diese letzte Formulierung umreißt bereits das, was Schrade später als die „Realistik" aller Instrumentaltabulaturen herausstellte⁴: Sie spiegeln nicht Musik als ideale Vorstellung oder abstrakte res facta wider, sondern sie bezeichnen die anzuschlagenden Tasten der Klaviatur oder die auf dem Lautenkragen zu greifenden Saiten und Bünde; sie halten den manuellen Vorgang fest, der die Musik zur Verwirklichung bringt, nicht mehr. Dabei müssen wir freilich Abstufungen beobachten. In der deutschen Orgeltabulatur z. B. fällt die Bezeichnung der Taste mit dem Tonnamen zusammen, so daß der Lesende ohne realen Spielvorgang sich unmittelbar die Musik vergegenwärtigen kann. Diese Koinzidenz ist möglich, weil die Klaviatur das Oktavensystem widerspiegelt. Dagegen läßt sie sich bei den Lauteninstrumenten nicht erreichen, da deren Saiten in beliebigen, von der Spielpraxis diktierten Intervallen gestimmt sind. Als Konsequenz ergibt sich die „realistische" Beschränkung auf das Instrument, am deutlichsten verwirklicht in den romanischen Lautentabulaturen, die ein Schema der Saiten abbilden. Das ist wohl auch der Grund, warum ihnen Chrysander mehr Vollkommenheit zuschreibt als der deutschen Lautentabulatur.

Im gleichen Jahr 1879 bespricht Wilhelm Tappert in der Allgemeinen Deutschen Musik-Zeitung *Drei Bücher Musikgeschichte* und läßt dabei einen Exkurs über die Tabulaturen einfließen (S. 289 ff.). Er glaubt an die von Virdung und Agricola angedeutete Erfindung der deutschen Lautentabulatur durch Conrad Paumann: „*Für die Auffindung der Griffe durch Zeichen zu sorgen, mochte dem Blinden als das Allernotwendigste erscheinen.*" Die Schrift sei also „*vernünftig*" und „*als erster Versuch . . . nicht übel*". Er deutet damit an, was ich durch eine vergleichende Analyse der deutschen und der romanischen Tabulaturen bestätigt zu haben glaube⁵: Die deutsche Lautentabulatur ist nur bedingt als Spiegel

---

³ *Catalog der Sammlung alter Musik des K. K. Hofrathes Raphael Georg Kiesewetter* . . . Wien 1847. S. VIII.
⁴ Leo Schrade, *Die handschriftliche Überlieferung der ältesten Instrumentalmusik*, Lahr 1931, S. 105 ff.
⁵ Kurt Dorfmüller, *Studien zur Lautenmusik in der ersten Hälfte des 16. Jahrhunderts*, Tutzing 1967, S. 69 ff. (Münchner Veröffentlichungen zur Musikgeschichte Bd. 11).

einer musikalischen Kunstübung zu betrachten; sie wird vielmehr in weitem Umfang durch pädagogische Zweckmäßigkeit bestimmt. Diese Einsicht muß zu editorischen Konsequenzen führen.

In der gleichen Besprechung eröffnet Tappert die noch heute fortdauernde Diskussion über die richtige Methode der Tabulatur-Umschrift (S. 298). Er wendet sich gegen die Übertragungen, die W. J. von Wasielewski in seiner *Geschichte der Instrumentalmusik im XVI. Jahrhundert* gab (Berlin 1878). Wasielewski übertrug die Tabulaturzeichen in Noten ohne einen Versuch, die Stimmführung zu rekonstruieren. Denn mit solchen Versuchen *„würde man das Gebiet einer unbegrenzten und unberechtigten Speculation betreten und schließlich nur die kunstgeschichtliche Anschauung trüben. Wir haben uns einfach an das zu halten, was vor uns auf dem Papier steht"* (S. 115, Anm. 1). Dagegen betont Tappert, daß man durchaus Anhaltspunkte für die Rekonstruktion der Stimmführung habe. Er verweist auf das Fortklingen der Saiten und auf die Anweisungen der alten Lautenisten zum Aushalten der Töne. Durch die Gegenüberstellung von Vorlage und Intavolierung, wie etwa in dem Druck *Ghirlandia . . .*, Rom 1589, könne man lernen, *„wie's gemacht wurde"* und *„wie es gemeint war"*.

Mit Wilhelm Tappert (1830—1907) tritt erstmals ein Musiker, Pädagoge und Schriftsteller auf, der auch innerlich an der in den Tabulaturen überlieferten alten Musik Anteil nimmt und sie seinen Zeitgenossen schmackhaft machen möchte. Seine Wagnerbegeisterung trifft sich mit seiner Freude am Altdeutschen. Als Komponist bearbeitet er altdeutsche Lieder (1872); seine — noch heute als Quelle wichtige — Anthologie von 100 Lautenstücken trägt den bezeichnenden Titel *Sang und Klang aus alter Zeit* (1906). In seiner Ausgabe kümmert er sich weniger um die Originaltreue als um die Wirkung auf das Publikum: Er notiert im Klaviersatz und geht mit Fülltönen, Kürzungen u. dgl. frei um. Die Oktavverdoppelung der Baßchöre wird ausgeschrieben.

In eine ähnliche Richtung geht die nach 1880 beginnende Herausgebertätigkeit von Oscar Chilesotti (1848—1916). Er bietet z. T. Umschriften im Klaviersatz, z. T. benützt er die moderne Gitarrennotation auf einem System mit oktaviertem Violinschlüssel, wobei er auch die moderne E-Stimmung der Gitarre zugrunde legt; doch wird der dritte Chor umgestimmt, so daß die relative Lautenstimmung erhalten bleibt. Von den Gitarristen, die er damit ansprach, sind Heinrich Scherrer und sein Münchener Kreis bemerkenswert; Scherrer stellte von Stücken des 16. Jahrhunderts, z. T. nach Chilesottis Vorlagen, extreme Gitarren-Arrangements im Salongeschmack der Jahrhundertwende her.

Wasielewski war offenbar der Auffassung, daß die „philologische", d. h. ergänzungslose Transkription der Lautentabulaturen als Notation nicht hinter ihrem Gegenstand zurückblieb; denn er empfand Musik und Aufzeichnung gleichermaßen als „unkünstlerisch" (a. a. O., S. 36 und 45), und er schrieb der Laute nur beschränkte Möglichkeiten zu. Ein Bedürfnis zur Wiedererweckung dieser Musik — er behandelte vorwiegend die deutschen Lautenbücher des 16. Jahrhunderts — fühlte er nicht. Anders ist die Situation bei Oskar Fleischer, der in seiner Studie über Denis Gaultier (VfMw Jg. 2, 1886) einen Gegenstand von unbestreitbarem musikalischem Rang behandelte. Auch er überträgt ergänzungslos, aber keinesfalls aus Gleichgültigkeit, sondern aus wissenschaftlichen Erwägungen. Als Ziel seiner philologischen Umschrift erklärt er, *„daß die Originalquellen entbehrlich,* *aber eine Kontrolle des Textes dennoch trotz der Übertragung möglich bleibt*". Es sei aber „*der ärgste Fehler, zu glauben, daß die Töne* . . . *nur so wenig gälten, als die Noten andeuten*". Man müsse immer die Regeln über das Aushalten der Töne bedenken (S. 94 f.). Die Stücke erschienen in seiner Übertragung „*keineswegs polyphon, aber sie erklangen* . . . *durchaus als solche*". Der besondere Reiz habe gerade darin bestanden „*zu hören, wie sich vor dem Ohre aus diesem scheinbaren Nacheinander der Töne ein Miteinander entwickelte*" (S. 79 f.). Fleischer geht es um die Eigenart des latent-polyphonen Stils, den er auch in der Notation gewahrt haben will. „*Es wäre leicht genug gewesen, die Stücke mehrstimmig auszusetzen, wofür ja Perrine's Übertragung ein Vorbild abgab*"[6]. Fleischer läßt also Tapperts Argumente nicht gelten. Eine Umschrift für ein anderes Instrument schafft ein neues Werk, gleichgültig ob sie den Tonbestand verändert oder beibehält und ob sie zeitgenössisch ist oder nicht. Die deutsche Lautentabulatur erscheint übrigens auch Fleischer als „*unglückliche Erfindung*".

Mit der grundlegenden Dissertation von Oswald Körte, *Laute und Lautenmusik bis zur Mitte des 16. Jahrhunderts*, Leipzig 1901, beginnen die Versuche wissenschaftlich fundierter Kompromißlösungen. Körte erkennt Fleischers Standpunkt an, gibt aber zu bedenken, daß bei der Übertragung aus einer toten in eine lebendige Tonschrift leicht die Absichten und Wirkungen der ursprünglichen Notation verloren gehen (S. 6). Was er damit andeutet, kann man vielleicht folgendermaßen präzisieren: Die Tabulaturzeichen markieren nur den Zeitpunkt des Anschlages, nicht die Klangdauer, und zeigen — wenigstens in den romanischen Tabulaturen — lediglich die Lage des Tones im Saiten-Raum an; sobald die moderne Note mit Cauda und Fähnchen bzw. Balken erscheint, erweckt sie die Vorstellung einer definierten Tondauer und einer gewissen Stimm- oder Akkordzugehörigkeit. Es findet also auch bei streng philologischer Übertragung eine Umdeutung statt, der man durch Erläuterungen begegnen muß.

Körte bemühte sich um die Feststellung objektiver Gegebenheiten, nach denen sich eine musikalische Ergänzung richten kann und muß. Es sind: die vernehmbare Klangdauer der angeschlagenen Lautensaite, die spieltechnischen Möglichkeiten und die diesbezüglichen Anweisungen der alten Lehrbücher. Trotzdem bleibt eine gewisse Subjektivität der Deutung, der nach Körte letztlich nur durch das Spielen nach der Originaltabulatur begegnet werden kann. In seinen Übertragungen hält er mit Ergänzungen zur Darstellung der Stimmführung sehr zurück. Er benützt die Klaviernotation so, daß im unteren System nur die unteren mit Oktavverdoppelung versehenen Chöre notiert sind.

Anläßlich des 3. Kongresses der IMG in Wien 1909 (Haydn-Zentenarfeier) wurde angeregt, eine einheitliche Methode der Tabulatur-Übertragung zu entwickeln. In dem einleitenden Referat kritisierte Adolf Koczirz[7], daß die bisherigen Systeme „*nur ein mehr oder weniger ausgeführtes Bild des musikalischen Inhalts*", aber keine Auskunft „*über die*

---

[6] *Pièces de luth en musique avec des règles pour les toucher parfaitement sur le luth et sur le clavecin*. Paris 1680. Darin gab Perrine Lautenstücke von Gaultier in Klaviernotation heraus.
[7] Adolf Koczirz, *Über die Notwendigkeit eines einheitlichen, wissenschaftlichen und instrumental-technischen Forderungen entsprechenden Systems in der Übertragung von Lautentabulaturen.* In: III. Kongreß der Internat. Musikgesellschaft, Wien 1909. Bericht. Wien, Leipzig 1909, S. 220 ff.

vorgeschriebene Art der technischen Ausführung" gäben (S. 222). Wenn in der Übertragung geeignete Symbole für die technische Ausführung gegeben werden können, wäre seiner Meinung nach die Übertragung fähig, die originale Tabulatur zu ersetzen. Die unter diesem Gesichtspunkt von einer Kommission unter J. de Ecorcheville festgelegten Normen wurden 1912 in ZIMG (Jg. 14, S. 1 ff.) veröffentlicht, nachdem sie Koczirz kurz vorher in seinem Band *Österreichische Lautenmusik im 16. Jahrhundert* (DTOe Jg. XVIII, 2 = Bd. 37) auf S. XLVIII knapp formuliert und im Notenteil praktisch durchgeführt hatte. Man einigte sich auf eine Umschrift in Klaviernotation, wobei allerdings Koczirz die wichtige Empfehlung, beide Systeme einander so weit wie möglich anzunähern, nicht befolgte. Tondauer und Stimmführung wurden nach Gesichtspunkten der musikalischen Faktur, der Spieltechnik und der Akustik des Lautenklanges festgelegt, Zeichen für Fingersätze, Bünde und Saiten, soweit nötig, eingetragen.

Diese Kompromißlösung, die besonders den Nicht-Lautenisten entgegenkommt, wirkte auf die Editionspraxis bis heute in weitem Umfang richtunggebend. Daß sie die originale Tabulatur ersetzen könne, wurde dagegen von wissenschaftlicher Seite nicht anerkannt. Leo Schrade und Otto Gombosi, in der Frage der Umschrift extreme Antagonisten, gaben ihren Ausgaben die Tabulatur bei: Schrade 1927 in seiner Milan-Ausgabe [8], Gombosi 1955 in seiner Capirola-Edition [9]. Dem gleichen Prinzip folgten andere wichtige Editionen (Tessier, Neemann u. a.), und schließlich stellte das 1957 in Paris durchgeführte Colloquium *Le Luth et sa Musique* die Grundsatzforderung auf, stets Original und Umschrift zusammen zu veröffentlichen [10].

Über Sinn und Ziel der Umschrift liegt eine Grundsatzdiskussion zwischen Leo Schrade und Otto Gombosi vor, in der beide Antagonisten trotz gegensätzlicher Resultate ihre Argumentation ausdrücklich als „historisch" bezeichnen [11]. Unter Berufung auf die verlorengegangenen lautentechnischen und stilistischen Selbstverständlichkeiten fordert Gombosi die Darstellung des musikalischen Sinnes, wobei er auch technisch bedingte Einschränkungen nicht anerkennt. Man solle einen polyphonen Satz schreiben, den der Lautenist soweit zu realisieren hat, als es die instrumentalen Möglichkeiten gestatten. Das Nichtausführbare unterbleibe ohnehin. (Um den musikalischen Sinn darzustellen, wählt Gombosi in seiner letzten Edition, dem schon genannten Capirola-Lautenbuch, übrigens auch

---

[8] Don Luys Milan, *Libro de musica de vihuela de mano, intitulado El Maestro.* Valencia 1535. Hrsg. v. Leo Schrade, Leipzig 1927. (*Publikationen älterer Musik,* Jg. 2.)
[9] *Compositione di meser Vincenzo Capirola. Lute-book (ca. 1517)* ed. by Otto Gombosi. Neuilly-sur-Seine 1955. (Publications de la Société de musique d'autrefois, 1.)
[10] *Le Luth et sa Musique. Etudes réunies et présentées par Jean Jacquot.* Paris 1958. (*Collection Le Chœur des Muses.*) Darin besonders S. 311 f.
[11] Leo Schrade, *Das Problem der Lautentabulatur-Übertragung.* ZfMw 14 (1932/33), S. 357 ff.; ders., Vorw. zur Milan-Ausgabe, vgl. Anm. 8. — Otto Gombosi, Besprechung von Schrades Milan-Ausgabe. ZfMw 14, S. 186 f.; *Bemerkungen zur Lautentabulatur-Frage,* ebenda 16 (1934/35), S. 497 ff.; zur gleichen Frage auch Gombosi, A la recherche de la forme dans la musique de la renaissance: Francesco da Milano. In *La musique instrumentale de la Renaissance. Etudes réunies et présentées par Jean Jacquot.* Paris 1955, S. 165 ff. (vgl. a. die Besprechung von H. Albrecht in Mf 10, 1957, S. 416).

13

eine von der Vorlage gänzlich unabhängige Takteinteilung.) Schrade betont dagegen, daß ein polyphoner Satz durch die Übernahme auf die Laute radikal umgewandelt werden könne. An Stelle der Vokalpolyphonie trete die dem Instrument eigene labile „Lautenpolyphonie". Diese darzustellen, sei die Tabulatur ein vollkommenes Mittel. Eine Übertragung, die mehr gebe als die Tabulatur, gehe den gleichen Weg zurück, den die Tabulatur vordrang. Sie führe in historische Schichten, die der Lautentabulatur vorgelagert sind, und gebe nicht die wirkliche Lautenkomposition.

Beide Forscher dringen in mancher Hinsicht tiefer zur Wesenserkenntnis der Tabulatur vor als ihre Vorgänger. Ihre beiden Umschriftmethoden bleiben aber problematisch, da die moderne Notation zu einer Präzision zwingt, die der aufgezeichneten Musik nicht adäquat ist. Da in den wenigsten Lautenstücken die Stimmführung eindeutig erkennbar ist, können die meisten der von Gombosi geforderten Rekonstruktionen nur eine von mehreren Möglichkeiten darstellen. Aber auch für Schrades System trifft zu, was schon Körte andeutete: Die Umschrift verändert notwendig die Aussage des Originals. Sobald man an Stelle der von der Tabulatur gegebenen Anschlag-Symbole Noten setzt, wird das Ende jedes Tones festgelegt, und die Cauden erwecken den Eindruck von Akkord- oder Stimmzugehörigkeiten.

Außerdem berücksichtigte die beiderseitige Argumentation zu wenig, daß die verschiedenen Tabulatursysteme, die Niveauunterschiede der aufgezeichneten Musik und der Aufzeichnenden, das Publikum, an das sie sich wenden, die durch fast drei Jahrhunderte sich wandelnden Stile und die verschiedenen Grade der Abhängigkeit der Intavolierungen von realstimmigen Vorlagen eine detailliertere und vergleichend-abwägende Betrachtungsweise fordern. Mag z. B. die Intavolierung eines Vokalsatzes noch so weitgehende Umbildungen aufweisen, so wird sie doch nicht zum autarken Instrumentalstück wie etwa eine Fantasie; die für den Intavolator und sein zeitgenössisches Publikum selbstverständliche Beziehung zum Modell muß in der modernen Edition auf irgendeine Weise wieder hergestellt werden. André Souris machte außerdem darauf aufmerksam, daß das, was bisher in der Übertragung an technischen Möglichkeiten berücksichtigt wurde, eine einseitige Auswahl weniger Grundgegebenheiten sei. Die Edition müsse von den reichen Möglichkeiten des Lautenspiels ausgehen und zur Erkenntnis einer musikalischen Syntax gelangen, in der alle Faktoren musikalischer und spieltechnischer Art ihren Platz haben [12].

Der Glaube an eine Umschrift, die das originale Tabulaturbild ersetzen könnte, wird heute kaum mehr vertreten. Auch die Lautenisten selbst fordern in wachsendem Maße die Tabulatur als Spielvorlage. Die ihr beigegebene Übertragung nimmt damit immer mehr den Charakter eines Kommentars an, der subjektive oder hypothetische Züge tragen und sich dem Zweck der jeweiligen Edition anpassen darf und soll.

Eine andere Frage ist es, ob man von den Lautenisten die spielpraktische Beherrschung aller Tabulaturen fordern kann und muß. Würde man sich bei Neuausgaben auf ein einziges System — wohl das am weitesten verbreitete französische — beschränken, fände das Spielen nach der Tabulatur leichter allgemeine Verbreitung. Ist es historisch vertretbar,

---

[12] André Souris, *Tablature et syntaxe. Remarques sur le problème de la transcription des tablatures de luth.* In: *Le Luth et sa Musique* (vgl. Anm. 10), S. 285 ff.

italienisch oder deutsch intavolierte Vorlagen in diese Einheitstabulatur umzuschreiben? Das Problem ist noch nicht ausreichend diskutiert. Der Verfasser ist der Ansicht, daß die romanischen Tabulaturen einander ohne Verfälschung der Aussage ersetzen können, und er würde auch ohne prinzipielle Bedenken ein in deutscher Tabulatur aufgezeichnetes Original in französischer Tabulatur herausgegeben, sofern die Edition als Spielvorlage für Lautenisten gedacht ist[13]. Einer solchen Konzession an die Musikpraxis steht die grundsätzliche Scheu des Wissenschaftlers gegenüber, das originale Bild zu verlassen. Dies wissenschaftliche Unbehagen bedarf aber noch genauerer Begründung. Vielleicht könnte man sich darauf einigen, jeweils die Notenumschrift und die Tabulatur im französischen Einheitssystem zu edieren und — wenigstens bei nicht-französisch notierten Vorlagen — durch einige ausgewählte Facsimilia einen Eindruck von der Originalnotation zu vermitteln.

[13] Kurt Dorfmüller, *La tablature de luth allemande et les problemes d'édition.* In: *Le luth et sa Musique* (vgl. Anm. 10), S. 245 ff.

13 *

Tafel I a:

LA DEDICASSE.

Tafel I b: La Dedicasse.

Tafel I c:

T a f. I. Denis Gaultier: *La Rhétorique des Dieux*, daraus Fragment der Pavane „*La Dédicace"*.
a) Faks. aus dem sog. Hamilton-Codex (Berlin, Kupferstichkabinett), nach Oskar Fleischer in VfMw 2, 1886.
b) Übertragung von O. Fleischer in VfMw 2, S. 111. Fleischer bemerkt dazu: *„Den Klang der aus der Lautentabulatur übertragenen Stücke denke man sich eine Oktave tiefer, als sie notiert sind. Das untere der beiden Systeme hat den Zweck, die für die sogenannten Baß-Chorden bestimmten Töne ersichtlich zu machen".*
c) Übertragung von A. Tessier in: *Denis Gaultier, La Rhétorique des Dieux*, Paris 1932—1933, (Vol. 2), S. 1 (= *Publications de la Société Française de Musicologie*, Sér. I, Vol. 7).
Für den wenig polyphonen Anfang mit seinen lautenmäßig gebrochenen Akkorden erscheint die Schreibweise Fleischers angemessener, wogegen die freie Mehrstimmigkeit des zweiten Abschnittes bei Tessier mehr überzeugt. Beide Herausgeber benützen zwei beträchtlich auseinandergerückte Systeme und erhalten dadurch ein Schriftbild, das dem zweihändigen Spiel auf Tasteninstrumenten wesentlich gemäßer ist als der Laute und der lautenistischen Spielweise.

Tafel II:

Se io m'accorgo ben mio d'un altro amante.
(Nr. 2.)

T a f. II. Beispiel für eine subjektive gitarristische Bearbeitung der Zeit um 1900 aus: „*Da un Codice Lautenbuch del Cinquecento*", Trascrizioni in notazione moderna di Oscar Chilesotti. *Ausgewählte Perlen für die Guitarre*, eingerichtet von Heinrich Scherrer. Leipzig 1906, (Sammelausgabe S. 4; Einzelausgabe Nr. 2, S. 2).

Tafel III:

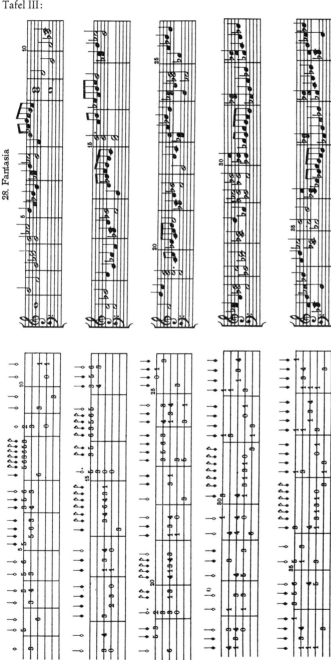

T a f . III. Luys Milan: *Libro de musica de viñuela de mano, intitulado El Maestro* (1535). Hrsg. von Leo Schrade, Leipzig 1927, S. 108 (= Publikationen älterer Musik, Jg. 2).
Schrade, der die Vollkommenheit und Unersetzbarkeit der Tabulatur am entschiedensten verfocht, druckte Tabulatur und Umschrift nebeneinander. Um jede subjektive Ausdeutung zu vermeiden, verzichtet die Transkription auch bei offenkundig polyphonen Sätzen auf jede Ergänzung. Dennoch verfremdet sie das Wesen der dargestellten Musik, da sie deren polyphone Struktur weniger erkennen läßt als die Tabulatur. Die eng zusammengerückten Systeme entsprechen dem lautenistischen Klangbild besser als die in Taf. I gezeigten Notationen.

Tafel IVa:

O mia cieca e dura sorte

[Marchetto Cara]

Tafel IVb:

O mia ciecha e dura sorte

Marco Cara

(Petrucci, Libro I)

Carta XIX r. - **Recercari: 3, 17, 22.**

Lauto grosso in Mi . La voce del sopran al terzo tasto de la sottana.

T a f. IV. Marchetto Cara: *O mia cieca e dura sorte.*

a) Intavoliert für Laute solo von Vincenzo Capirola, hrsg. von Otto Gombosi in: *Vincenzo Capirola, Lute book ca. 1517.* Neuilly-sur-Seine 1955, S. 10. (= *Publications de la Société de Musique d'Autrefois* 1).

b) Für Gesang mit Laute intavoliert in: *Intabulatura de Lauto, Libro primo.* Venedig 1507 (Petrucci). Hrsg. von Benvenuto Disertori in: *Le Frottole per Canto e Liuto intabulate da Franciscus Bossinensis,* Milano 1964 (= *Istituzione e Monumenti dell'arte musicale italiana,* Neue Folge Vol. 3, S. 352).

Der Vergleich der beiden Intavolierungen zeigt den im 16. Jh. üblichen Spielraum zwischen originalnaher und freier Instrumentalbearbeitung. Gombosis Umschrift will ohne Rücksicht auf technische Ausführbarkeit die hinter der Tabulatur vermutete musikalische Idee deutlich machen.

Tafel V:

T a f. V. Silvius Leopold Weiss: Allemande aus der Lautensuite d-moll (Sonate II), hrsg. von Hans Neemann in: *Lautenmusik des 17. und 18. Jahrhunderts*, Braunschweig 1939, S. 49 (= *Erbe deutscher Musik*, Reichsdenkmäler 12).

Die Transkription lehnt sich an die übliche moderne Gitarrenotation an, achtet auf technische Ausführbarkeit und bemüht sich, dem polyphonen und instrumentalen Charakter der Musik gleichermaßen gerecht zu werden.

Siegfried Hermelink

Bemerkungen zur Schütz-Edition

Birgt das Werk von Heinrich Schütz — hart an der Grenze zur musikalischen Neuzeit entstanden — überhaupt noch Editionsprobleme[1]? Tatsächlich hat sich die Wissenschaft mit der Besonderheit seiner musikalischen Überlieferung im Zusammenhang mit solchen so gut wie nicht befaßt, im Gegensatz zu den vielfältigen diesbezüglichen Bemühungen für vorhergehende Epochen; Spittas Gesamtausgabe (1885 ff.)[2] ist die bisher einzige wissenschaftliche Quellenpublikation und als solche bisher praktisch unangefochten geblieben[3]. Daraus allerdings schließen zu wollen, daß der Fragenkomplex bei Schütz nicht mehr aktuell oder aber doch durch Spittas Ausgabe gelöst sei, wäre beides gleich abwegig. Hiergegen spricht allein schon die fast unübersehbare Fülle praktischer Gebrauchsausgaben, die, insgesamt auf Spittas Gesamtausgabe fußend, in ihrer Einrichtung für die jeweilig gegenwärtigen musikalischen Verhältnisse von jener, aber auch untereinander in vielfacher Weise abweichen. Zum andern aber zeigen die der GA vorausgeschickten „Allgemeinen Bemerkungen", daß Spitta selbst die speziellen Anforderungen und Schwierigkeiten seines Unternehmens in editionstechnischer Hinsicht weitgehend erkannt hat. Er stellt, um dies zu erläutern, u. a. die Verhältnisse bei Buxtehude und bei Schütz einander gegenüber und will damit zeigen, daß die Herausgeberaufgabe bei Werken älterer Musik *„je weiter zurück sie liegen, je mehr sie sich in ihrem inneren Wesen von der heutigen Musik unterscheiden, desto schwieriger wird"*[4].

Der Unterschied der Musik dieser beiden Meister (und Zeitgenossen: Buxtehude zählte beim Tod Schützens 35 Jahre) greift wirklich ins innerste Mark und Wesen, und der Vergleich ist daher besonders aufschlußreich. Doch möchte man Spittas verhältnismäßig allgemein gehaltene Festellung gerne etwas präziser herausarbeiten und formulieren. Der Artunterschied zwischen Schütz und Buxtehude ist bekanntlich keineswegs nur als Auswirkung einer natürlichen, geradlinigen Fortbildung während einer oder zweier Generationen unter diesem oder jenem „Einfluß" zu begreifen. Hier verläuft offensichtlich eine Grenze grundsätzlicher Art: Schütz steht noch auf der einen, Buxtehude jedoch auf der anderen Seite. Die Merkmale dieses tiefgreifenden Umbruchs sind vielfältig,

---

[1] Die Frage wurde auf der Kommissionssitzung in Coburg (Oktober 1965) laut.

[2] *Heinrich Schütz, Sämtliche Werke*, Hg. von Philipp Spitta, 16 Bde., und 2 Erg.-Bde., hg. von A. Schering und H. Spitta. Im folgenden mit GA bezeichnet.

[3] Die Ausgaben einzelner inzwischen aufgefundener Werke oder Varianten (durch Grusnick, Schering, Moser, Schöneich u. a.) können in diesem Zusammenhang unberücksichtigt bleiben.

[4] GA 1, S. VI.

die Einzelheiten des Prozesses noch immer nicht restlos durchforscht [5]. Einen neuen, wertvollen Beitrag hierzu gab unlängst Martin Geck mit dem Hinweis auf die „Organistenmusik" des 17. Jahrhunderts [6]. Er meint damit den für viele Städte Mittel- und Norddeutschlands belegten, durch Schrumpfung der Kantoreien während des 30jährigen Krieges begünstigten Brauch (häufig sogar die ausdrückliche Verpflichtung) der Organisten, mit einem kleinen Apparat, bestehend aus einigen Instrumentalisten und einzelnen Sängern zuzeiten von der Orgelempore aus Kirchenmusik („Concertenmusik") auszurichten, auf welche Weise der Organist — bisher einer unter den übrigen Kantoreibediensteten — vielerorts und zunehmend in die Domäne des Kantors eindrang und diesen in seiner Funktion als geistige Mitte der Musik ablöste. Hier geschieht in der Tat etwas sehr Wichtiges. Hier vollzieht sich erst eigentlich und endgültig — vor verändertem soziologischem und geistesgeschichtlichem Hintergrund — jener entscheidende Wandel, den man gemeinhin und etwas verschwommen mit „Eindringen der Instrumentalmusik" bezeichnet, der mit der Erfindung des Generalbasses anhebt und nunmehr zu einer ganz neuen Musikauffassung, einer Vorstellung vom Wesen der Musik aus dem Aspekt des Klaviers, der Tastenreihe, des Klanges als „Akkord" führte. Mit einem ganzen Bündel konkreter satz- und notationstechnischer Konsequenzen bildet dieser Wandel übrigens eine Hauptvoraussetzung (auch dies zeigt Geck) für die „Durchseelung" des Instrumentalsatzes, wie sie für Buxtehude so charakteristisch ist und ohne die Bachs Werk ganz undenkbar wäre [7]. — In unserem Zusammenhang interessieren vor allem die entsprechenden Merkmale in den Quellen. Sie sind auffallend genug und erklären sich insgesamt aus den musikalisch-technischen Gegebenheiten und dem musikalischen Blickwinkel des Organisten: das Auftreten der „Tonartvorzeichnung" [8] (vielleicht das augenfälligste Kennzeichen, Folge und Spiegelung der ständigen Transpositionsanforderung an die Organisten, vorerst durch die mitteltönige Temperierung der Orgeln beschränkt auf bis zu zwei Kreuz- und zwei Be-Vorzeichen), Überlieferung der Werke in Partitur (häufig in Gestalt der Orgeltabulatur), Taktstriche auch in den Einzelstimmen, Verwendung von kleinen Notenwerten (Deklamation in Vierteln, Achteln und Sechzehnteln) [9], Ablösung der Mensurzeichen durch Taktvorzeichnung oder deren Vorläufer usw., kurz gesagt, wir begegnen unvermittelt der graphischen Ausdrucksweise unserer musikalischen „Neuzeit". Schütz dagegen ist der traditionellen (Arbeits-

---

[5] Die Schaffung des Terminus „Barockmusik" hat sich dabei allgemein für die Aufdeckung und das Verständnis der verwickelten Vorgänge im 17. Jahrhundert wie im besonderen in der Anwendung auf Schütz als Hemmnis erwiesen.

[6] Martin Geck, *Die Vokalmusik Dietrich Buxtehudes und der frühe Pietismus*, Kassel 1965, S. 60 ff.

[7] Eine der folgenschwersten, ebenfalls nur von der Orgel her erklärbaren Erscheinungen ist dabei die Sinnbefrachtung der bisher formelhaft-starren Diminutionsfloskeln, die dadurch zu Elementen der musikalischen Artikulation werden. Vgl. S. Hermelink in Fs. Müller-Blattau (1966), S. 11 ff.

[8] Hier und im folgenden im Sinne des engl. „key-signature". Die seit altersher übliche Vorzeichnung eines b im Bedarfsfall ist damit natürlich nicht gemeint.

[9] Hier steht die graphische Wertbezeichnung der Tabulatur ($|$, Γ , F usw.) Pate. Es handelt sich also wiederum nicht um eine „allmähliche Entwicklung", hier um allgemeine Verlangsamung des Tempos, sondern um einen Austausch der Art der Niederschrift als Nebenerscheinung des besagten Wandels.

und) Aufzeichnungsweise, wie er sie aus den Händen seiner Lehrer, des in Thorgau aufgewachsenen Kasseler Hofkapellmeisters Georg Otto und des Lassoschülers G. Gabrieli übernommen hat, zeitlebens treu geblieben. Noch 1661 gibt er den Beckerpsalter in Chorbuchgestalt in Druck[10]. Auch die Begegnung mit Monteverdi hat auf diesem Gebiet eine grundsätzliche Wendung nicht verursacht[11]. In den Quellen findet sich kein einziger Fall von Tonartvorzeichnung; Dreigliederung der Schlagzeit ist ausnahmslos in der herkömmlichen Weise der Mensuralnotenschrift (Tripeltaktnotierung in Breven und Semibreven mit den entsprechenden Unterarten) ausgedrückt. Wenn Schütz auch, wie er selbst (in bezug auf zweiteiligen Takt) sagt[12], „*nicht allezeit (nur) der Breven und Semibreven, sondern meistenteils der Minimen, Semiminimen und Fusen gebraucht*", so doch grundsätzlich nicht anders als auch Lasso oder Palestrina, zumal in den Madrigalen mit C-Vorzeichnung. Sechzehntel dienen der Aufzeichnung von Koloraturen[13]. Schützens Werk ist also noch ganz in dem die Vokalpolyphonie des 16. und beginnenden 17. Jahrhunderts kennzeichnenden Spätstadium der Mensuralnotenschrift überliefert und verlangt deshalb vom Herausgeber grundsätzlich dieselben oder ähnliche Überlegungen und Entschließungen, wie sie auch für die Musik jener Epoche gelten und unerläßlich sind, wenngleich die Grenzsituation die Aufgabe in mancher Hinsicht kompliziert.

Versuchen wir von dieser Sicht her Spittas Schützausgabe zu würdigen, so ist zunächst die Sicherheit zu bewundern, mit der der Bachbiograph und Herausgeber von Buxtehudes Orgelwerk an die Lösung seiner hier so andersartigen Aufgabe herangetreten ist und Prinzipien verwirklicht hat, deren Ergebnisse in wichtigen Teilen auch heute noch jeder Kritik standhalten: Zeugnis seines ungewöhnlichen historischen Spürsinns und Einfühlungsvermögens. Zwar war in Gestalt der Neudrucke des 19. Jahrhunderts (Commer, Proske, auch Palestrina-GA seit 1862) kein Mangel an Veröffentlichungen einschlägiger Art, die als Vorbild hätten dienen können[14]. Spitta hat jedoch — wie das Vorwort zeigt — die besondere Lage bei Schütz neu durchdacht und seine Entscheidungen spontan auf

---

[10] Auch in dem „*unter den Augen von Schütz*" (Spitta) angefertigten Ms. der Johannespassion (1665) stehen alle Figuralsätze in Chorbuchanordnung. Vgl. GA 1, S. XXX.

[11] Daß sie nicht ohne Spuren geblieben ist, braucht nicht besonders gesagt zu werden. Schütz selbst weist wiederholt auf die Notwendigkeit hin, seine „*auf die heutige italienische . . . Art gerichteten Kompositionen*" wegen der darin „*angeführten schwarzen Noten*" in deren „*gebührlicher Mensur*" auszuführen. Vgl. Abschnitt „*Ad benevolem lectorem*" der Vorrede zu den *Symphoniae sacrae* II, GA 7, S. V f. Aber gerade das beweist, daß er diese Art als Endstadium, als der „*Musik nunmehr endliche Vollkommenheit*" auf der Basis der Tradition versteht.

[12] GA 16, S. 5, Vorwort „*An den gutherzigen Leser*" in Bezug auf die Liedmelodien des Beckerpsalters.

[13] Einzelne bezeichnende Ausnahmen wiederum in den *Symphoniae sacrae*, z. B. GA 7, S. 61 (Konzert „*Hütet euch, daß eure Herzen nicht beschweret werden*"), wo der Satz „*und komme dieser Tag schnell über euch*" in Sechzehnteln (auf einem Ton) deklamiert wird.

[14] Winterfeld hat bekanntlich in der Beispielsammlung seiner Gabrieli-Biographie 1834 als erster eine Auswahl Schützscher Werke (teilweise unvollständig) veröffentlicht, woraus Commer die Motetten „*Die Himmel erzählen*" und „*Das ist je gewisslich wahr*" aus der Geistlichen Chormusik 1648 in *Musica sacra* III (1843) übernahm.

Grund seiner eigenen, aus breiter Quellenkenntnis gewonnenen Vorstellungen getroffen. Er war sich wohl bewußt, daß *„bisher noch bei keinem deutschen Komponisten des 17. Jahrhunderts eine kritische Publikation seiner gesamten Werke unternommen worden"* war, daher auch die rechte Methode erst zu schaffen sei[15]. Von großem Wert war für ihn dabei die Kenntnis der einzigen erhaltenen autographen Schütz-Partitur (Osterdialog *Weib, was weinest du*)[16], die er schon im Vorwort zu GA I erwähnt und auch später wiederholt als Kriterium heranzieht.

Indessen zeigt nun gerade die Interpretation dieses Dokumentes in Verbindung mit den übrigen grundsätzlichen editionstechnischen Bemerkungen bei aller erstaunlichen Einsicht im einzelnen, daß Spitta der eigentliche Wesensunterschied, der Schütz von seiner musikalischen Nachwelt trennt, mit den entsprechenden Symptomen im Überlieferungsbefund nicht restlos klar geworden ist. Das wahre Verhältnis zwischen Niederschrift und erklingender Musik bei Schütz hat er nicht erkannt. Er spürt wohl[17], daß *„die Besonderheit der Aufzeichnung nichts willkürliches, sondern ein Ausdruck der inneren Eigentümlichkeiten"* und daher *„bis zu einem gewissen Grade beizubehalten"* sei, will aber — da die Ausgabe *„auch in der Kunstpraxis beachtet werden"* soll — nur so weit gehen, als dies möglich ist, ohne *„das Auge des Partiturlesers durch ein Zuviel des Ungewohnten zu befremden und ihm das Weiterlesen zu verleiden"*.

Zu der Kompromißlösung, die sich in diesen Formulierungen ankündigt, sieht er sich u. a. hauptsächlich durch die ihm eigenartig scheinende Quellenlage hinsichtlich der Taktstrichsetzung veranlaßt (Stimmen durchwegs ohne, die überlieferte Partitur und meist auch der Generalbaß jedoch mit Strichen, aber in wechselndem Abstand)[18]. Denn *„alles, was wir hier* [über Taktstrichsetzung der Alten, insbesondere in Partituren] *wissen, genügt doch bei weitem nicht, um daraufhin die Reconstruction einer Schütz'schen Partitur wagen zu können. Es wird vor der Hand nichts übrig bleiben, als im wesentlichen die moderne Partiturform anzuwenden und nur an einzelnen Stellen, wo eine zuverlässige Überlieferung vorliegt, von derselben abzuweichen."*

Spitta wußte nicht, daß er mit seiner Edition der *„Schütz'schen Partitur"* trotz der regelmäßig angeordneten Abteilungsstriche (und anderer vermeintlicher Konzessionen) recht nahegekommen ist, daß er z. B. sehr wohl übergebundene Noten zur Darstellung punktierter Werte, die über den Taktstrich hinwegreichen, anwenden konnte, ohne damit gegen den Usus des 16. und 17. Jahrhunderts zu verstoßen[19]. Inzwischen ist man auf eine

---

[15] Vgl. GA 1, S. V. Die hier gemachten Erfahrungen wirken in den DDT nach (1894 ff.).

[16] Landesbibliothek Kassel, Mus. Ms. 2° 49x. Faksimile GA 16, S. XIV; häufig nachgebildet.

[17] Die folgenden Zitate nach GA 1, S. V f.

[18] Außerdem bespricht er in diesem Zusammenhang die Frage des Unterschieds von c und ¢, der Akzidentiensetzung sowie, im Zusammenhang mit den Passionen und Historien, die Besonderheiten der Choralnotenschrift im 17. Jahrhundert.

[19] Spitta hat, *„wo es der Deutlichkeit halber anging"*, den Prolongationspunkt (nach Brauch der Orgeltabulaturen) an den Anfang des neuen Takts verlegt. Daß im 16. Jahrh. überstehende Notenwerte tatsächlich am Taktstrich oder (in Stimm- und Chorbüchern) bei Seitenwechsel entsprechend geteilt wurden (meist sogar ohne Bindebogen), wird noch heute weithin ignoriert. Vgl. dazu

Reihe wichtiger Dokumente zur Kompositionspraxis jener Epoche gestoßen, aus denen
u. a. Funktion und Unentbehrlichkeit der Striche in den zeitgenössischen „Partituren"
ebenso hervorgeht, wie die Belanglosigkeit des Umstands, in welchen Abständen solche
gesetzt werden[20]. Hätte Spitta diese gekannt, so wäre ihm klar geworden, daß die Schütz-
sche „Partitur" in Wirklichkeit (wie übrigens auch das Autograph beweist) noch den alten
Typus des „*Ordo distribuendi voces*"[21] des 16. Jahrhunderts darstellt, mit allem, was
daraus folgt: daß sie als Hilfsmittel bei der Satzkonstruktion (und ggf. zum Studium neuer
Werke) dient und dabei die Kontrolle der kontrapunktischen Arbeit ermöglicht, daß sie
die Ausführbarkeit der einzelnen Stimmen und des Ganzen garantiert, kurz gesagt, daß
sie die musikalische Struktur eines neuzuschaffenden Werkes einsichtig machen soll, nicht
aber die Aufführungsgrundlage und die schriftliche Mitteilung desselben darstellt (beides
ist erst die Funktion der ausgeschriebenen Stimmen). Diese Einsicht hätte ihm, da sie den
Kompromiß ausschließt, die Entscheidungen in der Gestaltung des Partiturbildes in der
Edition wesentlich erleichtern können.
Zu einer grundsätzlich andersartigen Lösung hätte sie indessen nur in einer Hinsicht
geführt (und führen müssen): in der Schlüsselfrage. Zwar hat Spitta nie daran gedacht, die
Alten Schlüssel durch sogenannte moderne zu ersetzen[22]. Er hat im Gegenteil, zumindest
in den ersten Bänden der GA, getreu die von Schütz angewandten wiedergegeben, so, wie
er sie in den Quellen vorfand[23]. Vom fünften Band an aber beginnt er, die hochgeschlüsselten Stücke zu transponieren und zwar — unter Berufung auf eine Anweisung Schützens
in der Generalbaßstimme zum Beckerpsalter (1661), auf die wir sogleich zurückkommen —
um eine Quarte nach unten, bei gleichzeitigem Austausch der Chiavetten gegen die gewöhn-
lichen „*Alten Schlüssel*"[24]. Dies Verfahren — von den Vertretern des Caecilianismus

Lasso-GA (Neue Reihe) Bd. 11, Rev.-Ber. zu Messe Nr. 60 *Surrexit pastor bonus* mit vielen Beispielen sowie die Partiturseite bei A. Lampadius, *Compendium Musices*, 1537, Diskant Takt 4/5;
wiedergegeben u. a. in Fs. Heinrich Besseler, 1961, Abbildung 17. — Den Prolongationspunkt am
Anfang des neuen Taktes zeigen u. a. die Musikbeispiele in H. Fabers *Musica poetica*, 1548; zwei
derselben wiedergegebenen bei S. Hermelink, *Dispositiones Modorum*, 1960, S. 34.

[20] Vgl. als Versuch einer Zusammenfassung S. Hermelink, *Die Tabula Compositoria* in: Fs. Heinrich
Besseler, 1961, mit Hinweis auf die einschl. Lit. Zum folgenden insbesondere Thr. G. Georgiades,
Zur Lasso-Ausgabe in: Kongreßbericht Wien 1956, S. 216 ff.

[21] Bezeichnung der ältesten bisher bekannten gedruckten Partitur (A. Lampadius, *Compendium
musices*, 1537).

[22] Er hat die Schlüsselfrage zunächst bezeichnenderweise überhaupt nicht berührt. Sie muß ihm
nicht eigentlich als aktuell erschienen sein. Erst die (vom Verlag veranstaltete) Stimmenausgabe zu
den 4st. *Cantiones sacrae* 1625 brachte ihn damit in Berührung: er hat als Schlüssel für die einzelnen Stimmen G2, C3, C4 und F4 gewählt und dies, besonders die „Wiedereinführung" des Alt- und
Tenorschlüssels ausführlich begründet. Vgl. GA 4, S. XXII.

[23] Dies gilt insbesondere für Bd. 4 der GA, der die *Cantiones sacrae* von 1625 enthält, in welchen
die Tradition der A-cappella-Polyphonie im Gebrauch der typischen Schlüsselkombinationen noch
ungebrochen fortlebt.

[24] Vgl. dazu die Tabellen am Schluß.

wiederholt angewandt[25] — bedeutet nun aber eine Verfremdung des spezifischen Charakters der Schütz-Partitur, weil dadurch das Moment der klanglichen Realisierung in dieselbe
hineingetragen und der Eindruck hervorgerufen wird, als bezeichneten die Noten absolut
gemeinte Tonhöhen (wie z. B. bei Buxtehude- oder Bach-Partituren) und nicht, wie es
tatsächlich der Fall ist, lediglich relative Tonhöhenunterschiede, Intervallverhältnisse, ein
Mißverständnis, in dem Spitta selbst tatsächlich befangen war[26], und das ihn mit seiner
ganzen Generation daran hinderte, die eigentliche Bedeutung des Schlüsselwesens zu
durchschauen. So kommt es, daß vom fünften Band an unvermittelt „Tonartvorzeichen" in
der GA auftreten, also z. B. in den Kleinen Geistlichen Konzerten die Nrn. 7 und 8 oder
in den Musikalischen Exequien die Stücke des ganzen ersten Hauptteils „in G-dur"
erscheinen.

Resultieren schon hieraus empfindliche Beeinträchtigungen der Schützpflege bis zum heutigen Tage[27], so hat die Anwendung desselben Verfahrens beim sogenannten Beckerpsalter[28] (GA Bd. 16) aus einem besonderen Grunde außerdem auch allgemein sich lähmend
und hemmend auf die Wiederherstellung all der verlorengegangenen Selbstverständlichkeiten ausgewirkt, die mit dem Chiavettengebrauch in der Vokalpolyphonie zusammen-
hängen[29]. Nämlich auf folgende Weise: Schütz hat bekanntlich der Generalbaßstimme
zu dem genannten Werk in der Ausgabe von 1661 über der Hälfte der 158 Tonsätze z. T.
mehrfache Transpositionsanweisungen für den Organisten beigegeben, von denen er ausdrücklich sagt, daß sie, zumal bei „hochgezeichneten Systematis" nicht nur (von Haus aus)
notwendig, sondern in ihrer Auswirkung auch schonend für die Sänger und angenehm
für das Gehör seien. [30]. Man hat bisher vielfach gezögert, diese Transpositionsanweisungen

[25] Proske geht dabei oft so weit, daß er Chiavette durch gewöhnliche Alte Schlüssel, verbunden mit
Terztransposition, ersetzt und Tonartvorzeichnungen bis zu vier Kreuzen verwendet; die Herein-
nahme einer Klangvorstellung in die Partitur wird dadurch besonders sinnfällig.
[26] Dies geht aus mancherlei Äußerungen hervor, so, wenn er GA 16, S. VIII vom Beckerpsalter 1
meint, Schütz hätte den (in Chiavette notierten) Satz ohne weiteres (eine Quart tiefer) in den
großen Schlüsseln aufzeichnen können, und fortfährt, *„ihm wird die transponierte Lage eben
annähernd als die Richtige für diese Komposition erschienen sein"*.
[27] So ergeben sich z. B. in den Exequien durch die unnatürlich tiefe Lage Besetzungsschwierigkeiten
(je zwei Mezzosopran- und Baritonstimmen statt der Normallage, dazu die Altfrage) die — abgesehen davon, daß das Werk nicht zur gehörigen Wirkung kommen kann — der Aufführung selbst
immer wieder hindernd im Wege stehen. Die suggestive Wirkung des gedruckten „G-dur" ist so
groß, daß, wie die Erfahrung zeigt, eine Höherlegung des Stückes in die ihm von Schütz zugedachte
Lage in der Praxis ausscheidet.
[28] Die *Psalmen Davids nach Cornelius Beckers Dichtungen*, 1628, ³1661.
[29] S. Hermelink, *Dispositiones Modorum*, 1960; Zusammenfassung der älteren Lit. bei H. Federhofer, *Zur Chiavettenfrage* in: *Anzeiger der Österr. Akademie der Wissenschaften* 89 (1952) S.
139—152.
[30] So interpretiere ich den Wortlaut: *„Sintemal solche Transpositionen bei Gebrauch dieses Werk-
leins (bevorab in denen hochgezeichneten Systematis) oftermals nicht alleine hochnötig, sondern auch
der Cantorum Stimmen bequem und dem Gehör desto angenehm fallen."* Auffällig dabei wiederum
der Hinweis auf den besonderen, süßen, lieblichen Klang, den richtiger Chiavettengebrauch zur
Folge hat; die Stelle erinnert an Morley: *„Those songs, which are made for the high key, be made
for more life"* (A plaine and easy Introduction to practical music, 1597, ed. Harmann 1952, S. 275).

— was naheläge — für die Klärung der Chiavettenfrage heranzuziehen[31], weniger, weil sie aus der zweiten Hälfte des 17. Jahrhunderts und damit aus einer relativ sehr späten Zeit stammen, sondern vor allem, weil sich ein sinnvolles System schlechterdings nicht erkennen ließ und überdies, weil Schützens Gebrauch der Chiavetten — all dies Spitta zufolge — überhaupt eigentümlich schwankend, widersprüchlich und undurchsichtig schien. Z. B. teilt Spitta im Vorwort mit, Schütz habe eine ganze Reihe von Stücken, die ursprünglich in Chiavette notiert waren, *„in der Ausgabe letzter Hand in die natürliche Lage zurückgebracht und ihnen die normale Schlüsselfamilie zuerteilt“*[32]. Die Einsicht der Originaldrucke zeigt in diesem Falle jedoch überraschenderweise, daß alle genannten Stücke auch 1661 unverändert in Chiavette erscheinen, die Feststellung Spittas also auf einen Irrtum zurückgehen muß[33], und darüberhinaus, daß Spittas pauschale Transpositionsmethode den wahren Quellenbefund weitgehend verschleiert und sich hier verhängnisvoll auswirkt. Es ist nämlich aus der Ausgabe nicht mehr zu erkennen, wie viele und welche Stücke von Schütz tatsächlich hochgeschlüsselt notiert worden sind. Und dies ist doch die entscheidende Voraussetzung dazu, Sinn und Bedeutung der Transpositionsanweisungen zu begreifen. In Wirklichkeit stehen, wie die Übersicht weiter unten zeigt, mit insgesamt 30 nahezu $\frac{1}{5}$ der Psalmen (viel mehr als man vermutet hätte) in Chiavette, und die Transpositionsanweisungen in der Generalbaßstimme lassen ein überaus einleuchtendes Prinzip erkennen. Da Schütz Transpositionen nicht nur hier, sondern auch bei vielen der tiefgeschlüsselten Stücke angibt, liegt im Beckerpsalter (bisher ungenütztes) Material zum Studium vieler mit der Schlüsselung zusammenhängender Fragen in einer m. W. einmaligen Breite vor[34].

[31] Vgl. aber Anmerkung 34.
[32] Spitta nennt die Psalmen 19, 26, 27, 30, 46, 50, 78, 84.
[33] In tiefe Schlüssel „rückversetzt“ wurden 1661 lediglich die Psalmen 61 und 136 (bei entsprechender Änderung der Begleitstimmen). Das Vorwort enthält noch mehrere unklare Stellen, z. B. S. VII die Mitteilung, der Hg. habe die Stücke, die 1661 in Chiavette gesetzt sind, eine Quarte tiefer wiedergegeben, *„natürlich“* aber, *„trotz der kleinen Schlüssel, solche Stücke nicht transponiert, die mittels Vorzeichnung eines B schon in der Transposition stehen“*. Was soll das bedeuten? Die Psalmen 19, 26, 46, 78, 27, 30, 50, 84 und 119v, auf die letzteres zutreffen würde, hat er in Wirklichkeit doch transponiert! Vgl. dazu die Tabelle am Schluß, aus der im Gegensatz zu obigen Angaben hervorgeht, daß Spitta sich offenbar erst von Psalm 17 an zur transponierten Wiedergabe entschlossen, dann aber alle hochgeschlüsselten Tonsätze transponiert hat.
[34] A. Mendel hat in der wichtigen Studie: *Pitch in the 16th and early 17th Centuries (Musical Quaterly XXXIV, 1948)* den Beckerpsalter zwar herangezogen und sorgfältig ausgewertet, sich dabei aber ausschließlich auf Spittas Ausgabe und Angaben gestützt. Infolgedessen beruhen seine Schlüsse hier weitgehend auf falschen Voraussetzungen, was sich auch im Gesamtergebnis der Untersuchung bemerkbar macht. — Was hier vor allem auffallen muß, ist die häufige tatsächliche Auswirkung der Chiavette als Terztransposition abwärts; sie resultiert daraus, daß Schütz für hochgeschlüsselte Stücke ausnahmslos die Quarte (häufig neben der Quinte) als Transpositionsintervall vorschreibt, für tiefgeschlüsselte aber überwiegend (d. h. eigentlich: wenn möglich) die Sekunde abwärts. (Vgl. dazu unsere Tabelle am Schluß.) Letzteres ist ein in der Chiavettenfrage bisher noch nicht herangezogener Umstand, der übrigens auf die hohe Stimmung der Orgel zurückzuführen ist bzw. sich nur aus einer solchen erklären läßt. (Von hier aus wäre vielleicht eine direkte Verbindung zum Kammerton-Chorton-Problem der Bachzeit möglich.)

Das angeführte Beispiel zeigt, wohin eine Bedeutungsverkennung von Einzelheiten des Quellenbefunds durch den Herausgeber führen kann. Eine ähnliche Sinnveränderung, d. h. eigentlich Sinnverfälschung der Zeichen, wie beim Schlüsselaustausch, liegt übrigens auch in der heute häufig durchgeführten Verkürzung der Notenwerte. Eine solche hat Spitta hingegen nicht erwogen. Sie hätte denn auch gerade bei Schütz die nachteiligsten Folgen gehabt[35], nicht nur bei dem in zweiteiliger Mensur sich bewegenden Gefüge, sondern ebenso auch in den (bei praktischen Ausgaben heute fast ausnahmslos in kleineren Notenwerten wiedergegebenen) Abschnitten in proportio tripla mit ihren Abarten. Gerade viele der dort begegnenden charakteristischen Erscheinungen, der unvermittelte, mitunter mehrfache Umschlag der inneren Gliederung wie z. B. am Beginn des großartigen *Saul, Saul, was verfolgst du mich*[36] oder in der komplizierten Monteverdi-Parodie *Es steh Gott auf*[37] und dergleichen mehr sind — mit unserer modernen Taktvorstellung unvereinbar — nur in der originalen Aufzeichnungsweise zu begreifen, nur ihr sinnfällig darstellbar und damit nachvollziehbar.

Versuchen wir Spittas Gesamtausgabe, wie sie sich uns hier darstellt, als Ganzes zu umgreifen und zu charakterisieren. In ihr spiegelt sich das Geschichtsbild, das die Musikwissenschaft in ihren Anfängen leitete, und das die Wandlungen der abendländischen Musik im Lauf der Jahrhunderte — wie eingangs angedeutet — als eine im großen und ganzen geradlinige Entwicklung auf ein Ziel zu (damals im Grunde die „gegenwärtige" Musik, bei Spitta etwa: Bach) begreift, nicht aber die komplizierte Vielgestalt sieht, die wir heute in der Musikgeschichte erkennen. Für uns heute tragen die einzelnen Epochen der Musikgeschichte weithin das Siegel der Vollkommenheit und Geschlossenheit in sich selbst und bieten uns über die Epochen hinweg einen direkten, unvermittelten Zugang, sofern wir nur — und die Voraussetzungen hierzu sind unserer Generation gegeben — ihrer eigentümlichen, lebendigen Wirksamkeit uns erschließen. Spitta schreibt: „*Die Herausgabe älterer Musik geschieht zu dem Zwecke, dieselbe unsrem Geschlechte von neuem zugänglich zu machen. Sie muß daher bis zu einem gewissen Grade in denjenigen Formen der Aufzeichnung erfolgen, welche Gemeingut der heutigen musikalischen Welt geworden sind.*" Wir möchten heute lieber sagen, und dies mag den veränderten Standpunkt kennzeichnen: sie geschieht zu dem Zwecke, derselben den Weg zu unserem Geschlechte freizumachen. Dieses muß dabei bis zu einem gewissen Grade diejenigen Formen der Aufzeichnung begreifen, die als deren schriftlicher Niederschlag zu einem Wesensbestandteil derselben geworden sind. — Mag der Unterschied im Ansatz in seiner Auswirkung am Beispiel der Schütz-Ausgabe aufs ganze gesehen auch verhältnismäßig geringfügig erscheinen, er betrifft doch ein Kernproblem aller musikalischen Edition.

[35] Vgl. dazu S. Hermelink, *Rhythmische Struktur in der Musik von Heinrich Schütz* in: AfMw 16 (1959), S. 387 ff., wo gezeigt wird, wie eng die Eigenart Schütz'scher Sprachvertonung mit den traditionellen rhythmischen Ordnungen und Vorstellungen der Mensuralmusik und daher auch mit der besonderen Art ihrer Niederschrift verknüpft ist.

[36] *Symphoniae sacrae III*, 1650, Nr. 18, (SWV 415).

[37] *Symphoniae sacrae II*, 1647, Nr. 16, (SWV 356). Vgl. hierzu die Studie des Verf. *Das rhythmische Gefüge in Monteverdis Ciaccona „Zefiro torna"* in dem Kgr-Ber. *Claudio Monteverdi e il suo tempo*, Venedig–Mantua–Cremona 1968, S. 323—334.

Der Hinweis hierauf erlaubt uns nun, noch einige Bemerkungen zu der Fülle der auf dem Markte angebotenen Gebrauchsausgaben anzufügen[38]. Die Quellenpublikation erfüllt — dies geht aus dem vorher Gesagten hervor — nur als *„Reconstruktion der Schütz'schen Partitur"*, als „Urbild" ihre Aufgabe. Die Gebrauchsausgaben stellen aber, wie bekannt und bereits erwähnt, Umschriften dar (moderne Schlüssel, teilweise Transponierung und Verkürzung der Notenwerte, Textübersetzung[39] und sogar Parodie[40]). Trotzdem braucht man sie deshalb nicht zu verwerfen, um aus Stimmbüchern alter Art zu musizieren. Letzteres ist zwar heute durchaus nicht mehr ausgeschlossen, es kann sogar zu recht guten Ergebnissen führen[41]. Allein, eine solche Lösung verallgemeinern zu wollen wäre unrealistisch und sogar in mancher Hinsicht dem eigentlichen Sinn und den Lebensbedingungen der Schützschen Musik zuwiderlaufend. Vergegenwärtigen wir uns noch einmal die Situation: Schützens Partitur stellt die ausgearbeitete Komposition in der Besonderheit ihrer Struktur vor Augen. Sie sagt aber noch nichts Definitives über deren klangliche Verwirklichung aus. Sie stellt im Entstehungsprozeß des musikalischen Kunstwerks die gedankliche Mitte dar und zugleich die Vorstufe und Voraussetzung für die eigentliche Musizierunterlage: die Stimmen. Diese bilden das Scharnier zwischen ausgedachter Konstruktion und klingender Wirklichkeit, in welche jene umzusetzen dem Kapellmeister anheimgestellt ist. Und zwar in eigener Verantwortung nach Maßgabe der jeweiligen Verhältnisse. Die Interpretationsleistung eines Einzelnen ist also von vornherein im Werk eingeplant, womit auch zusammenhängt, daß es mehrere, je nach den musikalischen Gegebenheiten verschiedene „richtige Lösungen" gibt[42].

Unsere Gebrauchsausgaben können nun wohl als das Ergebnis solcher verantwortlicher Kapellmeistertätigkeit aufgefaßt und als Musizierunterlage verwendet werden, vergleichsweise an die Stelle der Stimmen treten. Das gilt besonders für eine Reihe älterer Veröffentlichungen, in ihrer bescheidenen Grundhaltung[43]. Selbst die Umschrift in unsere „moderne"

[38] Von der ursprünglich beabsichtigten Beigabe einer Bibliographie mußte abgesehen werden, da es sich als unmöglich erwiesen hat, eine solche in der zur Verfügung stehenden Zeit einigermaßen vollkommen zusammenzubringen.
[39] Bei Schütz ein besonders schwieriges Unternehmen. Es gibt indessen Beispiele, so eine Ausgabe der *„Sieben Worte"* des Verlages Marcello Capra, Turin 1906, mit lat. und ital. Text. — Der Hänssler-Verlag, Stuttgart, stellt sogar eine Übersetzung des Schützschen Gesamtwerkes ins Englische innerhalb weniger Jahre in Aussicht.
[40] Auch dies wurde immer wieder versucht, so von H. Spitta mit einer Adaption der Psalmen 47 und 66 auf das 8st. Madrigal *„Vasto mar"* aus Schützens opus 1 (1611) oder in einer Sammlung von F. Spitta (1911), die mit deutschen Texten zu den *Cantiones sacrae* (1625) eine Mischung von Übersetzung und Parodie darstellt.
[41] Als Beispiele wären mancherlei Aufführungen des Heidelberger Universitätschors im Süddeutschen Rundfunk u. a. von Messen Palestrinas und Lassos zu nennen.
[42] Vgl. hierzu auch Thr. G. Georgiades, *Die musikalische Interpretation* in: *Studium generale* 7 (1954), S. 389 ff.
[43] Hier wären etwa Sammlungen wie die von Felix Woyrsch, *Geistliche Chorgesänge von Heinrich Schütz*, aber auch die Ausgaben von Hugo Holle und insbesondere von Karl Straube (z. B. Doppelchöriges Magnificat) zu nennen.

14 *

Notenschrift erscheint dabei legitim: auch zur Schütz-Zeit begegnet in Gestalt transponierter Generalbaß- und anderer Instrumentalstimmen vereinzelt schon der Übergang zur Klangnotation im Aufführungsmaterial [44]. Wer sich solcher Ausgaben bedient, muß sich aber dessen bewußt sein, daß es sich bei diesen festgelegten Fassungen um eine der möglichen Interpretationen unter anderen handelt, und er muß deshalb stets das Verhältnis zur Originalpartitur verifizieren, also gewissermaßen jeder Einzelaufführung den ad-hoc-Charakter sichern und bewahren können [45]. Anders, wenn sich solche Bearbeitungen als „Urtextausgabe für Wissenschaft und Praxis" [46] an eine anonyme Menge wenden. Der Benutzer glaubt, die authentische Quellenpublikation vor sich zu haben, gelangt aber in Wirklichkeit doch nicht zu der erwarteten Anschauung der „geistigen Mitte" in Gestalt der „Schütz'schen Partitur" mit deren unverwechselbaren graphischen Besonderheiten. Damit fehlt ihm jedoch eine wichtige Voraussetzung zu dem, was er anstrebt (oder doch anstreben sollte), nämlich die ursprüngliche Wirkweise der Schütz'schen Musik von der Struktur her ganz zu begreifen und dann in der Aufführung von sich aus frei weiter zu vermitteln [47]. Ein typisches Beispiel eines solchen Neudrucks bietet die „Neue Ausgabe" wiederum des Beckerpsalters [48]. Die Wiedergabe der Chorsätze im Klaviersatz auf zwei Systemen mag noch hingehen und zu rechtfertigen sein; willkürlich und eigentlich chaotisch ist die Wahl der Transposition für die einzelnen Sätze: hier addieren sich die Irrtümer Spittas und die des Bearbeiters [49]. Besonders nachteilig aber wirkt es sich aus, daß die Notenwerte (ohne Einzelvermerk) teils original, teils nach Gutdünken um die Hälfte oder (bei Proportio tripla) auf

---

[44] So z. B. die Kanzone „*Nun lob mein Seel den Herren*" aus den mehrchörigen Psalmen 1619 (SWV 41), die in den Singstimmen C jonisch in Chiavette, in den Instrumentalstimmen einschließlich des Generalbasses eine Quart tiefer, bei letzterem unter Vorzeichnung eines Kreuzes notiert ist.

[45] Daher kommen auch nach wie vor die besten Aufführungen bei jeweils eigens (handschriftlich) zubereitetem Notenmaterial zustande.

[46] Vgl. Bärenreiter-Katalog I vom 1. 12. 1966, S. 51 (Angebot der „*Neuen Ausgabe Sämtlicher Werke*" von Schütz). — Die Verdienste des Bärenreiter-Verlags um die Schütz-Pflege sind einzigartig und völlig unbestritten. Die folgenden kritischen Erwägungen sind daher auch nicht gegen die dort erscheinende Neue Schütz-Ausgabe — deren Gesicht sich aus ihrer Entstehungsgeschichte erklärt — allgemein gerichtet, sondern wollen eher auf eine bestimmte Gefahr aufmerksam machen. Wie mir der Verlag mitteilt, soll übrigens in den noch ausstehenden Bänden durch Vermeidung von Transposition, Wiedereinführung des Taktstrichs u. a. m. das Satzbild weitgehend der „Schütz'schen Partitur" angeglichen werden. Die neuen Richtlinien sind in dem soeben erschienenen reich ausgestatteten Band 31 (Trauermusiken, hg. von W. Breig) erstmals verwirklicht.

[47] Diese Überlegung führt mitten in die soziologische Seite des Problemkomplexes: Die Musik von Heinrich Schütz wendet sich, wie die anderer älterer Epochen, ja die Geschichte als solche überhaupt, vornehmlich an den geistigen Menschen, also nur an eine bestimmte Schicht. Hierin wurzelt die Fragwürdigkeit (und Aussichtslosigkeit) einer Schützpublikation auf breiter Ebene, insbesondere auch der Veranstaltung von Schütz-Festen (nach dem Muster der Bach-Feste). Im einzelnen darauf einzugehen würde hier zu weit führen; vgl. Thr. Georgiades, in: Kongreßbericht Wien 1956, S. 219.

[48] Bärenreiter-Ausgabe 984, Herausgeber Walter Blankenburg.

[49] Der Leser kann dies nachprüfen, wenn er die Angaben der Neuausgabe, S. IX, Abschnitt 4, mit unserer Tabelle am Schluß vergleicht.

ein Viertel verkürzt wiedergegeben sind, wobei den in zweiteiliger Mensur abgefaßten Psalmen durchweg ₵ (Taktvorzeichnung oder Mensurzeichen?) vorgeschrieben wird, ohne Rücksicht auf die wirklichen Unterschiede, die der Originaldruck gerade in diesem Punkte aufweist[50]. Was sich Schütz im Beckerpsalter zur Aufgabe gesetzt hat — die musikalische Verwirklichung des Strophenbaues, des Versmaßes, in vierstimmigen Tonsätzen —, und wie genial und vielgestaltig und nach welchen Kategorien er diese Aufgabe gelöst hat, dies läßt sich in solcher Gestalt nicht mehr erkennen.

Der Hänssler-Verlag hat vor kurzem zur Subskription auf eine *Stuttgarter Ausgabe sämtlicher Werke von Heinrich Schütz* mit vielversprechenden Editionsrichtlinien aufgerufen. Es soll ähnlich wie bei anderen gegenwärtig erscheinenden wissenschaftlichen Ausgaben verfahren werden: unveränderte Notenwerte (mit Ausnahme der auf die Hälfte verkürzten Proportio tripla), aber *„moderne Schlüssel“* bei Voraustellung der originalen Schlüsselung. Auch diese neue *„Urtextausgabe, die wissenschaftlichen Anforderungen und praktischen Bedürfnissen gleicherweise gerecht werden“* und, wie die Probeseiten erkennen lassen, den gesamten Quellenbefund einarbeiten will, strebt dabei also nicht die *„Reconstruction einer Schütz'schen Partitur“*, das *„Urbild“* an, sondern bietet eine Umschrift[51]. Die Ausgabe Spittas wird daher, da sie jenem in ihrer graphischen Anlage verhältnismäßig am nächsten kommt, nach wie vor ihre Bedeutung behalten, und es scheint angebracht, in der nachfolgenden Tabelle, gewissermaßen als Nachtrag, einen ihrer kleinen Mängel, auf den wir hingewiesen haben, im einzelnen aufzuzeigen und richtigzustellen[52].

---

[50] Es ist auffallend und geht sicher auf Schütz selbst zurück, daß der Druck trotz der sonst im 17. Jahrhundert bereits allgemeinen Auflösung jeglicher Differenzierung zwischen c und ₵ sorgfältig unterscheidet:
a) Isorhythmisch gefaßte Melodien ₵ 𝅝 𝅗𝅥 𝅗𝅥 𝅗𝅥 𝅗𝅥 𝅗𝅥 𝅝
b) Rhythmische Schemata in Längen und Kürzen c 𝅗𝅥 𝅗𝅥 𝅗𝅥 𝅗𝅥 𝅗𝅥 𝅗𝅥 𝅗𝅥
    oder das beliebte c 𝅗𝅥 𝅗𝅥 𝅗𝅥 𝅗𝅥 𝅗𝅥 𝅗𝅥 𝅗𝅥 𝅗𝅥 usw. (Deklamation in „schwarzen Noten“).
[51] Dies galt für die Zeit der Niederschrift des vorliegenden Beitrags (Dez. 1966). Während der inzwischen verflossenen vier Jahre ist in dem Verlag zwar eine Reihe von Einzelwerken Schütz', aber noch kein geschlossener Band der angekündigten Ausgabe erschienen. Ob der gewaltige Plan gerechtfertigt ist und sich realisieren läßt, wird sich erst erweisen müssen. (Für eine Schütz-Ausgabe problematisch erscheint u. a. die Anm. 39 erwähnte Absicht des Verlages, sämtliche Texte zugleich auch in englischer Übersetzung zu geben.)
[52] Man wird die Korrekturen um so lieber entgegennehmen, als auch das neue *„Schütz-Werke-Verzeichnis“* (SWV) von Werner Bittinger, 1960, den alten Irrtum unverändert aus Spittas GA übernommen hat; vgl. dort S. 44 unter *„Schlüsselfolge“* und *„Besetzungsart“* (wo übrigens bezeichnenderweise und irrig — noch immer — den Chiavetten die Besetzung Sopran I, Sopran II, Alt und Bariton zugeordnet wird).

1. *Übersicht der von Schütz in hohen Schlüsseln gesetzten Psalmen des Beckerpsalters 1661 (einschl. der Transpositionsanweisungen) und deren Wiedergabe in der GA*

Psalm Nr.	Tonart	Finalis	Darstellung Cantus	Transpos. Anweisg.	Wiedergabe Spittas Finalis	Darst. Cantus
1	Jonisch	F	*[Notenbeispiel]*	−3, −4		
5	Äolisch	d	*[Notenbeispiel]*	−4	originalgetreu	
9	Dorisch	g	*[Notenbeispiel]*	−3, −4		
17, 82	Mixolyd.	G	*[Notenbeispiel]*	−4, −5	D	*[Notenbeispiel]*
18, 38, 63, 70, 91, 94, 128, 150	Äolisch	a	*[Notenbeispiel]*	−4, −5	e	*[Notenbeispiel]*
19, 26, 46*, 78	Jonisch	F	*[Notenbeispiel]*	−3, −4	C	*[Notenbeispiel]*
20, 21, 103*, 114, 119₃	Jonisch	C	*[Notenbeispiel]*	−4, −5	G	*[Notenbeispiel]*
27*, 30, 50, 84	Dorisch	g	*[Notenbeispiel]*	−3, −4	d	*[Notenbeispiel]*
28°	Phrygisch	e	*[Notenbeispiel]*	−4, −5	h	*[Notenbeispiel]*
85	Äolisch	d	*[Notenbeispiel]*	−4, −5	a	*[Notenbeispiel]*
119₄	Dorisch	d	*[Notenbeispiel]*	−4, −5	a	*[Notenbeispiel]*
119₇	Phrygisch	a	*[Notenbeispiel]*	−4	e	*[Notenbeispiel]*

2. Die übrigen Transpositionsanweisungen des Beckerpsalters[53]

Tonart	Finalis	−2 bei Ps. Nr.	−3 bei Ps. Nr.	−4 bei Ps. Nr.	+2 bei Ps. Nr.
Dorisch	d	10, 22_1, 25, 44, 97			6, 22_2, 69, 89_1
Dorisch	g		8 †, 61 †, 66, 72, 79, 133 †		
Dorisch	c		120		125
Phrygisch	e	102			
Phrygisch	a			41	
Mixolyd.	G	47, 49, 92, 95, 104, 108, 122, 134, 148			7
Äolisch	a	15, 60, 64, 65, 93, 99, 109, 139, 147			
Jonisch	C	35, 56, 59, 81, 87			62
Jonisch	F				16, 24, 31
Jonisch	B		2 †, 14 †		52, 106
Insgesamt		29	9	1 (+ 5)	12

In den Tabellen bedeutet:

     −2 = Sekunde abwärts
     −3 = Terz abwärts
     −4 = Quarte abwärts
     −5 = Quinte abwärts
     +2 = Sekunde aufwärts
     * = nur −4
     † = wahlweise auch −4
     ° = Schlüsselung abweichend G2 C1 C2 C4

[53] Auch hier sind Spitta bei der Wiedergabe vereinzelte Irrtümer unterlaufen, vgl. GA 16, S. VIII, Angaben zu Ps. 64, 99, 106 und 147.

Register

(Die Personen sind vollständig angeführt. Kursiv gedruckte Zahlen verweisen auf Notenbeispiele.)

Aarburg, U. 88
Abert, H. 10
Abteilungsstrich 206
Adelung, J. 15
Adler, G. 155
Ad superni regis decus 131, 132
Agricola, M. 190
Aiblinger, J. K. 190
Akkoladenstrich 108
Akzidentien 32 f., 35, 36, 128, 134, 153, 206
Albertus Parisiensis, Magister 122
Albrecht, H. 29, 193
Alexander, Meister 72, 77, 90 f.
Alphons der Weise 85
Alypius 18
Ambros, A. W. 10, 151
Amor patris filii 123
Analecta hymnica 120 f., 123
Andrejew, A. 15
Anerio, F. 52
Anglès, H. 85, 129
Anonymus 4: 95, 97, 101, 105, 106
Anonymus St. Emmeram 95
Apel, W. 104 f., 154 (-Davison), 180
Appel, C. 65
Artikulationsstrich 185
Aubry, P. 84, 88
Aufführung 131, 136
Aufführungsskizze 109; s. a. unter Edition
Aufklärung 19, 50
Ausführung 80, 107 f., 139, 141; s. a. Vortrags-
    weise
Ausgabe s. Edition
authentische Aufzeichnung 92, 107, 131, 212;
    s. a. Urfassung

Bach, J. S. 15, 17, 78, 151, 204, 208, 210
Barockmusik 204
Bartholdy, J. L. S. 23

Bearbeitung 20, 25 f., 52, 55, 56, 128, 136, 138;
    s. a. unter Edition
Beck, J. B. 84, 88
Beethoven, L. van 17, 26, 185
Bella granata (Madrigal) 147, 148
Bellermann, F. 23, 25
Bellermann, H. 154
Benedicamus Domino 115
Berlin, Ehemal. Preuss. Staatsbibl. Ms. germ. fol.
    922: 64
—, Ehemal. Preuss. Staatsbibl. Ms. germ. qu.
    981: *Taf. IV* (nach S. 72), 75, 86 f.
—, Ehemal. Preuss. Staatsbibl. Ms. germ. fol.
    779: *Taf. II* (nach S. 72), 78, 79
—, Kupferstichkabinett, Hamilton-Codex 196 f.
Bernart von Ventadorn 65
Bernoulli, E. 70
Besetzung 65, 131, 136 f., 208, 213
Besseler, H. 100, 103 f., 129, 131, 137, 154,
    157, 175, 180, 183, 184, 185
Beuron 53
Binchois, G. 149, 150
Birtner, H. 184
biscantum, per 115, 116
Bittinger, W. 65, 213
Blankenburg, W. 212
Blainville, M. de 19
Blume, F. 154, 179, 180, 182
Bockholdt, R. 111, 156, 157
Böser, F. 56
Bossinensis, F. 201
Bottrigari, H. 18, 24
Brahms, J. 17
Brandt, K. 26
Breig, W. 212
Breviarum Romanum 51
Brumel, A. 186
Brunner, W.-H. 81
Bützler, C. 81

Bukofzer, M. F. 101
Burette, P. J. 19, 20
Burney, Ch. 19, 20, 21, 116, 123, 126, 131, 149, 150, 151, 153
Buxtehude, D. 203 f., 208
Byzantinische Musik 28—36, 37—39

Cambridge, Corpus Christi College, Ms. 473 (Winchester Tropar) 113, 129
Cantus firmus 136
Caecilianismus 207
Capirola, V. 200 f.
Cappelli, A. 134
Cara, M. 200 f.
Carapetyan, A. 186
Carducci, G. 134, 135
Chateaubriand, F. R. 53
Chiavette 207 ff., 212 f.; s. a. Schlüssel
Chilesotti, O. 191, 198
Choral 12, 50—57, 58—61, 126
Choralnotation 63, 69 (gotische), 72 (römische), 113—133 (frühe Mehrstimmigkeit), 206 (17. Jh.)
Choralreform 52 ff.
Choralrhythmus 54 f.
Chorbuch 151, 205
Chorton 209
Christmann, J. F. 20
Chrysander, F. 190
Ciconia, Johannes 138
Clemens VIII. 57
Clercx, S. 138
Codex buranus s. München
Codex Calixtinus s. Santiago de Compostela
Codex Faenza s. Faenza
Codex Hamilton s. Berlin
Codex Vatican Rossi 215 s. Rom
Codex San-Blasianus s. London
Color 135
Commer, F. 205
Compère, L. 180, 183
Confitemini (Organum) 101 ff., *101 ff.*, 105, *105*
Congaudeant catholici 121, *122*, *125*, 126, *128*, *128*
Coussemaker, E. de 93, 101, 105, 117, 119, 121, 123 f., 131, 134, 135
Crevel, M. van 155, 156, 186

Cserba, S. M. 93, 105
Cunctipotens genitor 128 f., *128*, *129*

D'Ancona, A. 134
Davison, A. T. (— Apel, W.) 105, 154
Dahlhaus, C. 151, 156, 180, 186
Denkmalcharakter von Musik 15 ff., 22, 27
Dettmer, W. 10
Diminution 175, 178 ff.
diplomatisch getreue Edition 67, 69, 72, 77, 92; s. a. unter Edition
Discantuspartien 98, 108
Disertori, B. 201
dokumentarische/monumentale Musik 15 ff.
Donaueschinger Liederhandschrift (Fürstl. Fürstenberg. Hofbibl. Ms. 120) 62, 64, 69
Doni, G. B. 30 f.
Dorfmüller, K. 190, 195
Douai, Handschrift Douai 124: 118, *119*
Dragoumis, M. Ph. 28
Dreves, G. M. 120 f., 123, 126, 131
Dufay, G. 149, 150, 151, 153, 155, 156, 157, 166, 169, 171, *172 f.*

Ecorcheville, J. de 193
Editio Coloniensis 57, 58
Editio critica 56
Editio Medicaea 50, 52, 53, 55, 57, 59
Editio Pothier 57, 60
Editio Vaticana 50, 51, 53, 55, 57, 61, 126
Edition
  Aufführungsskizze 109
  Bearbeitung 20 (Klavierbegleitung), 25 f., 52; 55 (Orgelbegleitung), 56 (Umarbeitung), 128 (Umdeutung), 136; 138 (Klavierfassung
  diplomatisch getreue Edition 67, 69, 72, 77, 92
  Ergänzungsumschrift 192 ff.
  Faksimile beigegeben 67, 77, 87, 118 f., 126, 131, 134, 135
  Faksimile-Edition 68, 92, 93, 112
  Gebrauchsausgabe, praktische 28, 133, 138, 153 ff., 159, 187 f., 203, 210, 211
  Gesamtausgabe, kritische 138, 154 f., 203, 210, 212, 214 f.
  Interpretationsausgabe 112, 188

Melismenübertragung 76, 76
philologische Edition 188
Tabulatur-Umschrift 191, 193
textkonstituierende Edition 111 f.
Transkription (Übertragung) in der Origi-
  nalnotation 92, 93, 111, 112, 114, 154,
  156 f., 179, 210, 212
Übertragung nach dem Gehör 29, 30, 33
Übertragung (Umschrift, Transkription) in
  moderne Notenschrift 66, 85, 114, 141,
  158, 211 f.
Umschrift-Edition 93, 108, 111, 112
Umschrift der Stimmen in Partitur 141, 157
Urtextausgabe 212 f.
wissenschaftliche Edition 28, 54, 133, 154 f.,
  159, 187 f.
Editionsarten 67, 93, 112, 153 f., 187 f.
Eggebrecht, H. H. 108, 113
Einstein, A. 154
Einstimmigkeit, liturg. 50—57, 58—61, 113;
  s. a. Gregorianischer Gesang
—, weltl. 62—92
Eitner, R. 149
Ellinwood, L. 137 f.
Engelberg, Handschrift Engelberg 314: 124, 126,
  127
Entzifferung 151 ff., 154
Ergänzungsumschrift 192 ff.; s. a. unter Edition
Erlangen, Universitätsbibliothek Ms. 1655: 62
Eschenburg, J. J. 20

Faber, G. 175
Faber, H. 207
Faenza, Bibl. Comm., ms. 117 (Codex Faenza)
  140
Faksimile beigegeben 67, 77, 87, 118 f., 126,
  131, 134, 135; s. a. unter Edition
Faksimile-Edition 68, 92, 93, 112; s. a. unter
  Edition
Falsone, F. 33 f., 48
Fassung 88, 137 ff.; s. a. Variante
Faugues, V. 151
Federhofer, H. 208
Fellerer, K. G. 7, 55, 98
Fétis, E. J. 20, 26 f., 53, 134
Ficker, R. von 128, 131, 133, 156
Finck, H. 184
Finscher, L. 180, 183

Fischer, E. 68
Fleischer, O. 26, 32, 33, 43, 191 f., 196 f.
Florentia, Johannes de 136, 142, 143, 144, 147
Florenz, Bibl. Med. Laur., plut. 29,1 (F) 94 ff.,
  96, 100, 102
—, Bibl. Med. Laur., Pal. 87, Squarcialupi-Codex
  (Sq) 138, 139, 142
—, Bibl. Naz. Centr., Panciatichiano 26 (FP) 139
Forkel, J. N. 15, 20, 21, 149, 150, 151, 152,
  153, 154
Fortlage, C. 23
Francesco da Milano 193
Franco 93, 95, 105 f., 149, 152
Frankfurter Fragment, Frankfurt/Main, Stadt-
  und Univ. Bibl., Ms. germ. oct. 18, 64, 78
Französische und niederländische Musik des 14.
  und 15. Jahrhunderts 149—160, 161—173
Frauenlob 77

Gaffurius, F. 149, 150, 178
Gaisser, H. 32, 33, 34, 44 ff.
Galilei, V. 18
Gandolfi, R. 135
Garlandia, Johannes de 81, 93, 95, 97, 101,
  105 f., 107
Gaultier, D. 191 f., 196 f.
Gebrauchsausgabe, praktische 28, 133, 138,
  153 ff., 159, 187 f., 203, 210, 211 f.; s. a. unter
  Edition
Geck, M. 204
Geering, A. 129
Gennrich, F. 65, 81 ff., 84, 88, 92
Generalbaßstimme 208, 212
Georgiades, Th. 11, 33, 159, 207, 211, 212
Gerber, E. L. 149, 150
Gerbert, M. 31, 93, 114 ff., 121, 123, 124, 126,
  131, 133, 150
Gesamtausgabe, kritische 138, 154 f., 203, 210,
  212, 214 f.; s. a. unter Edition
Gesellschaft 117, 120, 154, 159 f., 212
Gevaert, F. A. 24
Glarean 149, 150
Gleason, H. 138
Gliederungsstrich 97 f., 102, 108, 114, 116,
  120, 121, 124, 185, 188
Goethe, J. W. von 20, 23
Göllner, Th. 93, 108, 111, 113, 114, 124, 151
Gombosi, O. J. 23, 185, 193 f., 200, 201

Gontier, A. M. 54
Graduale *Timebunt gentes nomen tuum* 57,
    58—61
Gram piant'agl' occhi (Ballata) 137, 145
Gratulantes celebremus 121, 123, 130
Graduale simplex 56
Gregor XIII. 51
Gregorianischer Gesang 50—57, 58—61, 97;
    s. a. Choral
Griechische Musikaufzeichnungen 9—27
    Delphische Hymnen 14, 26
    Dionysopolis-Tafeln 15
    Mesomedes-Hymnen 11, 14, 18 ff., 24 ff.
    Musen-Hymnus 24 f., 25
    Seikilos-Stele 14
    Pindar-Melodie, gefälschte 18, 20, 21
Griechische Musiktheorie 12, 18
Griechische Tonzeichen 9, 12 ff., 18, 23, 24
Griffschrift 189 ff.
Grocheo, Johannes de 81
Grusnick, B. 203
Gueranger, P. 53, 54
Guidetti, J. 57
Guido 12, 14

Haas, R. 137
Haberl, F. X. 150, 155
Haec dies (Organum) 95, 96, 98 ff., 99, 109;
    s. a. *Confitemini*
Händel, G. F. 16, 17
Hagen, F. H. von der 68, 92
Halftetonpartien 98, 100
Hamilton-Codex s. Berlin
Handschin, J. 29, 100, 103, 107, 126, 129, 131
Hanslick, E. 17
Harder, R. 16
Hatto, A. T. 85
Hauptmann, M. 17
Hawkins, J. 149, 150, 151, 153, 174
Haxthausen, W. von 23
Haydn, J. 17
Heidelberg, Univ. Bibl., Pal. Germ. 329
    (Montfort-Handschrift) 64
Henderson, I. 24
Hermann, G. 20, 23
Hermelink, S. 204, 207, 208, 210
Heusler, A. 66, 86
Heyden, R. 184

Heyden, S. 149
Höeg, C. 32, 34, 35
Hoffmann-Erbrecht, L. 181 f.
Hohenfurter Handschrift (heute aufbewahrt in
    Böhmisch-Budweis) 121
Holle, H. 211
Holschneider, A. 129
Holz, G. 70, 73
Horna, K. 14
Hughes, A. 105
Hugo von Reutlingen 68
Humanismus 52
Humboldt, W. von 21
Husmann, H. 81 f., 98 ff.
Husner, F. 30

Imperfizierung 152, 158
Instrumentalmusik 7, 140
integer valor 156
Interpretation 108, 211, 212
Interpretationsausgabe 112, 188; s. a. unter
    Edition
Isaac, H. 184

Jacobe sancte 121, 123
Jacopo da Bologna 135, 138
Jacquot, J. 193
Jammers, E. 29, 62, 63, 65, 73, 81, 88 f., 90,
    92, 103 f., 129
Jan, C. von 24
Jeanroy, A. 84
Jenaer Liederhandschrift (Universitätsbibl. Jena)
    62, 64, 68, 70, 72, 75, 76, *Taf. I* (nach S. 72),
    90 f.
Johner, D. 56
Jausions, P. 54
Josquin des Prez 149, 155, 179, 181, 182

Kade, O. 10, 17
Kalkbrenner, C. 150
Kammerton 209
Karl der Große 29
Karp, Th. 102
Kassel, Landesbibl., Mus. Ms. 2°49 x (Schütz-
    Autograph) 206
Kayser, Ph. Ch. 20
Kerle, J. de 51
Kienle, A. 55

Kiesewetter, R. G. 134, 149, 150, 153, 189 f.
Kippenberg, B. 62 f., 65, 67 f., 81, 84, 92
Kircher, A. 18
Klangnotation 212
Klauser, Th. 50
Koczirz, A. 192 f.
Körte, O. 192, 194
Koller, O. 68, 155
Kolmarer Liederhandschrift s. München
Komposition 107, 108, 110, 141, 211
Kompositionsschrift 28
Konkordanzregel 101, 105, 106, 107, 109, 110
Konrad von Würzburg 63
Kontrafaktur (Minnesang) 81, 88
Kralik, R. von 26
Kremsmünsterer Handschrift (Stiftsbibliothek
     Kremsmünster, Ms. 127. VII. 18) 62
Krüger, W. 129 ff.
Kuhn, H. 86, 87

Laborde, J. B. de 15, 20
Lamenais, F. 53
Lampadius, A. 207
Landini, F. 134, 137, 145, 146
la Rue, Pierre de 180
Lasso, O. di 205, 207, 211
Lautenpolyphonie 194; s. a. Polyphonie (Laute)
Lautentabulatur 189—195, 196—202
Le Beuf, J. 149
Leonin 98, 100, 101, 106
Ligatur 69, 97, 98, 99, 100, 102, 103, 108, 109,
     137, 157
Ligaturenbogen 95, 126, 129
Liniensystem 29, 30, 97, 140
Lipphardt, W. 62
London, Brit. Mus. Add. Ms. 27630 (Codex San-
     Blasianus) 114 f., 115, 123 f., 124
Lowinsky, E. E. 151
Ludwig, F. 80, 81 ff., 94, 95 ff., 99 f., 102, 103,
     124 ff., 134, 135, 136, 137, 140, 150, 154,
     155
Lück, R. 189

Machaut, G. de 149, 150, 154, 155, 167 f.
Magnus liber 94 f., 98, 100, 101, 105, 106, 111
Mangolt, Burk 68
Marcello, B. 20
Marner 63

Marpurg, F. W. 12, 19
Marrocco, W. Th. 138
Marrou, H. I. 14
St. Martial s. Saint-Martial
Martinez-Göllner, M. L. 107, 111, 140, 141
Martini, P. 19
Mattheson, J. 21
Mayer, F. A. 68
Mehrstimmigkeit, frühe 113—133;
     s. a. Choralnotation
Mei, G. 18
Meistersinger-Handschriften 63
Melismen 78, 88, 107, 111, 124
Melismen-Übertragung 76, 76;
     s. a. unter Edition
Mendel, A. 209
Mensur 63, 138, 140, 174—188
Mensuralmusik 155, 157, 159, 174—188, 210
Mensuralnotation 14, 69, 151, 158 f., 205
Mensurstrich 175 f., 185 ff.
Mensurwechsel 139
Mensurzeichen 150, 151, 176 f., 204, 213
metrische Quantitäten 19, 24
Milan, L. 193, 199
Mingarelli 20
Minnesang 62—92, *Taf. I—IV* (nach S. 72)
Minnesänger-Handschriften 62 ff.
Mira lege 117, 118 ff., *118, 120*
Missale Romanum 51
Mocquereau, A. 54 f.
Modalinterpretation 77, 80 f., 84, 85, 86, 87,
     90 f., 94, 97, 102, 107, 109, 110
Modalnotation 77, 94, 95, 97, 98, 102, 103,
     110, 113
Modaltheorie 77, 84
Modernisierung 17, 20, 23; s. a. unter Edition
Modus 176, 181, 183, 186
Modusstrich 175 f., 186
Molitor, R. 52, 80 f.
Mönch von Salzburg 68
Mondsee-Wiener Liederhandschrift s. Wien
Montalembert, Ch. R. de 53
Monteverdi, C. 7, 205, 210
Montfort-Handschrift s. Heidelberg
Montfort, H. von 68
Monument 22; s. a. dokumentarische/
     monumentale Musik

Morley, Th. 149, 208
Moser, H. J. 65, 80, 81, 203
Mozart, W. A. 17, 151, 185
Müller, H. 94
Müller, K. K. 68, 72, 92
Müller-Blattau, W. 88
München, Bayer. Staatsbibl., Clm 4660
(Codex buranus) 62
—, Bayer. Staatsbibl., Cgm 4997 (Kolmarer
Liederhandschrift) 62 f., 64, 68 f., 71, 78
—, Bayer. Staatsbibl., Clm 5539: 87
Münsterer Fragment, Staatsarchiv Münster,
Ms. VII, 51: 62, 64, *Taf. III* (nach S. 72), 80
Muris, Johannes de 149
Musica son, che mi dolgo (Madrigal) 137
Musiktheorie 12 ff., 18, 52, 81, 85, 95, 106;
s. a. Modaltheorie

Nägeli, H. G. 15
Nascoso el viso (Madrigal) 139, 147
Neemann, H. 193, 202
Neidhart von Reuental 62, 64, 65, 68, *Taf. II*
(nach S. 72), 78, 79, 80, 85
Nel mezzo a sei paon (Madrigal) 136, 139,
142 f.
Neugallikanismus 54
Neugriechische Musik 22
Neumen 11 f., 14, 29, 30, 62 f., 113; 118 (aqui-
tanische), 119 (Metzer), 129
Niederländische Musik s. Französische und
niederländische Musik
Niel, J.-B. 21
Nietzsche, F. 24
Non avrà pietà (Ballata) 134
Nostra phalanx 121, 123
Notation in den Minnesänger-Handschriften
63 f.
Notator 107 ff.
Notenbild (der Edition) 8, 33, 34, 98, 114 f.,
136, 153, 154 f., 156 ff., 197; s. a. unter
Edition
Notenformen 63, 67, 68 f., 156, 157
Notenschrift, moderne (ihre Rationalität) 97 f.,
104, 107, 131; s. a. authentische Aufzeich-
nung; Modernisierung; s. a. unter Edition
—, originale (der Edition) s. Originalnotation
Notenschrift/Musik s. Schrift/Musik

Notenwerte 32 f., 34, 63, 72, 78, 87 f., 97, 100,
116, 120, 124, 126, 135, 136, 151 ff., 155 ff.,
176 ff.
—, originale 212, 213
—, verkürzte 124, 133, 137, 151, 156, 181, 210,
211, 212 f.
Notenzeichen s. Zusatz- und Ersatz-Zeichen
Notker 29
Notre-Dame 93, 94, 100, 113

Obrecht, J. 149, 155, 170, 186
Ockeghem, J. 149, 150, *161—165*, 175, 179,
180, 185
Odington, Walter 149
Organistenmusik 204
Organum 113, 114, 121
Organum purum 93—112
Orgelbegleitung 55
Orgeltabulatur 189 f., 204, 206
Orientierungsstrich 69, 151, 175 f., 187 f.
Originaldruck 213
Originalnotation 92, 93, 111, 112, 114, 154,
156 f., 179, 210, 212; s. a. unter Edition
originales Notenbild 8, 114 f., 139 f., 156 ff.
Ornitoparch, A. 175
Ortigue, J. L. d' 54
Osthoff, W. 7
Otto, G. 205

Pänultimadissonanz 110
Paléographie Musicale 53
Palestinalied 62, *Taf. III* (nach S. 72), 80, 82 f.
Palestrina, G. P. 16, 205, 211
Paris, Bibl. Nat., it. 568 (Trecento-Codex) 134
Parodie 211
Parrish, C. 105, 154
Partitur 141, 150 f., 157 ff., 176, 204, 206, 207
Partituranordnung 114
Paul V. 52
Paumann, C. 190
Pausanias 12
Pergolesi, G. B. 153
Perotin 98, 100, 156
Perrine 192
Peter, Graf 64
Petresco, J. D. 35
Petrucci 201
Pfannenschmid, H. 68

philologische Edition 188; s. a. unter Edition
philologische Methode 8, 10, 21, 25, 26, 29, 31, 32, 34, 54, 65, 95, 97, 110, 154, 191
Phrasierungsbogen 137 f.
Pius V. 51
Pirrotta, N. 138, 139, 140, 141
Plamenac, D. 179, 185
Pöhlmann, E. 11, 14
Polyphonie (Laute) 192, 194; s. a. Stimmführung (Laute)
Pothier, J. 54, 57
Prado, G. 126
Prez, Josquin des s. Josquin
Primo tempore 126, 127
Proportio tripla 180
Proske, K. 190, 208
Punktierung 78, 151, 158, 206 f.

Quadratnotation 63 f., 69, 72, 81, 87, 94, 102, 113, 114, 128 f.
Quem ethera et terra 123 f., *123 f.*

Ramos de Pareia 183
Reckow, F. 93, 95, 97, 101, 102, 104, 105, 106, 107, 108, 109
Regenbogen *71 f.*
Realistik (Tabulaturen) 190
Reichert, G. 87 f.
Reinach, Th. 24
Reinmar von Zweter 63, 77, 81
Resurrexit Dominus 121
Rhythmus 19, 23 f., 54 f., 66, 69, 73, 107, 110 f., 113, 114, 118, 120, 124, 126, 131, 140, 156, 158
Riemann, H. 24, 66, 69, 73, 75, 77, 80, 92, 94, 123, 124, 129 f., 131, 136 f., 176, 178, 185
Rietsch, H. 68 f., 77 f., 80, 92
Rochlitz, F. 151, 153
Röllig, C. L. 153
Rohloff, E. 81
Rom, Bibl. Vat., Ottob. lat. 3025 (Vatikanischer Organumtraktat) 111, 128
—, Bibl. Vat., ms. Rossi 215: 136, *147, 148*
Rue, P. de la 180
Runge, P. 68 ff., *72*, 92

Sachs, C. 184
Sachs, Hans 88

Saint-Martial 93, 100, 113, 118, 121, 124, 129
Sakadas 12
Santiago de Compostela, Arch. de la Catedral, Liber Sancti Jacobi (Codex Calixtinus) 113, 121, 123, 124, 126, 128, 129, 130 f.
Saran, F. 70, 72, 75, 92
Schafhaeutl, K. E. von 31
Schatz, J. 68
Scheidler, J. Ch. G. 189
Schering, A. 15, 81, 136 f., 140, 154, 203
Scherrer, H. 191, 198
Schlagzeit 179, 181 f.
Schlegel, F. 22
Schlüssel 97, 98, 108, 116, 118, 119, 120, 124, 126, 128, 133, 135, 137 f., 153, 154, 155 f., 207 ff., 210, 211, 213, 214, 215
Schmid, E. F. 30
Schmidt, Helmut 100 f.
Schmieder, W. 68, 73, 78, 80, 92
Schneegans, H. 68
Schöneich, F. 203
Schrade, L. 138 f., 140, 141, 155, 190, 193 f., 199
Schrift/Musik 8, 22 f., 28, 30, 94, 131, 155, 156, 157, 158
Schrift (Notenschrift/Sprachschrift) 8, 65, 155, 174
Schütz, H. 7, 203–215; s. a. Kassel
—, Beckerpsalter 205, 207, 208, 209, 212 ff.
Se pronto non serà (Ballata) 134
Simrock, N. 15
Smijers, A. 155, 181
Solemnes 32, 53, 54, 55
Sommerkanon 151
Sonnleithner, J. 15, 153
Sotto l'imperio (Madrigal) 135
Souris, A. 194
Spervogel 73, 74, 75, *Taf. I* (nach S. 72)
Spitta, F. 211
Spitta, H. 203, 211
Spitta, Ph. 203, 205, 207 ff., 212, 213, 215
Spörlsches Liederbuch s. Wien
Squarcialupi-Codex s. Florenz
Stäblein, B. 93, 113, 126, 129
Stainer, J. 135
Sterzinger Handschrift (verschollen) 62, 64, 69, 70, 78
Stimmbuch 151, 211

Stimmführung (Laute) 191, 194
Stoltzer, Th. 181
Strich, s.
  Abteilungsstrich
  Akkoladenstrich
  Artikulationsstrich
  Gliederungsstrich
  Mensurstrich
  Modusstrich
  Orientierungsstrich
  Tactusstrich
  Taktstrich
  Teilungsstrich
  Tempusstrich
  Trennungsstrich
  Zuordnungsstrich
  s. a. Zusatz- und Ersatz-Zeichen
Straube, K. 211
Sulzer, F. J. 30 f., 37
Suriano, F. 52

Tabulatur 140, 189—195, 196—202, 204, 206
Tabulatur-Umschrift 191, 193; s. a. unter
  Edition
Tactus 156, 175 f., 181, 183, 186 f.
Tactusstrich 175 f.
Takt 19, 22, 24, 31, 66 f., 70, 72, 77 f., 81, 84,
  85, 87, 89 ff., 94, 98, 100, 104, 118, 120,
  124, 126, 135, 140, 159, 175 f., 178, 181 ff.,
  194
Taktstrich 22, 24, 77, 81, 98, 100, 104, 119,
  124, 137 ff., 141, 150 ff., 155 f., 158 f., 176,
  185, 187, 204, 206, 212
Taktwechsel 19, 139, 185
Taktzeichen (-vorzeichnung) 33, 135, 138, 177,
  181, 182 f., 204, 213
Tannhäuser 63, 87
Tappert, W. 190 f.
Tardo, L. 32, 33, 35, 47
Taylor, R. J. 81, 85, 92
Teilungsstrich 72, 75, 187
Tempo 32, 77, 151, 153, 175 ff., 179, 204
Temporelation 177, 180 ff.
Tempus 158 f., 175 f., 180, 184, 186 f.
Tempusstrich 175 f., 186
Tessier, A. 193, 197
Tetrachord 36

Textbehandlung 52
textkonstituierende Edition 111 f.; s. a. unter
  Edition
Textkritik 34, 65; s. a. philologische Methode
Textübersetzung 211, 213
Textunterlegung 65, 137
Theognis 16
Theoretiker s. Musiktheorie
Thibaut, J. B. 32, 33, 41, 190
Thierfelder, A. 26
Thodberg, Ch. 36
Timebunt gentes s. Graduale
Tillyard, H. J. W. 32 f., 35, 49
Tinctoris 149
Tischler, H. 102, 109
Tonart-Vorzeichnung 22, 97, 98, 118, 124, 204,
  205, 208
Tonsystem 36
Torchi, L. 135
Transkription in der Originalnotation s. Origi-
  nalnotation; s. a. unter Edition
Transkription in moderne Notenschrift
  s. Übertragung; s. a. unter Edition
Transposition 204, 207, 208, 209, 211, 212
Transpositionsanweisung 208, 209, 214, 215
Trecento 134—141, 142—148
Trennungsstrich 103
Trienter Codices 155 f.
Triest 15

Übertragung (Transkription) 11, 18 ff., 23, 24,
  26 f., 29; s. a. unter Edition
Übertragung in moderne Notenschrift 66, 85,
  114, 141, 158, 211 f.; s. a. Notenschrift, mo-
  derne; s. a. unter Edition
Übertragung nach dem Gehör 29, 30, 33; s. a.
  unter Edition
Übertragungsarten (Minnesang) 82; s. a. unter
  Edition
Umschrift 211, 213
Umschrift-Edition 93, 108, 111, 112; s. a. unter
  Edition
Umschrift der Stimmen in Partitur 141, 157;
  s. a. unter Edition
Universi populi (2. u. 4. Str.) 125
Unna conlonba candid'e gentile (Madrigal) 146
Urban VIII. 57

Urfassung 34 f., 65; s. a. authentische Aufzeichnung
Ursprung, O. 56, 100, 129, 131
Urtextausgabe 212 f.; s. a. unter Edition

Variante 34 f., 63, 65, 78, 99, 154; s. a. Fassung
Vatikanischer Organumtraktat s. Rom
Verbum bonum et suave 118 ff., *119, 123*
Vetter, W. 24
Viertaktperiode 24, 73, 75
Villoteau, G. A. 30 f., *38 f.*
Vintimille, Ch. de 53
Virdung, S. 190
Vitry, Ph. de 149
Vortragsweise 63, 81; s. a. Ausführung
Vortragszeichen s. Zusatz- und Ersatz-Zeichen
Vulgata 51

Wagner, P. 100, 126, 128 f., 131, 133
Wagner, Richard 17, 26
Wagner, Rudolf 18
Waite, W. G. 101 f.
Walther, J. G. 149
Walther von der Vogelweide 62 f., *Taf. III*
(nach S. 72), 80 ff., *82 f.*
Wasielewski, W. J. von 191
Weber, G. 22
Weiss, S. L. 189, 202
Wellesz, E. 30, 32 f., 34, 35, 42, 49
Westphal, R. 25
Wien, Hofbibl. 2701 (Leichhandschrift) 62, 64,
77 f.

Wien, Österr. Nat. Bibl., Codex 2856 (Mondsee-Wiener-Liederhandschrift; Spörlsches Liederbuch) 68
—, Österr. Nat. Bibl., Suppl. 3344 (Neidhart-Handschrift) 64, 78
Winchester Tropar s. Cambridge
Winnington-Ingram, R. P. 23
Winterfeld, C. v. 205
Winterstetten 87
wissenschaftliche Edition 28, 54, 133, 154 f.,
159 f., 187 f., 203; s. a. Gesamtausgabe,
kritische; s. a. unter Edition
Wizlav 72
Wolf, H. 30
Wolf, J. 75, 77, 129, 131, 135, 136, 138, 140,
154, 155, 183
Wolf, F. A. 20
Wolfenbüttel, Herz. Aug. Bibl., Cod. Helmst.
628 (W_1) 94 f., 98 ff.
—, Herz. Aug. Bibl., Cod. Helmst. 1099 (W_2)
94 f., 100
Wolfram 63
Wolkenstein, Oswald von 68, 89
Wooldridge, H. E. 94, 120 ff., 126
Woyrsch, F. 211

Zählzeit 177 ff.
Zaminer, F. 11, 12, 104, 111
Zeitmaß s. Tempo
Zuordnungsstrich 97, 108
Zusatz- und Ersatz-Zeichen 32, 80, 89, 92, 95,
97, 99, 108, 137, 156 f.; s. a. Notenformen